普通高等学校计算机类规划教材

C 语言程序设计

主　编　刘渝妍　丁海燕　何红玲

副主编　邱　莎　俞锐刚　陈韬伟　何　英

参　编　朱晓丽　孙建洪

科学出版社

北　京

内 容 简 介

本书注重以"案例—C 程序语法—综合应用"的方式组织教材的内容，在编写结构上按内容的相关性进行组织，由浅入深、循序渐进，同时注意突出重点、分散难点。每章都附有小结、习题，便于读者学习。在案例和习题方面注重收集生活中的问题、有趣味性的问题。案例的编写围绕问题描述、问题分析、程序描述和程序运行结果等方面进行。

全书分为基础篇和提高篇：基础篇包括绪论、算法、用 C 语言编写程序、选择结构、循环结构、数据组织、函数初步和指针初步；提高篇包括函数与程序结构、动态组织数据、文件、指针进阶和位运算。既可满足初学者学习 C 语言的基本要求，也可满足读者进一步进行程序设计的要求。

本书可作为普通高等院校计算机及相关专业的学生学习 C 语言程序设计的教材或教学参考书，也适合参加计算机等级考试的考生学习，同时还可以作为工程技术人员学习 C 语言的自学用书。

图书在版编目(CIP)数据

C 语言程序设计 / 刘渝妍，丁海燕，何红玲主编. —北京：科学出版社，2015.2
普通高等学校计算机类规划教材
ISBN 978-7-03-043204-9

Ⅰ. ①C… Ⅱ. ①刘… ②丁… ③何…. Ⅲ. ①C 语言－程序设计－高等学校－教材 Ⅳ. ①TP312

中国版本图书馆 CIP 数据核字(2015)第 021154 号

责任编辑：于海云 / 责任校对：桂伟利
责任印制：徐晓晨 / 封面设计：迷底书装

科 学 出 版 社 出版
北京东黄城根北街 16 号
邮政编码：100717
http://www.sciencep.com

北京虎彩文化传播有限公司 印刷
科学出版社发行　各地新华书店经销

*

2015 年 2 月第 一 版　　开本：787×1092　1/16
2021 年 1 月第四次印刷　　印张：19
　　　　　　　　　　　　字数：450 000
定价：57.00 元
(如有印装质量问题，我社负责调换)

普通高等学校计算机类规划教材
编 委 会

总 主 编
李 彤　　柳 青

主任委员
李 彤　　云南大学软件学院

副主任委员
杨志军　　云南省教育科学研究院
王 锋　　昆明理工大学信息工程与自动化学院
柳 青　　云南大学软件学院

委　　员（以姓名笔画为序）
王 新　　云南民族大学数学与计算机科学学院
申时凯　　昆明学院信息技术学院
杨林楠　　云南农业大学基础与信息工程学院
杨朝凤　　保山学院信息学院
余正涛　　昆明理工大学信息工程与自动化学院
余建坤　　云南财经大学信息学院
狄光智　　西南林业大学计算机与信息学院
张学杰　　云南大学信息学院
段利华　　大理学院
徐天伟　　云南师范大学信息学院
徐庆生　　楚雄师范学院计算机科学系
解季萍　　云南广播电视大学招生与系统建设处

前　言

　　C 语言是目前使用较多的程序设计语言之一。编者在多年的教学实践后，编写了《C 语言程序设计》教材。本书具有以下特点：

　　(1) 本书按 C 语言内容的难度分为基础篇和提高篇。基础篇包括：绪论、算法、用 C 语言编写程序、选择结构、循环结构、数据组织、函数初步和指针初步，构成了完整的 C 语言体系，可满足初学者学习 C 语言的基本要求。提高篇包括：函数与程序结构、动态组织数据、文件、指针进阶和位运算，从深度上满足读者进一步学习 C 语言，并进行程序设计和小型软件开发的需求。

　　(2) 本书的编写体系改变了目前以章节、知识点和语言体系组织内容的框架。如，第 6 章数据组织和第 10 章动态组织数据、第 7 章函数初步和第 9 章函数与程序结构、第 8 章指针初步和第 12 章指针进阶等，符合读者的认知过程，内容不断深入，一步一步引导读者进行学习，反映程序设计特有的思维方法。

　　(3) 本书以案例为驱动，选用了大量的案例。书中每节的内容均以"案例—C 程序语法—综合应用"为主线。每个案例的编写以"问题描述—问题分析—程序描述—程序运行结果—程序分析"进行组织。书中案例既完整，规模又不太大，并加以注释，便于读者理解和学习。

　　(4) 本书注重引入计算思维。程序设计不仅仅是语言、语法的罗列，更重要的是强调解决问题的思维过程，给出问题的解决方案。本书摒弃目前程序设计中以语法为重点，强调对问题的分析，使读者不再局限于单纯地了解和掌握 C 语言的基本语法规范，而是引导读者学习编写程序的方法。

　　(5) 本书同时有配套的《C 语言程序设计习题解答与上机指导》。根据书的章节内容，对每章的习题给出解析及参考答案。对应的上机指导，选择了目前最合适的开发工具(环境) Visual C++进行介绍，每个实验的编写以"实验基础—实验目的—实验内容—实验总结"进行组织。

　　全书由刘渝妍(第 2 章)、丁海燕(第 3 章、第 4 章)、何红玲(第 10 章、第 12 章)、邱莎(第 1 章)、俞锐刚(第 8 章)、陈韬伟(第 11 章、第 13 章)、何英(第 7 章、第 9 章)、朱晓丽(第 6 章、附录 A～E)、孙建洪(第 5 章)共同编写，并由刘渝妍、丁海燕进行统稿。

　　由于作者水平有限，书中若有不妥之处，敬请读者批评指正。

编　者
2014 年 10 月

目 录

前言

基 础 篇

第1章 绪论 2
1.1 引言 2
1.2 C语言出现的历史背景 4
  1.2.1 C语言的诞生 4
  1.2.2 C语言标准的演变 5
1.3 C语言的特点 6
  1.3.1 基本特性 6
  1.3.2 优点 6
  1.3.3 缺点 7
1.4 一个简单的C语言程序 8
1.5 程序与程序设计语言 11
  1.5.1 程序与指令 11
  1.5.2 程序设计语言 13
  1.5.3 程序的编辑与处理 14
1.6 运行C语言程序的步骤和方法 15
  1.6.1 运行C语言程序的步骤 15
  1.6.2 运行C语言程序的方法 15
1.7 程序设计中的命名规则 16
本章小结 18
习题1 19

第2章 算法 21
2.1 算法的概念 21
  2.1.1 算法的定义及特征 22
  2.1.2 算法的评价 23
2.2 算法的描述 24
  2.2.1 自然语言描述算法 24
  2.2.2 流程图描述算法 26
  2.2.3 伪代码描述算法 27
2.3 简单算法举例 28
2.4 计算思维 30
  2.4.1 计算思维的定义 30
  2.4.2 计算思维的特征 32

2.5 结构化程序设计方法 32
  2.5.1 自顶向下、逐步求精 33
  2.5.2 基本控制结构 33
  2.5.3 模块化设计 33
本章小结 35
习题2 35

第3章 用C语言编写程序 37
3.1 C语言程序的简单结构 37
  3.1.1 程序的基本结构和格式 39
  3.1.2 C语言的标识符 39
3.2 常量、变量与赋值 40
  3.2.1 常量 40
  3.2.2 变量与内存 41
  3.2.3 变量的定义与赋值 43
3.3 运算符与表达式 44
  3.3.1 算术运算符 44
  3.3.2 赋值运算符 45
  3.3.3 自增、自减运算符 46
  3.3.4 条件运算符 46
  3.3.5 逗号运算符 47
  3.3.6 求字节运算符 47
3.4 基本输入输出 47
  3.4.1 格式输入输出 47
  3.4.2 字符输入输出 56
3.5 基本数据类型 57
  3.5.1 整型数据在内存中的存储 58
  3.5.2 浮点型数据在内存中的存储 59
  3.5.3 字符型数据在内存中的存储 59
3.6 各类数值型数据间的混合运算 60
  3.6.1 运算中不同类型数据间的类型转换 60
  3.6.2 数据类型的强制转换 61

本章小结 ································· 61
习题 3 ···································· 62

第4章 选择结构 ························· 66
4.1 关系运算符和关系表达式 ········· 66
4.2 逻辑运算符和逻辑表达式 ········· 66
4.3 if 语句 ································ 67
    4.3.1 简单猜数游戏 ··················· 67
    4.3.2 if 单分支语句 ··················· 68
    4.3.3 if 双分支语句 ··················· 69
    4.3.4 if 多分支语句 ··················· 69
4.4 switch 语句 ·························· 70
    4.4.1 简单菜单程序 ··················· 70
    4.4.2 switch 语句 ······················ 72
本章小结 ································· 73
习题 4 ···································· 74

第5章 循环结构 ························· 79
5.1 求 1+2+3+…+100 ················ 79
    5.1.1 while 循环语句 ················· 79
    5.1.2 do…while 循环语句 ··········· 80
    5.1.3 for 循环语句 ···················· 82
    5.1.4 goto 语句以及用 goto 构成的
         循环 ····························· 83
5.2 判断素数 ···························· 83
    5.2.1 break 语句 ······················· 83
    5.2.2 continue 语句 ··················· 85
5.3 嵌套循环 ···························· 87
5.4 循环结构程序设计 ·················· 89
本章小结 ································· 91
习题 5 ···································· 92

第6章 数据组织 ························· 98
6.1 一维数组的定义和引用 ············ 98
    6.1.1 一维数组的定义 ················ 98
    6.1.2 一维数组元素的引用 ·········· 99
    6.1.3 一维数组的初始化 ············· 99
    6.1.4 一维数组编程 ················· 101
6.2 二维数组的定义和引用 ··········· 104
    6.2.1 二维数组的定义 ·············· 105
    6.2.2 二维数组的引用 ·············· 106

    6.2.3 二维数组的初始化 ··········· 106
    6.2.4 二维数组编程 ················· 107
6.3 字符数组 ··························· 109
    6.3.1 字符数组的定义 ·············· 109
    6.3.2 字符数组的初始化 ··········· 110
    6.3.3 字符数组的输入和输出 ····· 111
    6.3.4 其他字符串处理函数 ········ 114
    6.3.5 字符数组编程 ················· 114
6.4 结构体变量 ························ 115
    6.4.1 结构体类型的声明 ··········· 116
    6.4.2 定义结构体变量 ·············· 117
    6.4.3 结构体类型变量的初始化和
         引用 ···························· 118
    6.4.4 结构体数组 ···················· 119
    6.4.5 结构体数组编程 ·············· 120
6.5 共用体 ······························ 121
    6.5.1 共用体的概念 ················· 123
    6.5.2 共用体类型的定义 ··········· 123
    6.5.3 共用体变量的定义 ··········· 124
    6.5.4 共用体变量的引用 ··········· 124
    6.5.5 共用体类型数据的特点 ····· 125
6.6 枚举类型 ··························· 126
本章小结 ································ 127
习题 6 ··································· 127

第7章 函数初步 ······················· 131
7.1 计算组合数 C_m^n ····················· 131
    7.1.1 问题提出 ······················· 131
    7.1.2 函数的分类 ···················· 132
    7.1.3 函数的定义 ···················· 132
    7.1.4 函数的调用 ···················· 133
7.2 显示一条横线 ····················· 135
    7.2.1 不返回结果的函数应用 ····· 135
    7.2.2 不返回结果的函数定义 ····· 136
7.3 变量的作用域和生存期 ··········· 136
    7.3.1 局部变量和全局变量 ········ 136
    7.3.2 变量的生存周期和存储属性 ···· 138
7.4 函数应用程序设计 ················ 141
本章小结 ································ 143
习题 7 ··································· 143

第 8 章 指针初步 149
8.1 指针基本概念 149
8.1.1 交换两个变量的值 149
8.1.2 地址和指针的概念 151
8.1.3 指针变量定义 151
8.1.4 指针变量的引用 152
8.1.5 指针作为函数的参数 153
8.2 指针与数组 153
8.2.1 冒泡排序法 153
8.2.2 指针、数组和地址的关系 155
8.2.3 数组名作为函数参数 157
8.3 指针与字符串 157
8.3.1 字符串的分类统计 157
8.3.2 字符串和字符指针 159
8.3.3 常用字符串处理函数 160
8.4 指针与结构体 163
8.4.1 制造虚拟汽车 163
8.4.2 指针与结构体 164
8.4.3 指针与结构体数组 165
8.5 指针与函数 165
8.5.1 简单模式匹配 165
8.5.2 定义函数返回值为指针 167
8.6 指针应用程序设计 169
本章小结 169
习题 8 169

提 高 篇

第 9 章 函数与程序结构 173
9.1 嵌套调用求组合数 173
9.2 函数递归调用 176
9.2.1 函数递归调用基本概念 176
9.2.2 汉诺塔问题 178
9.3 编译预处理 180
9.3.1 宏定义 181
9.3.2 文件包含 182
9.3.3 条件编译 182
9.4 学生成绩管理系统设计 185
9.4.1 分模块设计学生成绩管理系统 185
9.4.2 程序文件模块图 185
9.4.3 文件模块间的通信 185
本章小结 188
习题 9 189

第 10 章 动态组织数据 194
10.1 用链表构造学生信息 194
10.1.1 链表的概念 196
10.1.2 处理动态链表所需的函数 197
10.1.3 建立动态链表 198
10.2 输出学生链表信息 200
10.2.1 链表的遍历 200
10.2.2 链表遍历的简单应用 202
10.3 在链表中插入一个新学生信息 202
10.4 在链表中删除一个指定学生信息 206
10.5 动态组织数据综合应用 210
10.5.1 用 typedef 命名已有类型 210
10.5.2 综合应用 211
本章小结 214
习题 10 215

第 11 章 文件 222
11.1 C 文件的概念 222
11.1.1 文本文件和二进制文件 223
11.1.2 文件缓冲区 223
11.1.3 文件类型指针 224
11.2 文件的打开与关闭 225
11.2.1 文件的打开(fopen 函数) 225
11.2.2 文件的关闭(fclose 函数) 227
11.3 C 文件的读写 227
11.3.1 字符读写函数 fgetc 和 fput 228
11.3.2 字符读写函数 fgets 和 fputs 232
11.3.3 数据块读写函数 fread 和 fwrite 235
11.3.4 格式化读写函数 fprintf 和 fscanf 237

11.4 C文件的随机读写 ·················· 239
　11.4.1 文件定位 ······················ 240
　11.4.2 随机读写 ······················ 240
11.5 C文件的检测函数 ·················· 241
　11.5.1 文件结束检测函数 ·········· 241
　11.5.2 读写文件出错检测函数 ······ 242
　11.5.3 文件出错标志和文件结束
　　　　 标志置0函数 ················ 242
本章小结 ···································· 243
习题11 ······································ 243

第12章 指针进阶 ···························· 247
12.1 用矩形法求多个函数的定积分 ···· 247
　12.1.1 指向函数指针的概念 ········ 249
　12.1.2 指向函数的指针变量 ········ 249
　12.1.3 指向函数指针的调用 ········ 249
12.2 查找关键字符号表 ················ 251
　12.2.1 指针数组的定义 ·············· 252
　12.2.2 指针数组与二维数组 ········ 254
12.3 用指向指针数据的指针实现
　　 字符串的排序 ······················ 257
　12.3.1 指向指针数据的指针变量 ··· 258
　12.3.2 定义指向指针数据的指针
　　　　 变量 ···························· 258
　12.3.3 指向指针数据的指针变量
　　　　 作为函数参数 ················ 259
　12.3.4 命令行参数 ·················· 260
12.4 指针综合应用 ······················ 261
本章小结 ···································· 263
习题12 ······································ 264

第13章 位运算 ······························ 269
13.1 位运算符 ···························· 269
　13.1.1 按位与运算 ·················· 269
　13.1.2 按位或运算 ·················· 271
　13.1.3 按位异或运算 ················ 271
　13.1.4 求反运算 ···················· 273
　13.1.5 左移运算 ···················· 273
　13.1.6 右移运算 ···················· 274
　13.1.7 不同长度的数据进行位运算 ··· 275
13.2 位运算应用与举例 ················ 275
13.3 位域 ································ 277
本章小结 ···································· 279
习题13 ······································ 279

附录 ·· 283
　附录A 常用字符与ASCII代码
　　　　 对照表 ························ 283
　附录B 关键字及其用途 ·············· 284
　附录C 运算符的优先级和结合性 ··· 285
　附录D C常用库函数 ················ 286
　附录E VC6.0常见编译错误信息 ···· 290

参考文献 ···································· 294

基础篇

第1章 绪　　论

本章导读

C语言是目前使用较多的程序设计语言之一。本章将由对C语言的基本应用情况、发展历史的介绍开始，并简要描述其主要特点，进而通过一个简单的程序案例说明C程序的主要结构、组成及源程序的处理过程，同时也对C程序设计中涉及的命名规则进行简介。最后通过一个具体编程实例介绍以Microsoft Visual C++ 6.0为运行平台的C程序编辑和运行过程。目的是使读者通过对本章的阅读，能对C语言有初步的了解。

1.1　引言

随机进行一个民意调查：您知道或听说过哪些计算机编程语言？得到的答案会是五花八门，C、Pascal、Basic、Fortran、C++、Java……这一系列编程语言的名称，就如同繁星点点，在程序设计的浩瀚天空中散发着璀璨的光芒。而这其中，C语言无疑是被提及最多的最亮的一颗，它就如同北极星，引导着程序设计前进发展的方向。

C语言是使用最广泛的语言之一，可以说，C语言的诞生是现代程序语言革命的起点，是程序设计语言发展史中的一个里程碑。自C语言出现后，以C语言为根基的C++、Java和C#等面向对象语言相继诞生，并在各自领域大获成功。但今天C语言依旧在系统编程、嵌入式编程等领域占据着统治地位。

根据TIOBE[①]编程语言排行榜2014年8月公布的数据，如图1.1~图1.3所示，C语言高居榜首，多年来一直位于选用率榜单前列。

这样一种诞生于20世纪70年代的"古老"编程语言，至今仍为众人所追捧，几乎成为所有编程初学者的入门语言，同时也是很多编程高手的神功利器，焕发着蓬勃的生机。这是为何？

2012年6月30日，O'Reilly[②]采访了 *Head First C*[③] 一书的联合作者David Griffiths，谈论了为什么今天还要学C语言，谈到以下几点：

[①] TIOBE是一个流行编程语言排行，每月更新，对编程语言的选择有一定的指导意义。排名权重基于世界范围内工程师数量、课程数量和第三方供应商数量。Google、Bing、Yahoo!、Wikipedia、Amazon、Youtube和百度这些主流的搜索引擎，也将作为排名权重的参考指标。（声明：TIOBE排名仅是数据统计的一个参考，既无关最好的编程语言，也无关被书写了最多行代码的编程语言。网址：www.tiobe.com。）

[②] O'Reilly Media,Inc.是世界上在UNIX、X、Internet和其他开放系统图书领域具有领导地位的出版公司，同时是联机出版的先锋。从最畅销的 *The Whole Internet User's Guide & Catalog*（被纽约公共图书馆评为20世纪最重要的50本书之一）到GNN(最早的Internet门户和商业网站)，再到WebSite(第一个桌面PC的Web服务器软件)，O'Reilly Meida,Inc.一直处于Internet发展的最前沿。（注：该文字引自百度百科。）

[③] 著名的C语言著作，图文并茂。来自David Griffiths和Dawn Griffiths夫妇的 *Head First C* 将会带你进入一个与众不同的C语言世界：这里没有令人乏味的"学究腔"，没有冗长枯燥的老生常谈，也没有令人望而却步的大堆练习。作者用诙谐、幽默的口吻为你讲述了一个又一个关于C的故事。

Aug 2014	Aug 2013	Change	Programming Language	Ratings	Change
1	2	^	C	16.401%	+0.43%
2	1	v	Java	14.984%	-0.99%
3	4	^	Objective-C	9.552%	+1.47%
4	3	v	C++	4.695%	-4.68%
5	7	^	Basic	3.635%	-0.24%
6	6		C#	3.409%	-2.71%
7	8	^	Python	3.121%	-0.48%
8	5	v	PHP	2.864%	-3.83%
9	11	^	Perl	2.218%	+0.18%
10	9	v	JavaScript	2.172%	+0.08%
11	-	⇧	Visual Basic	2.014%	+2.01%
12	13	^	Visual Basic .NET	1.310%	-0.01%
13	10	v	Ruby	1.242%	-0.83%
14	23	⇧	F#	1.096%	+0.56%
15	18	^	Pascal	1.044%	+0.42%
16	12	⇩	Transact-SQL	1.043%	-0.35%
17	38	⇧	ActionScript	1.001%	+0.69%
18	14	⇩	Delphi/Object Pascal	0.915%	-0.00%
19	16	v	Lisp	0.828%	+0.08%
20	17	v	PL/SQL	0.786%	+0.03%

图 1.1 TIOBE 编程语言排行榜(2014 年 8 月)

Programming Language	2014	2009	2004	1999	1994	1989
C	1	2	2	1	1	1
Java	2	1	1	16	-	-
Objective-C	3	33	41	-	-	-
C++	4	3	3	2	2	2
C#	5	7	7	21	-	-
PHP	6	4	6	-	-	-
Python	7	6	8	26	22	-
JavaScript	8	9	9	18	-	-
Visual Basic .NET	9	-	-	-	-	-
Transact-SQL	10	29	-	-	-	-
Lisp	13	20	14	11	6	3
(Visual) Basic	87	5	5	3	3	7

图 1.2 TIOBE 主流编程语言历史排行榜

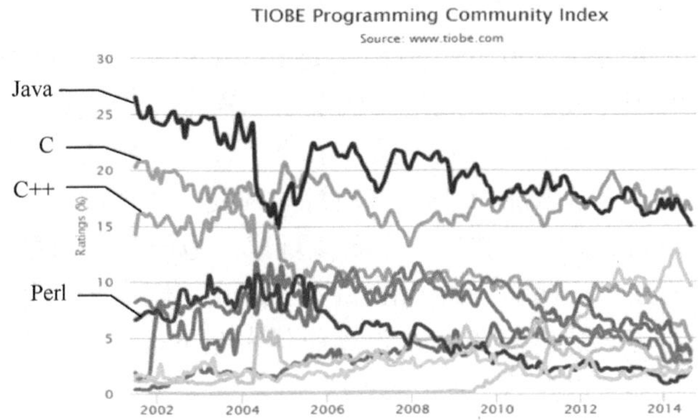

图 1.3 TIOBE 主流编程语言走势图

(1) C 语言至今仍然流行的原因是它无处不在，靠近硬件，被用于开发其他语言和操作系统；

(2) 通过学习 C 语言，可从系统级上更好地理解程序的工作原理；

(3) 大学应该继续教 C 语言，它是一种非常重要的基础性语言,要求完全理解整个技术栈；

(4) 学会 C 语言后学生将能更深入地理解计算机。

浅显地来讲，对于一直要使用 C 语言的人而言，真正掌握 C 语言，可以帮助他在编程道路上攻城拔寨，所向披靡；对于要编程又不用 C 语言的人而言，可以通过 C 语言窥探计算机底层原理，掌握最流行的语法形式，了解基本的程序设计思维；对于不编程的人而言，能通过 C 语言更好地了解计算机，了解计算思维，并且通过全国计算机等级二级考试；对所有人而言，C 语言会让你了解它并爱上它。

现在，有想学习 C 语言的冲动了吗？那么，就从追溯 C 语言的历史开始，我们一起进入编程这个神奇的魔法学校，学习 C 语言这种最有力的魔咒，成为最强的魔法师！

1.2　C 语言出现的历史背景

1.2.1　C 语言的诞生

谈及 C 语言的诞生，不能不介绍这两位公认的重量级编程高手，"骨灰级"游戏玩家，黑客的鼻祖：Ken Thompson（简称 Ken，图 1.4）和 Dennis M. Ritchie（简称 DMR，图 1.5）。

图 1.4　Ken Thompson　　　　　　图 1.5　Dennis M. Ritchie

20 世纪 60 年代后期，处于计算机史前时代的计算机系统还是批处理一统天下，但其极低的工作效率无法满足时代发展的需求，于是贝尔实验室、麻省理工学院、通用电气公司联合开发一个多用户分时操作系统，取名为 Multics（多路信息计算系统），当时作为贝尔实验室成员之一的 Ken 参与了该项目的开发。在该项目的开发过程中，Ken 创造出了名为 Bon 的编程语言。同时，作为一个游戏玩家，他一直梦想着能傲游太空，于是基于 Multics，Ken 自己编写了一个叫做"star travel"的游戏。但令 Ken 始料未及的是，由于开发周期长，成本高，而且庞大缓慢，Multics 市场前景完全不被看好，贝尔实验室撤出了该项目。这意味着 Ken 没有机器可以再玩"star travel"了。

为了满足玩游戏的需要，Ken 决定自给自足，在一台废弃已久的老式 PDP-7 小型机上重写他的游戏，因为这台机器是免费的。但最直接的问题就是：这台 PDP-7 上没有操作系统！逢山开路，遇水搭桥，Ken 勇往直前，用一个月的时间，利用 PDP-7 上的汇编语言，开发出了一个全新的操作系统，将其命名为 UNiplexed Information and Computing System，缩写为 UNICS。用汇编编写操作系统不方便，Ken 便开发出一种简洁明了且接近于硬件语言的新语言，即 C 语言的前身——B 语言，并用其改写了 UNICS，即产生了第一版的 UNIX。

UNIX 的出现开始并不被看好，但却引起了贝尔实验室另一位同事的注意，这就是同样酷爱"star travel"的 Dennis M. Ritchie，于是 DMR 主动加入共同完善这个系统。自 1972 年 UNIX 成功移植到当时最先进的大型机 PDP-2 上，并于 1973 年在 IBM 举办的研讨会上展示后，其简洁、稳定与高效的优秀性能表现立刻引起了轰动，得到大家的喜爱，需求量与日俱增。

UNIX 的原码中不少是用汇编完成的，不具备良好的移植性。为了可以移植到各种不同的硬件系统，Ken 与 DMR 决定进一步改写 UNIX。1973 年，DMR 在 B 语言的基础上开发出了 C 语言。C 语言灵活，高效性，与硬件无关，并且不失其简洁性，正是 UNIX 移植所需要的法宝，于是旧版的 UNIX 与 C 语言完美结合在一起产生了新的可移植的 UNIX 系统。UNIX

和 C 语言在发展过程中相辅相成，随着 UNIX 的广泛使用，C 语言也成为了当时最受欢迎的编程语言一直延续至今。

由于 UNIX 与 C 语言的深远影响，1983 年美国计算机协会将当年的图灵奖破例颁给了软件工程师 Ken 与 DMR，并在当年还决定新设立一个奖项——软件系统奖，以奖励那些优秀的软件开发者，当然首个软件系统奖也是非他们两人莫属了。1999 年两人因发展 C 语言和 UNIX 操作系统的杰出贡献一起获得了美国国家技术奖章。

1.2.2 C 语言标准的演变

1. K & RC

为了使 UNIX 操作系统推广，1977 年 DMR 发表了不依赖于具体机器系统的 C 语言编译文本《可移植的 C 语言编译程序》，即是著名的 PCC（Portable C Compiler，可移植 C 编译器）。1978 年，Brain W. Kernighan（简称 BWK）和 DMR（两人合称 K&R）合著 *The C Programming Language*。该书被誉为 C 语言的"圣经"，其中介绍的 C 语言被称为"标准 C"，人们通常称这个版本的 C 语言为 K & RC，是后来广泛使用的 C 语言的基础。即使在后来 ANSI C 标准被提出的许多年后，K & RC 仍然是许多编译器的最低标准要求，许多老旧的编译系统仍然运行 K & RC 的标准。

2. ANSI C/C 89 标准

20 世纪 70~80 年代，C 语言被广泛应用，从大型主机到小型微机，也衍生了 C 语言的很多不同版本。1983 年美国国家标准局（American National Standards Institute，ANSI）成立了一个委员会，来制定 C 语言标准。

1989 年 C 语言标准被批准，被称为 ANSI X3.159—1989 "Programming Language C"，简称 ANSI C 或 C89 标准。

1990 年，国际标准化组织（International Organization for Standards，ISO）接受了 1989 年的 ANSI C 为 ISO C 的标准，命名为 ISO/IEC 9899:1990，简称 C90 标准。不过习惯上仍然叫 C89 标准。

1994 年，ISO 修订了 C 语言的标准。

1995 年，ISO 对 C90 做了一些修订，即 "1995 基准增补 1（ISO/IEC/9899/AMD1:1995）"。

在 ANSI 标准化后，尽管 C 语言继续在改进，但 C 语言的标准在一段相当的时间内都保持不变。

3. C99 标准

在 ANSI 的标准确立后，C 语言的规范在一段时间内没有大的变动，然而 C++在自己的标准化创建过程中继续发展壮大。《标准修正案一》在 1994 年为 C 语言创建了一个新标准，但是只修正了一些 C89 标准中的细节和增加更多更广的国际字符集支持。不过，这个标准引出了 1999 年 ISO 9899:1999 的发表，它通常被称为 C99。C99 被 ANSI 于 2000 年 3 月采用。

但是各个公司对 C99 的支持所表现出来的兴趣不同。当 GCC 和其他一些商业编译器支持 C99 的大部分特性的时候，微软和 Borland 却似乎对此不感兴趣。

4. C11 标准

2011 年 12 月 8 日，ISO 正式发布了新的 C 语言的新标准 C11，之前被称为 C1X，官方名称为 ISO/IEC 9899:2011。新的标准提高了对 C++的兼容性，并增加了一些新的特性。

1.3　C语言的特点

1.3.1　基本特性

(1) 低级的高级语言。从 C 语言的处理方式来看，它属于高级语言，但从性能和控制来看，它将高级语言的基本结构和语句与低级语言的实用性相结合，相比较其他的编程语言(像 C++，Java)而言，更接近低级语言。从总体上来说，可将 C 语言视为介于汇编语言和高级语言之间的一种语言。而低级的编程语言可以更好地了解计算机。

(2) 结构式语言。结构式语言的显著特点是代码及数据的分隔化，即程序的各个部分除了必要的信息交流外彼此独立。这种结构化方式可使程序层次清晰，便于使用、维护以及调试。C 语言是以函数形式提供给用户的，它本身只提供必要的语言特性。这些函数不是作为 C 语言核心出现，可方便的调用，并具有多种循环、条件语句控制程序流向，从而使程序完全结构化。

(3) 功能齐全。具有各种各样的数据类型，并引入了指针概念，可使程序效率更高。而且计算功能、逻辑判断功能也比较强大，可以实现决策目的的游戏。

(4) C 语言兼容性、可移植性强，应用广。C 语言对编写所需的硬件环境兼容性优于其他高级语言，适用于多种操作系统，如 Windows、DOS、UNIX 等等；也适用于多种机型。在 ANSI C 制订后，只要特定平台上的编译器完整实现了 C89 标准，而且代码没有使用某些特殊的扩展(GCC 以及微软都有自己的编译器特定扩展)，那么代码一定可以编译通过，再实现一下操作系统相关的函数库，C 语言的移植就是很简单的事情，"一次编写，处处编译"。

C 语言也是一个比较少见的应用领域极为广泛的语言。很多大型软件都是用 C 语言编写的，比如编写操作系统。C 语言可以编写服务器端软件，如 Apache、Nginx，或者编写 GUI 程序，如 GTK。大多数程序语言的第一版是通过 C 语言实现的，借助前面提到的"一次编写处处编译"，也最大程度保证了这些程序语言的可移植性。

(5) 指针。可以直接进行靠近硬件的操作，但是 C 的指针操作不作保护，也给它带来了很多不安全的因素。C++在这方面做了改进，在保留了指针操作的同时又增强了安全性，受到了一些用户的支持，由于这些改进增加了语言的复杂度，也为另一部分用户所诟病。Java 则吸取了 C++的教训，取消了指针操作，也取消了 C++改进中一些备受争议的地方，在安全性和适合性方面均取得良好的效果，但其本身解释在虚拟机中运行，运行效率低于 C++/C。

(6) C 语言文件由数据序列组成，可以构成二进制文件或文本文件。

1.3.2　优点

(1) 简洁紧凑、灵活方便。C 语言一共只有 32 个关键字，9 种控制语句，程序书写形式自由，区分大小写。把高级语言的基本结构和语句与低级语言的实用性结合起来。

C 语言相比 C++的优点之一就是最小原则，不会在编译时自作主张地自动产生一些额外代码。对于编写操作系统这类性能优化要求较高的系统时，这些多余的代码是不应该出现的。C 语言的简洁设计哲学让其具有优秀的可移植性、便携性，也使得很多嵌入式系统依然使用 C 语言作为主要编程语言。

(2) 运算符丰富。C 语言的运算符包含的范围很广泛，共有 34 种运算符。C 语言把括号、赋值、强制类型转换等都作为运算符处理。从而使 C 语言的运算类型极其丰富，表达式类型多样化。灵活使用各种运算符可以实现在其他高级语言中难以实现的运算。

(3) 数据类型丰富。C 语言的数据类型有：整型、实型、字符型、数组类型、指针类型、结构体类型、共用体类型等。能用来实现各种复杂的数据结构的运算。并引入了指针概念，使程序效率更高。

(4) 表达方式灵活实用。C 语言提供多种运算符和表达式值的方法，对问题的表达可通过多种途径获得，其程序设计更主动、灵活。它语法限制不太严格，程序设计自由度大，如对整型量与字符型数据及逻辑型数据可以通用等。

(5) 允许直接访问物理地址，对硬件进行操作。由于 C 语言允许直接访问物理地址，可以直接对硬件进行操作，因此它既具有高级语言的功能，又具有低级语言的许多功能，能够像汇编语言一样对位(bit)、字节和地址进行操作，而这三者是计算机最基本的工作单元，可用来写系统软件。

(6) 生成目标代码质量高，程序执行效率高。C 语言描述问题比汇编语言迅速，工作量小、可读性好，易于调试、修改和移植，而代码质量与汇编语言相当。C 语言一般只比汇编程序生成的目标代码效率低 10%～20%。

(7) 可移植性好。C 语言在不同机器上的 C 编译程序，86% 的代码是公共的，所以 C 语言的编译程序便于移植。在一个环境上用 C 语言编写的程序，不改动或稍加改动，就可移植到另一个完全不同的环境中运行。

1.3.3 缺点

(1) C 语言的缺点主要表现在数据的封装性上，这一点使得 C 在数据的安全性上有很大缺陷，这也是 C 和 C++ 的一大区别。

(2) C 语言的语法限制不太严格，对变量的类型约束不严格，影响程序的安全性，对数组下标越界不作检查等。

(3) 从应用的角度，C 语言比其他高级语言较难掌握。也就是说，对用 C 语言的人，要求对程序设计更熟练一些。

(4) 在 Web 开发领域，C 语言的应用相对较少，这也是一种取舍的结果。Web 开发需要使用 PHP、Ruby、Python 这样的动态语言，可以快速上线快速修改，最大程度满足用户变化的需求，这也是 C 语言的弱项。如果把程序语言的应用领域从硬件到管理软件、Web 程序做一个从下到上的粗略排列，C 语言适合领域是比较底层靠近硬件的部分，而新兴语言比较偏重于高层管理或者 Web 开发这种相对贴近最终用户的领域。比较流行的混合开发模式是使用 C 语言编写底层高性能部分代码或后台服务器代码，而使用动态语言如 PHP 做前端开发，充分发挥它们各自的优势力量。

提到 C 语言的缺点，常常是它缺少这种或者那种特性，比如有人建议加入 GC，有人建议加入并行或者并发支持，有人提到没有一个比较完整的类似 C++ 的异常策略。这些特性有的可以通过引入第三方库来实现，但 C 语言的设计哲学其实决定了它不会像 C++ 那样"非常强大"。即使引入了某些人期望的特性，依然会有某些人喜欢某些人不喜欢。现在的功能对于 C 语言应用领域来说已经够用，其他特性可以通过特定程序语言实现，并且通过 CAPI 与 C 语言编写的程序进行交互。任何一个工匠都不可能只使用一个工具完成他的工作，不同工具结合起来才能更快更好地完成任务。

提到 C 语言的 API，我们知道 Windows 操作系统的 API 也好，Linux 的系统 API 也好，或者是想给 Ruby、Python 编写扩展模块，C 语言形式的函数定义都是唯一的选择。C 语言就好像是一个中间层或者是胶水，如果想把不同编程语言实现的功能模块混合使用，C 语言是最佳的选择。

在此，只是对 C 语言的基本特点及其优缺点做了一个简要的介绍，具体内容还需要在后面的学习过程中慢慢体会和领悟。

1.4　一个简单的 C 语言程序

通过一个学习编程的经典入门案例来揭开 C 语言神秘的面纱。

【案例 1.1】　经典入门案例。

程序描述：在屏幕上输出一行文字"Hello, world!"。

```
1    #include<stdio.h>
2    int main(void)
3    {
4        printf("Hello,world!\n");
5        return 0;
6    }
```

程序运行结果如下：

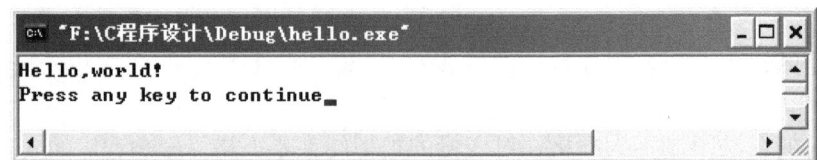

这个案例最早出现在 K&R 合著的 *The C Programme Language* 一书中，并随该书的使用而广泛流行。因为它的简洁，实用，并包含了一个程序所应具有的一切，为后来的编程类图书的作者提供了范例，为广大编者所钟爱、引用，一直持续到今。

计算机是如何将我们看上去似懂非懂的几行文字变成显示在屏幕上我们能一目了然的一行文字呢？在对案例中的文字进行解析之后，相信就会有答案了。在这里，称案例中的 6 行文字为代码，称在屏幕输出的一行文字为该段代码的执行结果。

前面提到过，C 语言是结构化的语言，且均以函数的方式来表现。所以用 C 语言编写的代码都是由函数组成的，不论是由系统提供的库函数，还是编程者自己定义的函数。这种结构在该案例中有很好的体现。

（1）第 2 行代码：int main(void)。这是 C99 中 main 函数的标准写法。

main 表示一个函数，这个函数为 C 语言程序执行的入口函数。所有代码都是从 main 函数开始执行的，所以 main 函数称为 C 语言的主函数。如果一个程序没有 main，则程序在执行时，就不知道应该从代码的哪个位置开始执行。编译连接时，会有相应的系统提示。所以，每个 C 程序都必须有一个且仅有一个 main 函数，它实现整个程序要求的功能。

int 是一种数据类型(整型)。在 main 前标注 int，表示 main 函数的返回值为整型(关于函数返回值的概念，参见第 7 章函数初步)。如果主函数没有返回值，或者不想让主函数返回任何值，也可以用 void 取代 int 来定义主函数返回类型，即常见到的一种写法：void main()。但要注意的是，在各种系统中，使用的编译器采用的 C 语言标准不尽相同，而并非所有的编译器都能识别这种写法，为避免不必要的麻烦，建议采用标准的写法：int main()。

main 后的(void)表示主函数的参数为 void，即参数为"空"（关于函数参数的概念，参见第 7 章函数初步），表示该函数不接收任何参数。如果主函数在执行时需要使用其他系统中的数据，则可将 void 参数部分用其他形式取代，如 int main（int argc, char *argv[]），就可以通过两个参数允许用户在执行命令行时设定参数。

要说明的是，int main()不同于 int main(void)。int main()被认为主函数可以接收未知个数的参数（即可接收任意多的参数），而 int main(void)则表示主函数不接收任何参数。该行称为主函数的函数首部。

(2) 第 3、6 行代码：{、}。

由{ }括起来的部分称为函数体，是该函数具体实现功能的主体部分，包含实现函数功能的所有代码。每个函数都有自己的函数体。

(3) 第 4 行代码：printf("Hello,world!\n")。

该行代码是本案例中主函数体的主要组成部分，也是实现该案例功能的主要语句。printf 是 C 语言中最常用的格式化输出函数，由系统库函数提供，可以直接调用。用户通过向 printf 函数传递各种参数，然后转化成字符串，最终在屏幕上输出。这里使用了它的最简单形式：直接在里面写上要显示的字符 Hello,world!（用""引起的部分，其中\n 表示输出一个换行符）。要注意的是，不要在参数里面使用百分号等一些特殊符号及转义字符，因为它们会给 printf 函数传递特殊的信息（具体内容参见第 3 章关于基本输入输出的相关内容）。

代码分析至此，C 语言是如何为我们工作的，已经了解了一个大概，现在的问题是，编译器不认识 printf！printf 虽然是可直接调用的系统库函数，但在没有提前进行说明的情况下，它对编译系统而言还是一个陌生的事物。怎样让编译系统毫不费力地就能认识它呢？

那么来看第 1 行代码：#include<stdio.h>。

这行代码表示将一个文件包含到源代码文件中。这是个预处理指令，它在编译前执行，不会变成最后的 exe 或者 dll 文件的一部分。该行命令表示将 stdio.h 文件的内容包含到此处，行首的"#"是预处理指令的标志（关于预处理命令的相关内容可参阅后续相关章节）。

C 语言的众多系统函数分别包含在若干个文件中（称为 C 的头文件，文件扩展名为.h），stdio.h 则是其中之一。stdio 是 standard input & output 的缩写，即该头文件中包含的是有关标准输入输出的信息，其中自然包括 printf 函数的信息。

将此预处理命令放在程序的首行，也就是在编译前将 stdio.h 文件所包含的各种库函数的声明"复制"到程序的这个位置。在程序一开始就有了对 printf 的声明，那么编译系统在函数体中遇到 printf 时就不再陌生了。

(4) 第 5 行代码：return 0。

该行代码与第 2 行主函数返回值 int 对应，用来在主函数要退出时，返回给主函数的调用者一个值。习惯上，如果程序执行正确，返回一个 0，错误则返回 1 或者-1。C 程序中有各种各样的函数，每个函数之间互相通信，为了知道函数的执行情况，一般都要返回给调用者一个值，即函数返回值。

随着对这个流行了近 40 年的经典案例的剖析，现在，我们已经初识 C 语言真容。它就这么简单吗？没错，它就这么简单！不妨通过下面这段程序，来检测一下对它的认识。

【案例 1.2】 函数调用。

程序描述：输入任意两个数，调用函数求其中的较大者。

```
1   #include<stdio.h>
2   int main(void)
3   {
4       int max(int x,int y);         /*对被调用函数 max 的声明*/
5       int a,b,c;                    /*定义 3 个变量 a、b、c*/
6       scanf("%d,%d",&a,&b);         /*通过键盘输入变量 a、b 的值*/
7       c=max(a,b);                   /*调用函数 max，将其返回值赋给 c*/
8       printf("max=%d\n",c);         /*输出 c*/
9       return 0;
10  }
11  int max(int x,int y)              /*定义 max 函数*/
12  {
13      int z;
14      if(x>y) z=x;                  /*通过 if 语句判断出 x、y 中较大者，*/
15      else z=y;                     /*并将其赋给 z*/
16      return(z);                    /*将 z 作为函数 max 的返回值*/
17  }
```

该案例的功能是，通过键盘任意输入两个整数，例如：10，20。执行程序后，将在屏幕上输出显示其中较大的那个数。

程序运行结果如下：

案例中由"/*"和"*/"引起来的部分为注释，是编程人员为提高程序可读性对程序部分代码所作的说明。注释并不参加程序的编译，不会对程序性能产生影响。

对该案例在此不再详细解释，只给出一个代码行执行的顺序参考图，如图 1.6 所示。读者可以根据该图，参照程序中的注释自行理解。

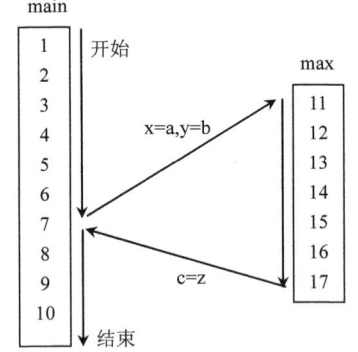

图 1.6 案例 1.2 代码行执行的顺序参考图

思考：①如果输入的两个数是 10，10，那么输出是什么？

②如果要求输出的是两个数中的较小者，应该如何改动案例 1.2 中的代码？

通过前面的案例和说明，可将 C 语言的源程序的基本结构归结如下：

(1) C 源程序是由函数构成的。

(2) 一个函数由两部分构成：函数首部和函数体。函数体一般包含声明部分和执行部分。

(3) C 源程序必须有且仅有一个 main 函数，可以有若干个(或零个)其他函数。

(4) C 源程序总是从 main 函数开始执行，而与 main 在整个程序中的位置无关。

(5) C 源程序无行号，一行内可以写多条语句，一条语句可分写于多行。
(6) 分号是 C 源程序语句的必要组成部分。每条语句或数据声明必须以分号结尾。
(7) 函数体、由语句构成的语句组要用一对大括号{}括起来。
(8) C 语言的输入输出是通过调用系统函数完成，没有专门的语句。

C 源程序的一般形式可直观概括为：

```
预处理命令
全局变量声明
自定义函数声明
int main(参数列表)              /*主函数*/
{
    局部变量声明；
    语句序列；
    return 0；
}
f1(参数列表)                    /*自定义函数 f1*/
{
    局部变量声明；
    语句序列；
}
…
fn(参数列表)                    /*自定义函数 fn*/
{
    局部变量声明；
    语句序列；
}
```

1.5 程序与程序设计语言

前面提到 C 语言及用 C 语言编写的程序。什么是程序？什么是程序设计语言？它们有什么关系？

1.5.1 程序与指令

程序是一组机器操作的指令或语句序列，是算法的一种描述。先了解一下什么是指令。

1. 指令

指令就是指挥机器工作的指示和命令。控制器靠指令指挥机器工作，人们用指令表达自己的意图，并交给控制器执行。一台计算机所能执行的各种不同指令的全体，叫做计算机的指令系统，每一台计算机均有自己特定的指令系统，其指令内容和格式不尽相同。

通常一条指令包括两方面的内容：一是指机器执行什么操作，即给出操作要求；二是指出操作数在存储器或通用寄存器组中的地址，即给出操作数的地址。在计算机中，操作要求和操作数地址都由二进制数码表示，分别称为操作码和地址码，整条指令以二进制编码的形式存放在存储器中。

指令的执行过程，首先是取指令和分析指令。按照程序规定的次序，从内存储器取出当前执行的指令,并送到控制器的指令寄存器中,对所取的指令进行分析,即根据指令中的操作码确定计算机应进行什么操作。其次是执行指令。根据指令分析结果,由控制器发出完成操作所需的一系列控制电位,以便指挥计算机有关部件完成这一操作,同时,还为取下一条指令做好准备。

2. 程序

程序是一组能完成一定功能的计算机指令或语句的集合。它具有以下特征:

(1)程序中,每一个算法的步骤对应着程序设计语言的一条或多条语句,每条语句对应一个或多个操作,每个操作都要求有执行对象,并且根据对象状态变化形成动作的效果,同时可变的对象用变量来表示,变量值的变化则可通过基本操作赋值来完成。

(2)除非特别声明,程序从第一条语句开始顺序执行。

(3)程序总是施行操作于某些对象,这些对象通常称为数据。

(4)这些数据一般应该有属性和取值范围,即类型说明。

(5)有时语句要求执行者做出判定,即在某种条件成立的情况下执行一条或一组语句,否则执行另一条或另一组语句。

(6)一条或一组语句可能需要执行一次以上,当一条或一组语句要重复时,必须指明重复次数或重复条件。

(7)程序本身是一个静态实体,而执行语句的进程是动态的。

程序一般由若干基本结构组成,一个基本结构可包含一条或多条语句。程序的基本结构主要有三种:顺序结构、选择结构、循环结构。

(1)顺序结构。将命令和语句逐条顺序排列,程序执行时按语句的先后顺序逐条执行。

(2)选择结构。也称分支结构,根据条件判断其是否成立,如果成立就执行其中一个分支,否则执行另外一个分支。

(3)循环结构。根据条件判断其是否成立,如果条件成立则重复执行循环体(循环结构中的语句序列),直到条件不成立,退出循环结构为止。

这三种程序基本结构的执行过程如图1.7所示。

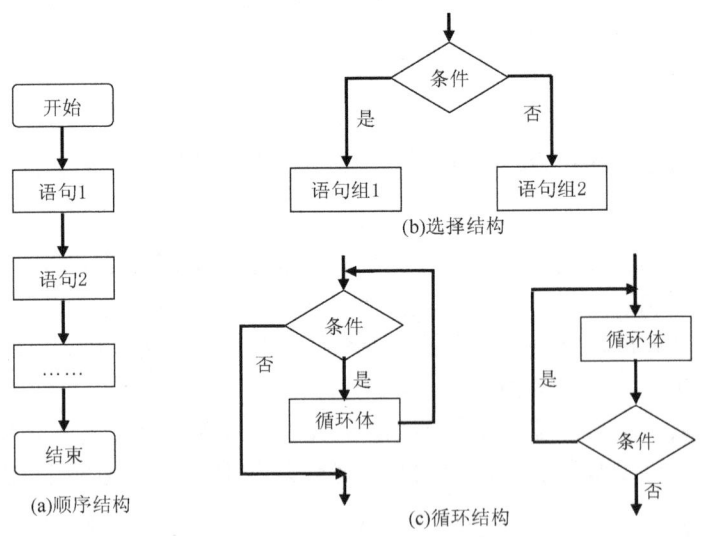

图1.7 程序的三种基本结构

使用这三种基本控制结构的组合来表现程序，可以改善程序的清晰度，提高程序的可读性。它们以控制结构为单位，只有一个入口、一个出口，各单位之间接口简单，每个单位也容易理解；同时也缩小了程序的静态结构与动态执行过程之间的差异，使人们能方便、正确地理解程序的功能。

一段高质量的程序，应具备的条件：
(1) 建立正确的数学模型和确定有效的计算方法。
(2) 运行结果必须正确，且在精度和其他各方面均满足要求。
(3) 程序本身具有良好的结构，逻辑清楚，易读易懂。
(4) 程序运行时间尽可能短，同时尽可能合理地使用内存。
(5) 便于检查、修正、移植和维护。

程序是算法的一种描述，而程序设计是算法实现的一种途径，程序设计语言则是进行程序设计的工具，它们之间相互支撑，关系密切。

算法是用计算机解决问题的方法。程序设计则是寻求解决问题的方法，并将其实现步骤写成计算机可执行的程序的过程。程序设计语言泛指一切用于书写计算机程序的语言。算法是程序设计的前提，它包含方法和步骤；程序设计是实现算法中的思想过程；程序设计语言则是把算法转化为计算机认识的语言，形成程序的手段。

1.5.2 程序设计语言

计算机的使用为的是让计算机能代替部分人工，更好更高效地完成工作。为实现这个目的，就要求使用计算机时，要用计算机的语言来表述使用需求，即编写程序。程序设计语言就是指编制程序时使用的计算机语言。

随着计算机的发展，程序设计语言经历了从机器语言到高级语言的发展历程，主要包括机器语言、汇编语言、高级语言三个阶段。其中机器语言和汇编语言都是面向机器的，两者都属于低级语言。

1. 机器语言

机器语言是用一串"0"和"1"构成二进制代码指令表达的能够被计算机直接接收和执行的计算机程序设计语言，又称机器码。机器语言能够直接指挥计算机硬件工作。由于机器语言是由二进制代码指令组成的，能直接为计算机接收，所以程序执行的效率高，但是机器语言只能为特定类型的计算机所识别。

2. 汇编语言

由于机器语言的编写和阅读都非常困难。于是产生了用于机器语言相对应的符号来编写程序的语言，称为汇编语言，也称为符号语言。它是一种类似英语缩略词且带有助记性符号的语言，每条汇编指令都和一条机器指令相对应，只是指令码和操作数都采用符号形式。这种语言不能被机器直接接收，必须用一种语言翻译器将程序中的每条语句翻译成机器语言才能执行。

汇编语言执行速度快，占用内存小，用它编制的程序运行效率比较高。所以经常用来编写系统软件、实时控制程序和外部设备或端口数据输入输出的程序。与机器语言一样，汇编语言也是面向机器的语言，与特定的机器和特定的微处理器有关，只能为特定的机器所识别。用汇编语言编写程序需要了解计算机系统结构，编写程序的难度较大，维护较为困难。

3. 高级语言

由于机器语言和汇编语言都依赖于具体的机器，都是面向机器的语言，用它们编制程序工作量大，无通用性。为使程序设计语言独立于机器，人们研究出了与具体的计算机指令系统无关的计算机语言，称为高级语言。高级语言采用的是接近自然语言和数学公式表达的语法，易于理解，移植性好，但不能被计算机直接识别。常用的高级语言有 C、Pascal、Basic、Fortran、C++、Java、Perl、PHP 等。用高级语言编写的程序也必须经过翻译器将其翻译成机器语言，才能在计算机上执行。

图 1.8 给出了一个示例，分别用这三种程序设计语言来描述"9+8"这一操作要求。

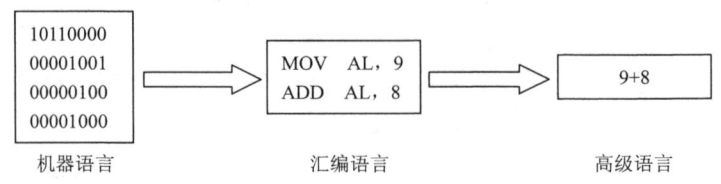

图 1.8 "9+8"的三种程序设计语言表达

1.5.3 程序的编辑与处理

1. 程序的编辑

程序的编辑是指将以某种计算机程序设计语言编写的代码输入计算机并把它们以文件的形式保存的过程。这些代码称为源代码，保存源代码的文件称为源文件。不同程序设计语言的源文件具有不同的文件扩展名，例如，Basic 语言源文件的扩展名为.bas，C 语言源文件的扩展名为.c，Java 语言源文件的扩展名为.java。

程序的集成开发环境集编辑、处理、跟踪、调试、执行等诸多功能于一身，都自带程序编辑器，可以很方便地对程序进行一系列操作，如 Turbo C、MS VC++等都可以方便地对 C 语言源程序进行编辑及后续处理。另外，可以通过普通文本编辑器进行源程序的编辑，如 Windows 自带的记事本、写字板、MS Word 等，只需在保存源文件时明确指定该源文件的扩展名。但这种方法开发效率不高，不是迫不得已的情况下，不建议使用。

2. 程序的处理

前面说过，三种程序设计语言中，只有机器语言源程序是计算机能直接识别和执行的，汇编语言和高级语言的源程序都必须翻译为机器语言后才能被执行。这个翻译的过程就是对源程序的处理过程，而对源程序进行翻译处理的工具，称为语言处理程序。不同的程序设计语言，其源程序处理方式不尽相同，则使用的语言处理程序也不尽相同。一般来说，语言处理程序有三种：汇编程序、编译程序、解释程序。

将汇编语言的源程序翻译汇编成机器语言表示的目标程序的语言处理程序叫汇编程序。将汇编语言的源程序翻译后得到的机器语言程序称为相应源程序的目标程序，其处理过程如图 1.9 所示。

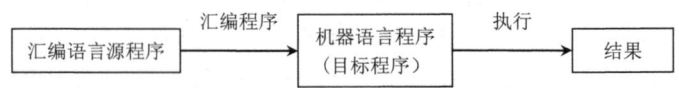

图 1.9 汇编语言源程序的处理过程

将高级语言源程序翻译成计算机能够识别的指令的语言处理程序称为翻译程序。翻译程序分为编译程序和解释程序两类。

编译程序的功能是把高级语言所编写的源程序翻译为被称为机器语言的目标程序(保存为扩展名为.obj 的文件)。再对目标程序进行链接、装载，得到一个计算机可以直接执行的可执行程序(保存为扩展名为.exe 的文件)。可执行文件一旦生成，其执行就不再受环境和源程序的约束，可以在不同机器上反复多次执行。编译程序的处理过程如图 1.10 所示。C 语言的处理程序就是使用的编译程序。

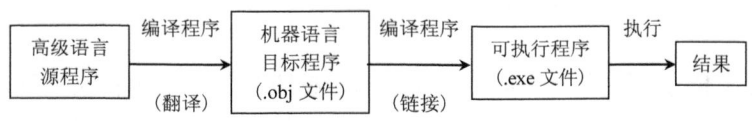

图 1.10　编译程序的处理过程

解释程序的功能是将用高级语言编写的程序逐句分析并立即执行。它的处理过程与编译程序完全不同，编译程序是将整个程序先翻译成机器语言形式的目标程序，然后再执行。解释程序是按语句的顺序逐句进行分析翻译，解释一句，执行一句，不保存解释后的机器代码，下次运行此程序时还要重新解释执行。其处理过程如图 1.11 所示。Basic 语言就是使用解释程序来处理的。

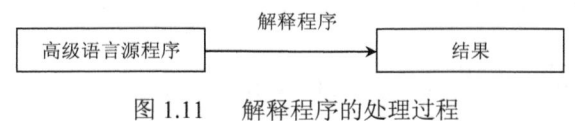

图 1.11　解释程序的处理过程

1.6　运行 C 语言程序的步骤和方法

1.6.1　运行 C 语言程序的步骤

C 语言是高级语言，用其编写的源程序不能在计算机上直接运行，必须通过编译程序将其翻译为机器语言的程序。一个 C 语言的源程序从编写到最后在计算机上顺利运行，是一个包含一系列步骤的过程，该过程可简单描述为：需求分析(Analysis)→设计(Design)→编码(Coding)→编辑(Edit)→编译(Compile)→链接(Link)→运行(Run)→调试(Debug)。该过程中的部分步骤在调试过程中可能需要反复进行，直到得到一个满足需求分析的可执行文件为止。

1.6.2　运行 C 语言程序的方法

程序的集成开发环境(IDE)合成了编辑、处理、跟踪、调试、执行等各项功能，不同的程序设计语言都有各自的集成开发环境所支持。支持 C 语言的环境很多，它们的区别主要在于使用的编译系统不同。目前较流行的 C 语言编译系统主要有以下几类：

- Borland Turbo C 或称 Turbo C；
- Microsoft C 或称 MS C；
- GNU Compiler Collection 或称 GCC。

这些 C 语言版本不仅实现了 ANSI C 标准，而且在此基础上各自作了一些扩充，使之更加方便、完美。

常用的 C 语言 IDE（集成开发环境）还有很多，Code::Blocks、Dev-C++、Borland C++ Builder 等也是不错的系统。

关于 C 语言程序的运行步骤及常用 IDE 的详细介绍和使用说明，可以参阅与本书配套的《C 语言程序设计习题答案与上机指导》一书，在此不再赘述。

1.7 程序设计中的命名规则

随着计算机技术的发展，要求软件的开发越来越团队化，而不再是早期的单兵作战，各自为政。这就要求一个开发团队中的各位程序员编写的程序必须具有较高的质量。高质量的程序应该具有良好的结构，逻辑清楚，易读易懂，便于检查、修正、移植和维护。贝尔实验室的研究资料也表明，软件错误中 50%左右产生于编码阶段，由于未严格检查软件逻辑导致的错误、函数（模块）之间的接口错误及由于代码可理解度低导致优化维护阶段对代码的错误修改引起的错误占一半以上。可见，提高软件质量必须降低编程阶段的错误率。

怎样才能做到呢？一个科学的编程规范是必需的，它制定了编写程序的基本原则、规则和建议，是团队开发中的编程宪法。比如贝尔实验室，就制定了详细的软件编程规范并加以贯彻实施，最终把编码阶段的错误降至 10%左右，同时也降低了程序的测试费用，效果相当显著。

在各种各样的编程规范中，命名规范是程序书写规范中最重要也是极具争议的地方。命名规则或称命名法，统一了程序员在编程时对各种对象的命名方法，可以让这些名称不再神秘，大家一看即懂，使各模块间的接口更顺畅，方便整个软件的集成。一个坏的命名规范具有的破坏力比一个好的命名规范具有的创造力要大得多。

目前，常见命名法主要有匈牙利命名法、骆驼（Camel）命名法、帕斯卡（Pascal）命名法、下划线命名法等。

1. 匈牙利命名法

匈牙利命名法具备语言独立的特性，其主要思想是"在变量和函数名中加入前缀以增进人们对程序的理解"。该命名法的基本原则是：变量名=属性+类型+对象描述，其中每一部分的名称都要求有明确含义，可以取对象名字全称或名字的一部分，要容易记忆容易理解。命名时，一个变量或函数的名字由一个或多个小写字母开始，这些字母有助于记忆变量的类型，紧跟着的是程序员选择的任何名称。这个后半部分的可以是首字母大写的一个单词或多个单词组合，该单词要指明变量的用途。例如，lpszStr,表示指向一个以'\0'结尾的字符串（sz）的长指针（lp）变量。

这种命名法是一位叫 Charles Simonyi 的匈牙利程序员于 1972～1981 年发明的,随着他成为微软的总设计师，这种命名法就通过微软的各种产品和文档资料向世界传播开了。大部分程序员不管自己使用什么软件进行开发，或多或少都使用了这种命名法。

匈牙利命名法可细分为：系统匈牙利命名法和匈牙利应用命名法。应用命名法是最原始的匈牙利命名法，系统命名法是在其基础上产生的，两者的区别在于前缀的目的。

匈牙利应用命名法的前缀不表示实际数据类型，而是给出了变量目的的提示，或者说它代表了什么。例如，strName 代表一个包含名字的字符串("str")，但是没有指明这个字符串是如何实现的。

在系统匈牙利命名法中，前缀代表了变量的实际数据类型。例如，arru8 Number List，该变量是一个无符号 8 位整型数组("arru8")。

接下来是几个常见的匈牙利命名法的命名实例。

• hwnd：h 是类型描述，表示句柄，wnd 是变量对象描述，表示窗口，所以 hwnd 表示窗口句柄。

• pfnEatApple：pfn 是类型描述，表示指向函数的指针，EatApple 是变量对象描述，它表示指向 EatApple 函数的函数指针变量。

• g_cch：g_ 是属性描述，表示全局变量，c 和 ch 分别是计数类型和字符类型，一起表示变量类型，这里忽略了对象描述，它表示一个对字符进行计数的全局变量。

匈牙利命名法流传甚广，同时也是富有争议的一种命名法。其支持者声称该法具有诸多优点如下(其中一些只适用于系统匈牙利命名法)：

• 从名字中就可以看出变量的类型。
• 拥有类似语义的多个变量可以在一个代码块中使用 dwWidth，iWidth，fWidth，dWidth。
• 变量名在仅仅知道它们的类型时可以被轻易记住。
• 可以使变量名更加一致。
• 决定一个变量名的时候可以更机械化，更快速。
• 不合适的类型转换和操作可以在阅读代码的时候被检测出来。
• 在那些数字被当作字符串处理的基于字符串的语言中非常有用。
• 在包含许多全局对象的复杂程序中(VB/Delphi Forms)，拥有一个基本的前缀命名法可以简化在编辑器中查找组件的工作。按 btn<Ctrl-Space>可以使编辑器弹出一个 Button 对象的列表。

同时，其反对者也声称该法具有诸多缺点如下：

• 匈牙利命名法在编译器做类型检查时是多余的。一个提供类型检查的语言在确定一个变量与其类型一致时，比人眼仅仅检查变量的用法与变量名一致要强大的多。
• 一些现代的集成开发环境，如 Visual Studio 在需要时可以显示变量类型，并且自动标记不匹配的类型。使用这种命名法完全没有必要。
• 匈牙利命名法在被用作代表多个属性的时候会造成困惑，如 a_crszkvc30LastNameCol：一个常量引用参数，保存了一个varchar(30)类型的数据库列 LastName 的内容，而这列又是这个表的主键的一部分。
• 在代码更改后可能造成不一致。如果一个变量的类型改变了，不是变量名的修饰与新的类型不一致，就是变量名必须被改变。
• 由于变量名和类型捆绑在一起，因此不利于代码的移植。一个典型的例子就是 WPARAM 类型，以及在许多 Windows 系统函数声明中使用的 wParam 参数。它原本是一个 16 位的类型，但是在后来的操作系统中被改成了 32 位或 64 位，但仍保留原来的名字(它实际的基础类型是 UINT_PTR，即一个大小足够保存一个指针的无符号整型)。
• 大多数时候，看到一个变量就意味着知道了它的类型。如果不知道一个变量是干什么的，知道了它的类型也没什么帮助。

在 C 语言和 C++语言中，匈牙利命名法在成本、收益、实施等方面的表现是模糊的，有其优点和缺点，这就需要在使用中扬长避短，合理应用它。本书针对较为复杂的程序编写时，主要采用匈牙利命名法对标识符进行命名。

2. 骆驼(Camel)命名法

骆驼命名法(又称驼峰命名法)近年来越来越流行，在许多新的函数库和 Java 平台下使用得当相多。骆驼命名法，正如它的名称所表示的那样，指的是混合使用大小写字母来构成标识符的名字。其中第一个单词首字母小写，余下的单词首字母大写。

例如，printEmployeePaychecks()，函数名中每一个逻辑断点都有一个大写字母来标记。这样的变量名看上去就像骆驼峰一样此起彼伏，故得名。

骆驼式命名法(Camel-Case)一词来自 Perl 语言中普遍使用的大小写混合格式，而 Larry Wall 等所著的畅销书 *Programming Perl*(O'Reilly 出版)的封面图片正是一匹"骆驼"。

骆驼命名法的命名规则可视为一种惯例，并无绝对与强制，为的是增加可识别性和可读性。

1) 小驼峰法

变量一般用小驼峰法标识：除第一个单词之外，其他单词首字母大写。比如，int myStudentCount，变量 myStudentCount 第一个单词是全部小写，后面的单词首字母大写。

2) 大驼峰法

相比小驼峰法，大驼峰法把第一个单词的首字母也大写了。常用于类名、函数名、属性、命名空间。比如，public class DataBaseUser，变量 DataBaseUser 每一个单词首字母都大写。

3. 帕斯卡(Pascal)命名法

帕斯卡命名法与骆驼命名法类似。只不过骆驼命名法是第一个单词首字母小写，而帕斯卡命名法则是第一个单词首字母大写。

例如，DisplayInfo()和 UserName 都是采用了帕斯卡命名法。

在 C#中，以帕斯卡命名法和骆驼命名法居多。事实上，很多程序设计者在实际命名时会将骆驼命名法和帕斯卡命名法结合使用，如变量名采用骆驼命名法，而函数采用帕斯卡命名法。

4. 下划线命名法

下划线命名法是随着 C 语言的出现流行起来的，在 UNIX/Linux 这样的环境，以及 GNU 代码中使用非常普遍。

例如，adc_is_busy()和 test_offset 都是采用了下划线命名法。

没有一种命名规则可以让所有的程序员赞同，而这多种命名规则也确实各有利弊。也没有必要花太多的精力试图发明最好的命名规则，应当制定一种令大多数项目成员满意的命名规则并切实执行。标识符命名的一致性自然会体现出代码的优雅。

当然，如果你的程序使用了第三方的代码，而这些模块经验证确实是正确无误的，那么也没有必要一味追求命名的一致性，而去修改这些已定型模块中的函数和变量名。

关于本书中主要使用的 C 语言命名规则，将在后续章节做明确说明。

本 章 小 结

C 语言是一种通用的、过程式的编程语言，广泛用于系统与应用软件的开发。具有高效、灵活、功能丰富、表达力强和较高的移植性等特点，在程序员中备受青睐，是使用最为广泛的编程语言之一。

本章简要介绍了 C 语言的发展历史和特点，通过一个经典的历程介绍了 C 语言源程序的基本结构，并介绍了一个完整的 C 程序的开发过程，解释了开发过程中各阶段的主要操作及其基本原理，通过实例介绍了 C 语言集成开发环境及其应用，最后让读者简要地了解了当前几种主要的命名规则，为后续的 C 语言学习打下认知的基础。

习　题　1

一、判断题

1．C 语言能够直接访问寄存器，所以它是一种低级语言。　　　　　　　　　（　　）
2．C 语言源程序文件通过了编译、连接之后，生成一个后缀为.exe 的文件。（　　）
3．C 程序总是从 main 函数的第一条语句开始执行的。　　　　　　　　　　（　　）
4．C 语言编写的源程序，其文件名后缀是.C。　　　　　　　　　　　　　　（　　）
5．C 语言的编辑器是唯一的。　　　　　　　　　　　　　　　　　　　　　（　　）

二、选择题

1．以下叙述中错误的是（　　）。
　　A．C 语言的可执行程序是由一系列机器指令构成的
　　B．用 C 语言编写的源程序不能直接在计算机上运行
　　C．通过编译得到的二进制目标程序需要连接才可以运行
　　D．在没有安装 C 语言集成开发环境的机器上不能运行 C 源程序生成的.exe 文件
2．以下叙述错误的是（　　）。
　　A．一个 C 程序可以包含多个不同名的函数
　　B．一个 C 程序只能有一个主函数
　　C．C 程序在书写时，有严格的缩进要求，否则不能编译通过
　　D．C 程序的主函数必须用 main 作为函数名
3．最早的 C 语言标准是（　　）。
　　A．ANSI C　　　　　　　　B．K&R C
　　C．C99　　　　　　　　　　D．C11
4．代码"ADD AL, 10"使用的编程语言是（　　）。
　　A．高级语言　　　　　　　B．C 语言
　　C．汇编语言　　　　　　　D．机器语言
5．不能处理 C 语言源程序的基础开发环境是（　　）。
　　A．PowerBiulder　　　　　B．Turbo C 3.0
　　C．GCC　　　　　　　　　　D．Microsoft Visual C++ 6.0

三、填空题

1．C 语言的预处理命令以_____开头。
2．计算机高级语言程序的翻译方法有_____和_____两种。
3．结构化程序设计中的基本结构包括_____、_____和_____。
4．C 语言代码"printf("How are you!");"的作用是_____。
5．目前主要使用的命名规则有_____、Pascal 法、_____和下划线法。

四、简答题

1．请给大家讲一讲 C 语言诞生的故事。

2．请与大家一起讨论一下 C 语言的特点。

3．你理解的 C 语言源程序基本框架是什么样的？为什么？

4．上机运行本章的两个例程，熟悉 C 程序的运行方法。

5．编写一个 C 程序：从键盘任意输入 3 个数，输出其中最大者。（请对程序代码行进行必要注释）

第 2 章　算　　法

本章导读

通过第 1 章的学习,我们看到了简单的 C 语言程序,也了解了 C 语言的特点,知道通过编写正确的程序并上机运行可以给出问题的求解结果。如何编写程序,利用计算机进行求解,才能实现解决问题的要求呢？

Pascal 之父、结构化程序设计的先驱沃思(Niklaus Wirth)提出了一个公式：

算法+数据结构=程序

这里所说的算法是贯穿在所有计算机程序设计中的一个基本概念,公式中的算法对于程序其重要性不言自明。算法是程序设计的核心,是程序设计的灵魂,算法的好坏直接影响了程序的通用性和有效性,影响着解决问题的效率。因此,在运用计算机程序解决问题的过程中,算法有着举足轻重的地位和作用。

那么,什么是算法？下面我们先看两个例子：

在小品《钟点工》中,有这样一个笑话：要把大象装冰箱,一共分几步？答案：共三步。第一步先把冰箱门打开,第二步把大象放进去,第三步把冰箱门关上。虽然这是个笑话,但它给出了要把"大象放入冰箱"的步骤,这些步骤都是按一定顺序进行的,缺一不可,次序错了也不行,这就是算法的体现。

一名学生要上大学,需经历一系列的步骤：①填高考报名表→②拿到准考证→③参加考试→④填志愿→⑤获得录取通知书→⑥到大学报名注册。这里考入大学的①→⑥步骤也是算法的体现。

2.1　算法的概念

简单地说,算法是解决问题的方法和步骤。人们解决问题的一般过程是：明确问题→分析问题→脑中收集信息→根据已有的知识、经验判断、推理→采用方法和设计步骤→解决问题。下面通过案例进一步说明解决问题的步骤。

【案例 2.1】　农夫过河。

问题描述：有一个农夫带着一条狼、一只羊和一筐菜,想从河的左岸乘船到右岸。但由于船太小,农夫每次只能带一样东西过河,而且如果没有农夫看管,狼会吃羊,羊会吃菜。问：农夫怎样过河才能把每个东西安全地送过河？

问题分析：要使农夫能安全地将这三样东西带过河,只需避免农夫与狼和羊、农夫与羊和菜不在同岸的情况发生,农夫即可把每样东西安全地送过河。

解决方案：

第 1 步：人和羊过河,人返回,留下羊；

第 2 步：人和狼过河,人和羊返回,留下狼；

第 3 步：人和菜过河，人返回，留下菜；

第 4 步：人和羊过河。

在这个案例中，算法就是解决方案，而且步骤是有限的。农夫只要按照上述四个步骤，可把每样东西安全地送过河。当然，解决方案也不是唯一的。如，可把第 2 步和第 3 步改变先后顺序，农夫仍可把每样东西安全地送过河。但第一步先带狼过河，羊与菜留在同岸，会出现羊吃菜的情况。因此，第 1 步与第 2 步不能改变；有些步骤不影响结果，是可以颠倒的；但有些步骤一旦颠倒了最终的结果也就全变了。

在计算机科学中，我们所关心的当然仅限于可以编写成计算机程序的算法，计算机能执行这个算法并解决问题。案例 2.1 就是一个算法，编写程序后，计算机可自动执行并给出所有可能的解决方案。

对照人们解决问题的一般过程，计算机解题过程可简单地概括为：分析问题→设计算法→编写程序→运行程序/验证结果等四个步骤，最终使问题得到解决。

分析问题：对问题进行认真的分析，研究所给定的条件和应达到的目标，确定问题是什么，找出解决问题的规律，选择解决问题的方法，完成实际问题。

设计算法：根据分析结果，设计出解决问题的方法和具体步骤。

编写程序：将设计的算法翻译成计算机程序设计语言。

运行程序/验证结果：在计算机上实际运行，进行程序的调试，直至获得预期的结果。

从上述步骤可以看出，正确的问题分析和良好的算法设计是编写程序的前提，是解决问题的基础。在计算机解题的过程中，无论是形成解题思路还是编写程序，都是在实施某种算法。通常称解题思路为推理实现的算法，编写的程序为操作实现的算法。在上述步骤中，前两个步骤是逻辑推理设计算法的过程；后两个步骤是具体设计计算机程序实现算法的过程。

2.1.1 算法的定义及特征

在数学和计算机科学之中，算法（Algorithm）通常是指按照一定规则解决某一类问题的明确和有限的步骤。其中，"按照一定规则"指的是解决具体问题时的依据和表达方式，关注的是算法的基本逻辑结构（顺序、选择和循环），也表示算法具有有序性。而"解决某一类问题"强调的是算法适用对象的常态，突出算法的研究价值以及它的普遍适用性，也表明特殊问题的解题与一般问题的算法，存在联系又有区别。"明确和有限"，表示算法的每一步都是明确的、可执行的，总的步骤是有限的。算法是对解题方案的准确而完整的描述，是一系列解决问题的清晰指令。

1. 算法的定义

图灵奖得主 D.E.Knuth 对算法的定义：**一个算法就是一组有穷规则，这些规则给出求解特定类型问题的操作序列。**

现代意义上的"算法"通常是指可以用计算机来解决某一类问题的步骤，这些步骤必须是明确和有效的，而且能够在有限步之内完成。也就是说，算法要有一个**清晰的起始步**，表示处理问题的起点，且每一个步骤**只能有一个确定的**后继步骤（**算法的确定性**），从而组成一个步骤的**有限序列（算法的有限性）**；要有**一个终止步**，表示问题得到解决或不能得到解决；每条规则必须是确定的、可行的（**算法的可行性**）、不能存在二义性。算法总是对数据进行加工处理，因此，算法的执行过程中通常要有数据**输入（零个或多个）**和数据**输出（至少一个）**的步骤。

2. 算法的特征

D.E.Knuth 在他的著作 *The Art of Computer Programming* 里对算法的特征进行了归纳，一个算法必须具有以下**五个基本特征**。

(1) 输入：一个算法有零个或多个输入。输入是算法开始前最初进行赋值的量，或当算法运行时动态地赋值的量。

(2) 输出：一个算法有一个或多个输出。输出是算法执行的结果，与输入有特定的关系。

(3) 确定性：一个算法的每个步骤都必须精确地定义。要执行的动作每一步都必须严格地、无歧义地描述清楚，以保证算法的实际执行结果能精确地符合要求或期望。

(4) 有限性：一个算法应包括有限的操作步骤，能在执行有穷的操作步骤之后结束。

(5) 可行性：一个算法一般认为是可行的，其含义是指算法中描述的操作，可以通过已经实现的基本运算执行有限次来实现，并能得到确定的结果。

根据定义"解决某一类问题"的要求，在实际的算法设计中还要注意算法的通用性，当针对一个问题设计出算法后，该问题的多个实例都能被求解。换句话说，一个加法程序不仅能计算 1+1，也能计算 5+8，如果一个算法只能求解问题的一个实例，一般情况下只需要把这个实例和对应的答案记录下来，算法本身就没有意义。

算法不同于程序：

(1) 算法是解决某一类问题的步骤，程序是用某种程序设计语言实现的算法。

(2) 算法是抽象的，它不依赖于具体的程序设计语言和硬件，一个算法可以用多种程序设计语言来实现，算法的每一个步骤对应着程序设计语言的一个或多个语句。

(3) 程序可以不满足算法的有限性。

例如，操作系统是一个在无限循环中执行的程序，因而不是一个算法。但操作系统的各种任务可看成是单独的问题，每一个问题由操作系统中的一个子程序通过特定的算法来实现，子程序一旦得到结果即可终止。

2.1.2 算法的评价

一个算法质量的优劣将影响到算法乃至程序的效率，同一问题可用不同的算法解决。通过算法评价，可以从解决同一问题的不同算法中选择出较优的一种算法，或者对原有的算法进行改进，使其更优、更好。对算法进行评价，通常有算法的正确性、可读性、健壮性、效率、存储量需求五个方面的因素。

(1) 正确性：算法能够确保对任意的输入都有正确的输出。算法的正确性是设计和评价一个算法的首要条件，如果一个算法不正确，其他方面就无从谈起。算法的正确性通常是在有限的测试集上进行测试，但必须保证在测试集上的所有数据输入及其输出都是正确的。

(2) 可读性：算法描述清晰易懂，便于修改和移植，有利于阅读者对程序的理解。进行算法设计时，需要在关键的地方进行说明，既方便别人阅读，也方便自己今后阅读。

(3) 健壮性：算法具有的容错处理能力。当输入非法数据时，算法能正确做出反应，而不会产生莫名其妙的输出结果。

(4) 效率：算法的执行时间，通常用算法的时间复杂度来度量。算法的时间复杂度一般指算法的运行时间，它与许多因素有关，如硬件环境(处理器、时钟频率、内存、外存)、软件环境(操作系统、程序设计语言、编译器、解释器)；另外还与算法的设计思路有关，不同的设计者对相同问题有不同的解决思路,即对同一个问题的解决,可能有不同的算法,因而其效率也不一样。

(5)存储量需求:算法执行过程中所需要的最大存储空间,通常用算法的空间复杂度来度量。算法的空间复杂度是指算法实现时对内存的需求情况。

2.2 算法的描述

算法常用的表示方法有:N-S 图描述、自然语言描述、流程图描述和伪代码描述。

其中 N-S 图是由美国学者 I.Nassi 和 B.Schneiderman 提出的一种利用结构框图来描述算法的方法,由于它们的名字是以 N 和 S 开头,故把这种结构框图称为 N-S 图(也称为 N-S 盒图)。N-S 图由顺序结构、选择结构和循环结构等三种基本结构框图构成,它把整个算法写在一个大框图内,使得控制转移不能任意规定,必须遵守结构化程序设计的要求,但修改框图时比较麻烦。因此,本书主要介绍自然语言、流程图和伪代码三种算法描述的方法。

2.2.1 自然语言描述算法

使用自然语言描述算法,就是用人们日常使用的语言和数学语言对算法进行描述。如案例 2.1 中渡河的方法与步骤的描述。

【案例 2.2】 自然语言描述算法。

问题描述:已知圆的半径,求圆面积的算法。

问题分析:根据题意,设圆的半径为 r,圆面积为 area,通过公式 area=3.14*r*r,计算得到圆面积。

算法描述:

开始
1　输入 r 的值;
2　计算 area=3.14*r*r;
3　输出 area 的值;
结束

算法总是从编号最小的步骤(如步骤1)开始,它顺序地执行随后的步骤,除非另有说明。现在让我们按照这个算法的描述计算半径为 10 的圆面积。

1　输入 r=10;
2　计算 area=314;
3　输出圆面积为 314;

上面只是算法的一个实例,随着半径 r 的值不同,按相同的步骤可计算出相应的面积。

注意:算法要在计算机上运行,必须用计算机能理解和执行的程序设计语言把算法表示出来,然后把程序输入到计算机,计算机才能按照预定的算法去解决问题。

【案例 2.3】 自然语言描述算法。

问题描述:求任意两个数 a 和 b 中的较大数,并输出这个数的算法。

问题分析:根据题意,a、b 为任意数,要求出这两个数中较大的数,首先必须知道这两个数 a 和 b 的值,然后再比较这两个数,如果 a 大于等于 b,则输出 a 的值;反之,输出 b 的值。

算法描述：

开始
1. 输入 a 的值和 b 的值；
2. 如果 a≥b 执行第 3 步，否则执行第 4 步；
3. 输出 a，转结束；
4. 输出 b

结束

算法中包含了选择结构，根据具体的 a、b 值，通过步骤 2 的比较判断，给出正确的结果。如：a=5，b=8，由于 a≥b 不成立，则输出结果为 8。

思考： 如果 a=5，b=5，根据算法，应执行步骤 3 还是步骤 4？

怎样在算法中输出两个数相等的情形？

【案例 2.4】 自然语言描述算法。

问题描述： 给出从 1 开始的连续 n 个自然数求和的算法。

问题分析： 问题的实质是计算 sum=1+2+3+4+⋯+(n−1)+n，从 1~n 是一个等差数列，最简单的方法用等差数列的求和公式进行计算。如果要对任意的 n 个随机数进行求和，由于写算法时并不知道 n 的具体值，没有直接的公式可利用，因此，可以将问题的求解看成一个累加过程，使其算法更具通用性。例如，对这个算法增加数据输入后，即可计算任意多个无规律的数之和。

先清空 sum 使其值为 0，用 i 依次代表 1~n 的每一个数，再用 sum 保存每次累加的结果，通过 sum=sum+i 完成累加，累加式 sum=sum+i 表示将 sum+i 的计算结果又重新赋值给 sum。累加过程如表 2.1 所示：

表 2.1　sum=sum+i 累加过程

累加次数	sum（累加结果）	i(1~n)	累加次数	sum（累加结果）	i(1~n)
初始	0	1	第 3 次	6	4
第 1 次	1	2	第 4 次	10	5
第 2 次	3	3	…	…	…

每一次累加 sum 与 i 的值均会变化，一直累加到 i=n(第 n 次)，当 i>n 时，sum 中的值即为最终的结果。

算法描述：

开始
1. 确定(输入)n 的值；
2. 设 sum 的初始值为 0，i 的初始值为 1；
3. 如果 i≤n 时，顺序执行步骤 4，否则转出执行步骤 7；
4. 计算 sum 加上 i 的值后，重新赋值给 sum；
5. 计算 i 加 1 的值后，然后将值重新赋值给 i；
6. 转去执行步骤 3；
7. 输出 sum 的值；

结束

算法中包含了循环结构，由步骤 3~步骤 6 构成了循环，通过多次重复的执行，满足条件退出循环后给出正确的结果。

例如，n=10，重复执行累加式 sum=sum+i 共 10 次，其中 i 取值为依次为 1~10，输出结果为 55。

从上面描述的求解过程中，不难发现，使用自然语言描述的算法比较容易理解，但是也存在着很大的缺陷，如书写较烦琐、不确切、容易产生歧义，造成误解等。例如，对较复杂的问题，当算法中含有多分支或循环操作时，用自然语言难以表达准确。另外，使用自然语言描述算法还很容易造成歧义，称为二义性。譬如"王老师在上课"既可以理解为"王老师在讲课，教别人"，也可以理解为"王老师在听别人讲课"。自然语言中的语气和停顿不同，就可能使他人对相同的一句话产生不同的理解。为了解决自然语言描述算法中存在着可能的二义性，可采用流程图描述算法的方法。

2.2.2 流程图描述算法

使用流程图描述算法，就是用一组标准的图形符号来描述算法。

【**案例 2.5**】 流程图描述算法。

问题描述：已知圆的半径，求圆面积的算法。

问题分析：同案例 2.2。

算法描述：求圆面积算法的流程图描述如图 2.1 所示。

从这个算法的流程图中，可以比较清晰地看出求解问题的执行过程。

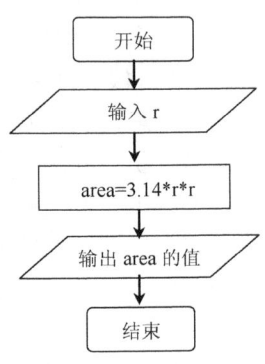

图 2.1 计算圆的面积

如 r=10，计算出面积 area=314。

为进一步学习使用流程图描述算法，表 2.2 对流程图中的一些常用图形符号进行了解释。

表 2.2 常用流程图符号

图形符号	名称	作用
▭	开始、结束	表示一个算法的开始或结束。
▱	输入、输出	表示算法过程中，从外部获取信息（输入）或将处理过的信息输出。
▭	处理	表示算法过程中，需要处理的信息，只有一个入口和一个出口。
◇	判断	表示算法过程中的分支结构，在菱形框中标明判断条件，框的 4 个顶点中，通常用上面的顶点表示入口，根据需要用其余的顶点表示出口。
→	流程线	算法过程中指向流程的方向。

【**案例 2.6**】 流程图描述算法。

问题描述：求任意两个数 a 和 b 中的较大数，并输出这个数的算法。

问题分析：同案例 2.3。

算法描述：算法的流程图描述如图 2.2 所示。

【**案例 2.7**】 流程图描述算法。

问题描述：给出从 1 开始的连续 n 个自然数求和的算法。

问题分析：同案例 2.4。

算法描述：算法的流程图描述如图 2.3 所示。

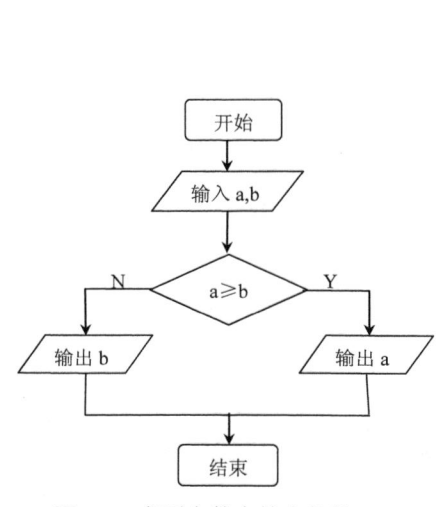
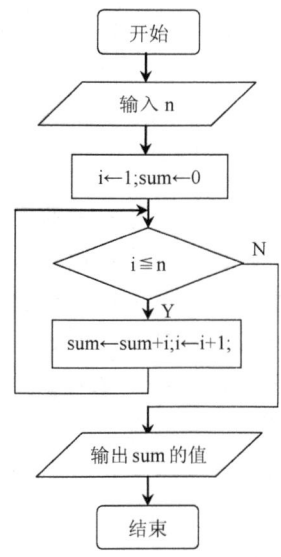

图 2.2　求两个数中较大的数　　　　图 2.3　求 1~n 个自然数的累加和

从上述的案例中可以看出，用流程图描述的算法形象、直观。但画起来比较费劲，在设计一个算法时，尤其当算法比较复杂时，可能要反复修改，而修改流程图是比较麻烦的，且流程线较多，会显得凌乱，反而冲淡了对解决方案的清晰描述。因此，流程图适用于表示一个较为简单的算法，在设计算法的过程中使用并不是很理想。为了方便设计算法，就产生了伪代码。

2.2.3　伪代码描述算法

伪代码是一种介于自然语言和计算机程序语言之间的一种算法描述语言，如同一篇文章，从上到下依次写下来。由于伪代码不用图形符号，书写方便、格式紧凑、比较好懂，便于向计算机语言过渡。因此，伪代码可以容易地用任何一种编程语言(Pascal、VB、C++、Java 等)实现。

伪代码可以用英文、汉字、中英文、数学公式和符号来描述算法的操作步骤，常用的语法规则如下：

(1) 在伪代码中，每一条指令占一行，每一行(或几行)表示一个基本操作，指令以分号结尾。

(2) 代码中每个块结构用缩进格式和 { 和 } 来表示，同一模块的语句有相同的缩进量，次一级模块的语句相对于父级模块的语句进行缩进。

(3) 用/**/或//表示注释的内容。

(4) 变量名和保留字不区分大小写，常用的保留字，如 if、then、else、for、while 等。

(5) 赋值语句用符号←表示，x←exp 表示将 exp 的值赋给 x，其中 x 是一个变量，exp 是一个与 x 同类型的变量或表达式，该表达式的结果与 x 同类型。如，x←5；表示将 5 赋值给 x 后，x 的值为 5。

(6) 判断语句用 if-then-else 来表示，并且可以嵌套。如，if(x>=60) then 打印"合格"else 打印"不合格"。

(7) 循环语句有两种：while 循环和 for 循环，也可以嵌套。

格式：

　　while 表达式
　　　　{循环体}

在 while 循环中，先判断表达式，若结果为真，则执行一次循环体，否则退出循环。重复前面步骤。

```
for(循环变量=初值；循环变量<=终值；循环变量增值)
    {循环体}
```

在 for 循环中，①执行循环变量←初值；②判断循环变量<=终值，若结果为真，则执行一次循环体，③循环变量增值，否则退出循环。重复②、③步骤。

【案例 2.8】 用伪代码描述算法。

问题描述：给出从 1 开始的连续 n 个自然数求和的算法。

问题分析：同案例 2.4。

算法描述：

```
开始
1   n←输入值；           /*符号←表示赋值，将任意的一个数赋值给变量n*/
2   i← 1;                /*给变量i赋初值1*/
3   sum← 0;              /*给变量sum赋初值0*/
4   while(i<=n)          /*当变量i小于等于n时，重复执行第5步，否则执行第6步*/
5       { sum←sum + i; i←i + 1; }
6   输出 sum 的值；
结束
```

由此看出，用伪代码描述算法简洁、易懂，修改起来也比较容易。但伪代码接近于计算机编程语言，对于初学者而言，难度较大。因此，本书主要采用流程图来描述算法。

2.3 简单算法举例

【案例 2.9】 求一元二次方程的根。

问题描述：给出计算一元二次方程 $ax^2 + bx + c = 0(a \neq 0)$ 根的算法。

问题分析：由求根公式可知，一元二次方程的根是由系数 a、b、c 的值决定的，利用判别式 $\Delta = b^2 - 4ac$ 可以判断方程的根的情况。一元二次方程 $ax^2 + bx + c = 0(a \neq 0)$ 的根与判别式 $\Delta = b^2 - 4ac$ 有如下关系：

(1) 当 $\Delta \geq 0$ 时，方程有两个实数根，$x_1 = \dfrac{-b+\sqrt{\Delta}}{2a}, x_1 = \dfrac{-b-\sqrt{\Delta}}{2a}$；

(2) 当 $\Delta < 0$ 时，方程无实数根。

算法描述：

根据分析，分别用自然语言和流程图描述算法如图 2.4 所示。

进一步思考：上述算法中，若$\Delta=0$ 怎样用流程图明确表示方程存在两个相同的实数根。请读者自己完成。

【案例 2.10】 找最大数。

问题描述：现有一组任意的正整数，希望从中找到值最大的数。

问题分析：如果将随机数中的每一个数字看成是一颗豆子的大小，可以将问题转化成"捡豆子"，即依次从一个口袋中取出一颗豆子，与杯子中的豆子进行比较，杯子中总是保留每次比较后，较大的那颗豆子，直到取出并比较完最后一颗豆子，杯子中的豆子就是最大的一颗豆子。

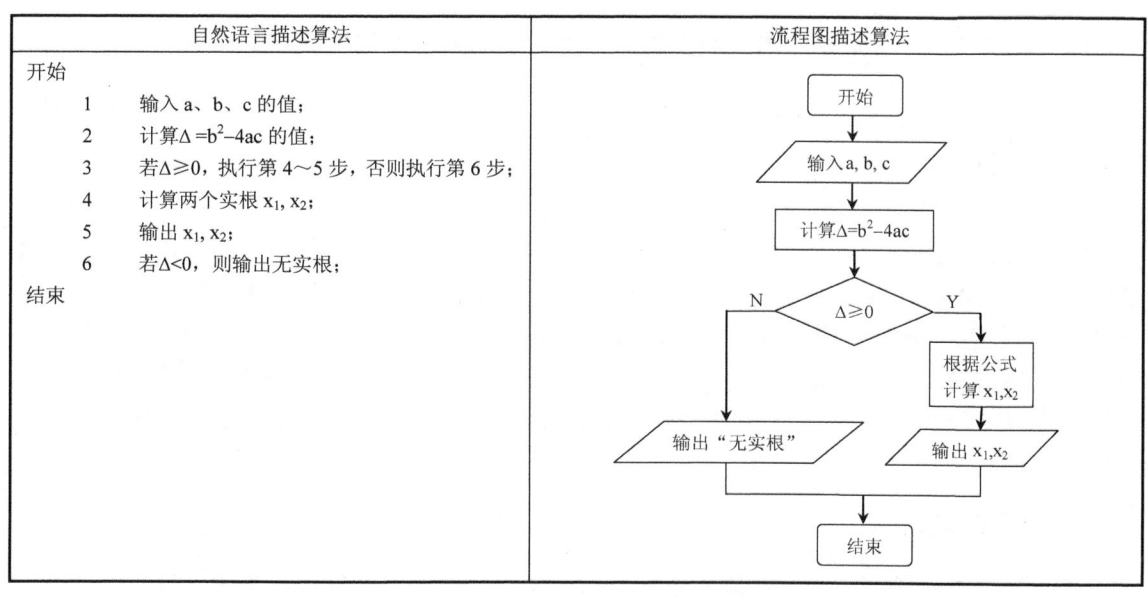

图 2.4　计算一元二次方程的根

针对原问题，可以用 data 表示每一个数字(类似于一颗豆子)，每次比较后将大的数都保留在变量 max(类似于杯子)中，依次对每一个 data 与 max 进行比较判断。由于在算法设计时，事先不知道任意数的个数究竟有多少，可在任意数的最后增设一个不参加比较的数，假设最后一个数是−1(由于问题中的任意数均为正整数，−1 远离可能出现的正确数据，起到了终止运行或比较的作用，因此也称为终止标志。当然也可选择其他的数作为终止标志，如−2、−999等)，当 data 的值为−1 时，说明已判断完所有的数，这时可停止比较，max 中的数即为最大数。

算法描述：

根据分析，分别用自然语言和流程图表示算法如图 2.5 所示。

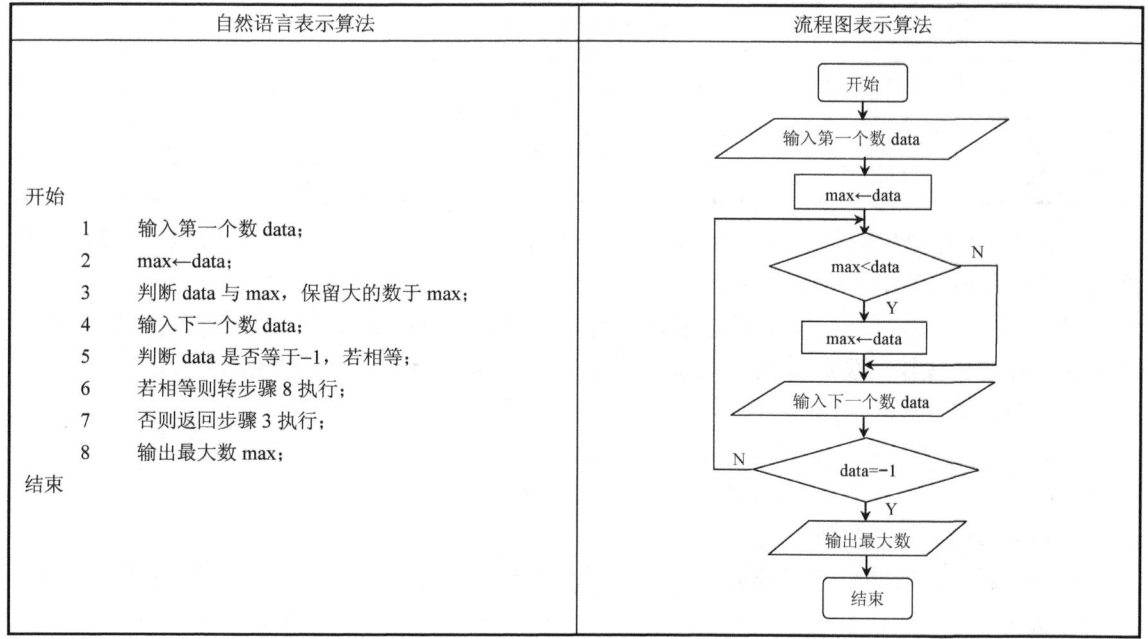

图 2.5　从一组数中找最大数

进一步思考：上述算法中若要求对所有的数进行求和，怎样用流程图描述算法？请读者自己完成。

2.4 计算思维

通过以上的学习，我们可以看出，在利用计算机求解问题的一系列过程中，包括了**思维过程、设计过程和计算过程**。对于给定的问题，首先必须对提出的问题进行分析思考，即为思维过程；其次用规范的形式对算法进行描述，即设计过程；最终通过计算机程序实现算法，使问题得到解决，即为计算过程。显然，计算性的思维已贯穿了计算机求解问题的全过程，无论是形成解题思路还是编写程序，其思维的目标都是围绕可计算性或可操作性，即计算思维。

2.4.1 计算思维的定义

2006年3月，美国卡内基梅隆大学计算机科学系主任周以真教授在美国计算机权威杂志ACM会刊 *Communications of the ACM* 上给出并定义了"计算思维"（Computational Thinking）的概念，所谓计算思维，就是用计算的基础概念去求解问题、设计系统、理解人类行为。她认为，计算思维是"每个人都渴望具有的、能够学习和实际运用的具有普适性的思维方式和应用技巧"。表2.3给出了计算思维在日常生活事例中的体现。

表2.3 计算思维的在日常生活事例中的体现

序号	日常生活中的事例	计算思维
1	出门前，把所需要的东西放进背包	缓存算法
2	弄丢手套时，沿走过的路寻找	回溯算法
3	停电时电话仍然可用	算法的健壮性，表现为失败无关性和设计冗余性
4	在什么时候需要进货	在线算法
5	到银行排队办理业务	多服务器系统的模型算法
6	尽可能多的购买商品带回家	贪心算法
7	天气预报	数据挖掘算法
8	拍电报	编码算法
9	下棋	人工智能算法

上述事例中，有些不能用计算机来替代人实现，如事例1、2、3；有些可用计算机的计算来辅助决策或实现，如事例4～9。

在计算机科学中，**我们将计算思维定义为能被计算机执行的算法，即可计算算法**（包括推理实现的算法和操作实现的算法）。在这个限定下，计算思维强调问题求解的推理描述过程和操作机器的计算过程。

案例2.11将通过算法的设计和算法的逐步改进来体验问题求解的计算思维推理描述过程（操作机器的计算过程将在以后的程序设计过程中体验）。

【**案例2.11**】 计算思维过程。

问题描述：我国古代数学家张丘建在《算经》中提出了著名的"百钱百鸡问题"："鸡翁一，值钱五；鸡母一，值钱三；鸡雏三，值钱一；百钱买百鸡，翁、母、雏各几何？"

问题分析：题目的意思是一只公鸡卖5枚钱，一只母鸡卖3枚钱，三只小鸡卖1枚钱，用100枚钱买100只鸡,能买到公鸡、母鸡、小鸡各多少只?这是一个不定方程问题。有3个未知数,2个方程:设公鸡、母鸡、小鸡数分别为x、y、z,则有$x+y+z=100$,$5*x+3*y+z/3=100$。需要让计算机去一一测试是否符合条件,找出所有可能的答案。这里采用穷举算法。穷举算法的基本思想是:对问题的所有可能答案一一测试,直至找到正确答案或测试完全部可能的答案。采用伪代码描述算法。

算法描述一:

```
开始
1    for( x=1;x<=100;x++)                /*控制公鸡数 x 在 1~100 变化*/
2        for(y=1;y<=100;y++)             /*控制母鸡数 x 在 1~100 变化*/
3            for( z=1;z<=100;z++)        /*控制小鸡数 x 在 1~100 变化*/
4                if ( (x+y+z=100) && (5*x+3*y+z/3=100) )
5                    then 输出 x,y,z 的值;   /*验证是否同时满足 2 个条件,可得到一组解*/
结束
```

将算法转化为程序后,运行结果为:

x=4,   y=18,   z=78
x=8,   y=11,   z=81
x=12,   y=4,   z=84

算法效率评价:要给出可行的解,三重循环的运行次数达到了1000000次,时间效率较低。能否对算法一进行改进?

分析思考:由于数量的限制,一旦购买公鸡和母鸡的数量确定,则由 x+y+z=100 可直接得到购买小鸡的数量 z=100-x-y,这样就将算法一的三重循环降为二重循环。

算法描述二:

```
开始
1    for( x=1;x<=100;x++)
2        for(y=1;y<=100;y++)
3            z=100-x-y;                 /*在二重循环控制下,小鸡的数量 z 受 x、y 的制约*/
4            if ( (x+y+z=100) && (5*x+3*y+z/3=100))
5                then 输出 x,y,z 的值;
结束
```

算法效率评价:算法二中,二重循环的运行次数为10000次,较算法一减少了99000的运行次数。可见算法的一个简单循环优化,效率就提升了99%,能否继续简化算法二?

分析思考:由于价格的限制,如果只是一种鸡,公鸡数量不可能超过20,就可以在循环中把公鸡数量的变化限制在1~20,同理,母鸡数量的变化限制在1~33。

算法描述三:

```
开始
1    for( x=1;x<=20;x++)                /*控制公鸡数 x 在 1~20 变化*/
2        for(y=1;y<=33;y++)             /*控制母鸡数 x 在 1~33 变化*/
3            z=100-x-y;
4            if ( (x+y+z=100) && (5*x+3*y+z/3=100) )
5                then 输出 x,y,z 的值;
结束
```

算法效率评价：算法三的循环次数较算法二又减少了 10000−20×33=9340 次，比算法二的效率又提升了 93%。

上述一系列的简化和优化处理，体现了计算思维的思维过程，通过设置循环控制条件来减少穷举和组合的次数，从而提高算法的时间效率。

能否对算法再做改进，进一步减少循环次数？请读者自己思考。

2.4.2 计算思维的特征

计算思维是信息思维，它不同于传统的数学思维，不关注逻辑关系、推理演算的严谨程度，而是强调问题解决的操作过程和应用实践。计算思维是建立在计算过程的具体实现和约束之上，利用程序语言控制机器解决实际问题，因此可用计算机的方式思考问题和表达行为。通俗地说：拥有一定的计算思维就可以帮助人们在思考问题的时候有更多程序性的想法，当一件事情可以用计算性思维描述出来的时候，这件事情就可以变成一个计算机程序，通过机器来帮助实现。

计算思维的本质是抽象（Abstraction）和自动化（Automation）。

抽象是从事物中抽取出的共同的、本质性的特征，而舍弃其非本质的特征。例如，苹果、香蕉、梨、葡萄、桃子等，它们共同的特性就是水果，得出水果概念的过程，就是一个抽象的过程。计算思维中的抽象指的是用这种抽象的方法表达实际的问题，如使用符号代替实际问题中的各种变量，每个程序包括各种标识符、常量、变量、数组、函数和结构体等符号语言，这些组合在一起就构成了程序设计语言。

计算思维的自动化则体现在程序的机械式执行，这也是冯·诺伊曼计算机体系的本质特征。要实现自动化，就必须要设计正确的算法和严格的程序语言体系，计算思维体现了这两个方面的特征。

一方面，计算思维体现了算法严谨而又规整的逻辑思维。正确的算法是计算机程序解决问题的基本要求，计算思维不同于人们用自然语言描述现实生活的各种现象，需要用确定、形式化并且无二义性的语言描述问题以及求解过程，以避免由于文化习惯的差异造成的二义性现象。计算思维的程序实现必然要使用严格的数学符号描述，由于数学符号本身就是一种有限确定性的描述问题手段，因此计算思维可保证每一步的操作都是确定无二义的。

另一方面，计算思维体现了计算机的机械化。由于程序员的很多想法是用算法进行描述的，使之简单且可以重复使用，再利用计算机的程序语言去实现算法，达到解决很多问题的需要。因此，计算思维也可通过程序来描述，程序的运行结果是对计算思维的检验，它强调利用计算机的速度和存储优势，通过严格机械化的操作时序解决实际问题，这正是计算思维自动化的具体表现。

2.5 结构化程序设计方法

通过前面的学习我们知道，算法是对解题方案的准确而完整的描述，算法要在计算机上运行，就必须用计算机能理解和执行的程序设计语言把算法表示出来。采用什么样的方法，才能编写出高质量的程序呢？

E.W.Dijikstra 在 1965 年提出了结构化程序设计（structured programming）方法。它的主要观点是：采用自顶向下、逐步求精的程序设计方法；使用顺序、选择、循环三种基本控制结构构造程序；以模块化设计为中心，将待开发的软件系统划分为若干个相互独立的模块，使得完成每一个模块的工作变得简单而明确，为设计一些较大的软件打下了良好的基础。

2.5.1 自顶向下、逐步求精

"自顶向下、逐步求精"的核心思想是：对复杂问题，应从问题本身开始，设计一些子问题(比原问题较为简单)作为过渡，将解决问题的步骤分解为由基本程序结构模块组成的结构化程序框图。在程序设计时，避免一开始就过多追求众多的细节，先从最上层总目标开始设计，逐步使问题具体化。即，先考虑总体，后考虑细节；先考虑全局目标，后考虑局部目标，这样容易编写出结构良好、易于调试的程序来。

2.5.2 基本控制结构

按照结构化程序设计的观点，在程序设计时，任何程序都可由顺序、选择、重复三种基本控制结构进行构造。

1. 顺序结构

用顺序方式对过程分解，确定各部分的执行顺序，表示程序中的各操作是按照它们出现的先后顺序执行的。如在案例 2.2 中，顺序执行每一个步骤，就可得到圆的面积。

2. 选择结构

用选择方式对过程分解，确定某个部分的执行条件。选择结构表示程序的处理步骤出现了分支，它需要根据某一特定的条件选择其中的一个分支执行。如在案例 2.3 中，通过条件 a≥b 的判断，选择大的数输出。

3. 循环结构

用循环方式对过程分解，确定某个部分进行重复的开始和结束的条件。表示程序反复执行某个或某些操作，直到某条件为假(或为真)时才可终止循环。因此，在循环结构中主要关注：什么情况下执行循环？哪些操作需要循环执行？什么情况下结束循环？

循环结构的基本形式有两种：当型循环和直到型循环。

(1)当型循环：表示先判断条件，当满足给定的条件时执行循环体，并且在循环终端处流程自动返回到循环入口；如果条件不满足，则退出循环体直接到达流程出口处。因为是"当条件满足时执行循环"，即先判断后执行，所以称为当型循环。如在案例 2.4 中，当 i≤n 为真时，执行循环体(进行累加)，当 i>n 时，退出循环。

(2)直到型循环：表示从结构入口处直接执行循环体，在循环终端处判断条件，如果条件不满足，返回入口处继续执行循环体，直到条件为真时再退出循环到达流程出口处，是先执行后判断。因为是"直到条件为真时为止"，所以称为直到型循环。如在案例 2.10 中，先执行循环体，依次对 data 与 max 进行比较，直到 data= −1 时，才退出循环。

对处理过程仍然模糊的部分反复使用以上分解方法，最终可将所有细节确定下来。

2.5.3 模块化设计

人们在求解一个复杂问题时，通常采用的是逐步分解、分而治之的方法，也就是把一个大问题分解成若干个比较容易求解的小问题，然后分别求解。在设计一个复杂的应用程序时，往往也是把整个程序划分为若干功能较为单一的子程序(模块)，然后分别予以实现，称这种方法为模块化(结构化)程序设计方法。

模块并不是一个新的概念，早在 20 世纪初期的建筑行业中，将建筑按照功能分成可以自由组合的建筑单元的概念就已经存在,这时的建筑模块强调在几何尺寸上可以实现连接和互换。随着计算机软件技术的发展,模块的概念被广泛实践着,大型软件系统的模块化趋势越来越明显。人们将模块与功能联系到一起,使模块具有明确的功能定义,以及功能输入、输出接口特征。模块化的目的是为了降低程序复杂度,使程序设计、调试和维护等操作简单化。

模块化设计的主要任务是:把一个复杂程序要解决的总目标划分为多个子目标,将子目标再进一步分解为具体的小目标,对每一个独立的小目标进行编程求解,最终完成总目标的求解。每一个小目标即为一个模块,这种以功能块为单位进行程序设计,实现其求解算法的方法称为模块化。

由于模块相互独立,在设计其中一个模块时,不会受到其他模块的牵连,因此可将原来较为复杂的问题化简为一系列简单模块的设计。模块的独立性使得人们可充分利用现有的模块作积木式的构造,对扩充已有的系统、建立新系统带来了不少的方便。

【案例 2.12】 结构化程序设计。

问题描述:开发一个简易图书管理系统,要求满足以下功能需求:
(1)能够进行新书入库、现有图书信息修改以及删除管理;
(2)能够实现对用户信息的查询和编辑管理;
(3)能够进行借书、还书及超期罚款管理;
(4)能够进行查询管理。

问题分析:根据问题的描述,将使用图书管理系统人员(包括读者、工作人员和管理员)统称为用户。读者可直接查看图书馆图书情况,如果读者根据本人借书证号和密码登录系统,还可以进行本人借书情况的查询和维护部分个人信息;工作人员对读者的借阅、还书及超期处罚进行操作,同时形成借书或还书报表给借阅者查看确认;管理人员对用户的使用权限进行设置、对图书进行管理和维护,及对用户信息进行维护等。

按自顶向下、逐步求精的方法,将图书管理系统划分为三个模块:借还管理、查询管理和系统维护。每一个模块又可进一步划分:借还管理模块包括借书管理、还书管理及超期管理等模块;查询管理模块包括图书查询、用户查询和借阅查询等模块;系统维护模块包括系统登录、权限设置、图书资料维护和用户信息维护等模块。

图书管理系统模块化设计如图 2.6 所示。

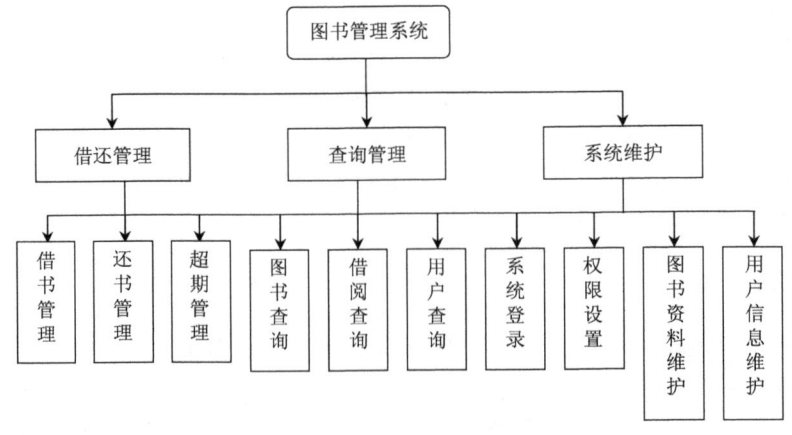

图 2.6 图书管理系统功能模块划分

本 章 小 结

算法是用计算机来解决的某一类问题的步骤；计算思维的本质是抽象和自动化，就是用计算机的计算方式思考问题和表达行为。算法必须通过程序运行来实现，算法的好坏直接影响程序的通用性和运行效率；结构化的程序设计采用"自顶向下、逐步求精"和模块化的设计方法。

本章通过大量的案例介绍了算法的概念及算法的描述方法，从问题出发，抽象成解决问题的算法描述，然后用程序设计语言实现问题求解的自动化，通过这样一条主线将计算思维的本质——抽象和自动化，贯穿于程序设计的过程中。

习 题 2

一、选择题

1. 计算机算法指的是①(　　)，它必须具备输入、输出和②(　　)等5个特性。
   ① A．计算方法　　　B．排序方法　　　C．解决问题的步骤序列　　D．调度方法
   ② A．可行性、确定性和有限性　　　B．稳定性、安全性和确定性
      C．可行性、可读性和可扩充性　　　D．易读性、确定性和有限性

2. 下面关于算法说法错误的是(　　)。
   A．算法不能由计算机程序实现
   B．解决某问题的算法可以是无穷的
   C．算法的可行性是指指令不能有二义性
   D．以上几个都是错误的

3. 下面关于程序说法错误的是(　　)。
   A．程序是算法用某种程序设计语言的具体实现
   B．程序可以不满足算法的有限性
   C．程序是没有结构的
   D．一个算法可以用多种程序设计语言来实现

4. 下列关于人类和计算机解决实际问题说法错误的是(　　)。
   A．人类计算速度慢而计算机快
   B．人类大脑存储的信息量小而计算机大
   C．人类精确度一般而计算机很精确
   D．人类能完成的任务计算机也能完成

5. 流程图中表示判断框的是(　　)。
   A．矩形框　　　　　　　B．菱形框
   C．平行四边形框　　　　D．椭圆形框

6. 由"上车—掏钱—投币"所描述的问题是(　　)。
   A．无人售票车投币过程　　B．乘公交车过程
   C．上车过程　　　　　　　D．下车过程

7. "猴子吃桃"问题：一天，有一只猴子从树上摘下若干个桃子，当即吃了一半，觉得不过瘾，又吃了一个。第 2 天小猴子接着吃剩下的一半，还觉得不过瘾，又吃了一个。以后每天都是吃前一天剩下的一半并再吃多一个。到第 4 天，猴子按规则吃完桃子后，只剩一个桃子。问小猴子第一天摘了多少个桃子。题图 2.1 是根据分析所画出的部分流程图。采用倒推算法，其中设定 M 的初始值为 1（第 4 天吃完后剩下的桃子数），D 为天数（初始值为 5）。请在下面的①和②（对应流程图中相应空缺位置）填入相应选项（A～D）：

①A．M=M*2　　　　B．M=M*2+1
　C．M=2*(M+1)　D．M=2M+1　　（　）
②A．D=1　　　　　B．D>1
　C．D<1　　　　　D．D=0　　　（　）

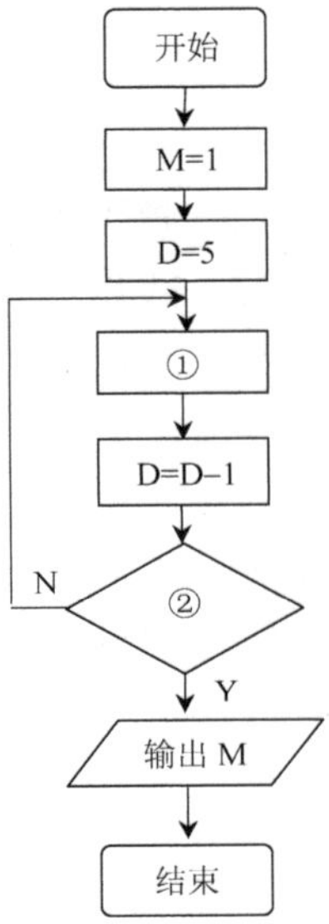

题图 2.1 "猴子吃桃"问题流程图

二、填空题

1．算法的 5 个重要特性是：_____、_____、_____、有零个或多个输入和有一个或多个输出。

2．算法的评价标准通常有_____、_____、_____、_____和_____五个方面的因素。

3．计算思维的本质：是_____和_____。

4．按照结构化程序设计的观点，任何算法功能都可以通过_____、_____和_____三种基本程序结构的组合来实现。

5．结构化程序设计的基本思想是采用"_____、_____"的程序设计方法。

三、算法设计

1．已知一个三角形的三边边长分别为 a、b、c，利用海伦-秦九韶公式设计一个算法，求出它的面积。要求分别用自然语言和流程图描述其算法。提示：三角形的面积 $s=\sqrt{p(p-a)(p-b)(p-c)}$，其中 $p=\dfrac{a+b+c}{3}$（a、b、c 为三角形的三边边长）。

2．任意给定 3 个正实数，设计一个算法，判断分别以这 3 个数为三边边长的三角形是否存在。要求分别用自然语言和流程图描述算法。

3．"幸运 52"是一个流行的电视综艺节目。"幸运 52"游戏的核心规则是在给出商品之后，要求猜数者能快速猜中该商品的价格，在估价的过程中，系统会提示所猜价格相对于实际价格是高了还是低了，假设最多可以猜 10 次。游戏结束时，给出猜数者"猜"的水平。要求分别用自然语言、伪代码和流程图描述算法。

4．设计一个算法，给出所有的水仙花数。水仙花数是指一个三位数，它的各位数的立方和正好等于该数本身，如 $153=1^3+5^3+3^3$。要求用自然语言和伪代码分别描述算法。

5．中国有句俗语叫"三天打鱼两天晒网"。某人从某年的 1 月 1 日起开始"三天打鱼两天晒网"，设计一个算法，给出这个人在该年内的某一天中是在"打鱼"，还是在"晒网"。请用自然语言描述算法。

第 3 章 用 C 语言编写程序

本章导读

　　用计算机解决实际问题时，程序处理的主要对象是数据。对不同的问题而言，涉及的数据类型也是多种多样。例如 23、-15.6 这样的数值型数据，或者'A'、"student"这样的用字符表示的非数值数据。在计算机中，不同类型的数据在内存中存储的形式是不同的，系统对它们进行的操作处理也不相同。为了满足系统对各种类型数据操作的需要，C 语言引入了数据类型的概念，要求对 C 程序中使用的每个数据都必须指出它的类型，系统据此为数据分配相应的存储空间，并确定数据所能进行的运算处理。

　　本章主要讨论 C 语言程序的基本结构，C 语言程序的基本数据类型，由基本类型的数据和运算符构成的各种表达式及其运算。然后介绍 C 语言中输入输出函数的使用，以及数据类型的转换，为进一步学习 C 语言程序打下基础。

3.1 C 语言程序的简单结构

【**案例 3.1**】 顺序结构程序设计。
问题描述：输入任意两个整数，输出两个数的和。
问题分析：略
程序描述：

```c
#include<stdio.h>
int main(void)
{
    int a,b;
    scanf("%d%d",&a,&b);
    printf("%d\n",a+b);
    return 0;
}
```

程序运行结果如下：

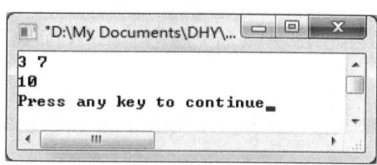

程序分析：
运行该程序时，假设从键盘分别输入 3 和 7 两个整数后，计算机输出结果为 10。
【**案例 3.2**】 函数调用程序设计。

问题描述：输入任意两个整数，输出平均值。
问题分析：了解函数的定义和调用过程。
程序描述：

```c
#include<stdio.h>
float avg(int x, int y)              /*avg 函数*/
{
    float z;
    z=(x+y)/2.0;
    return(z);
}
int main(void)                        /*主函数*/
{
    int a,b;
    float c;
    scanf("%d, %d",&a,&b);
    c = avg(a,b);                     /*调用 avg 函数，求 a 和 b 的平均值*/
    printf("average = %f\n",c);
    return 0;
}
```

程序运行结果如下：

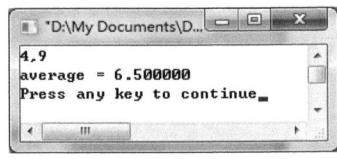

程序分析：
输入 4 和 9 两个整数，调用函数 avg 求出平均值为 6.5。
说明：
(1)一个 C 语言源程序可以由一个或多个源文件组成。
(2)每个源文件可由一个或多个函数组成，每个函数完成相对独立的功能，函数是 C 程序的基本单位。
(3)一个源程序不论由多少个文件组成，都有一个且只能有一个 main 函数，即主函数，C 程序总是从 main 函数开始执行并在主函数结束，其他函数都是在执行 main()函数时通过调用来执行。
(4)源程序中可以有预处理命令(包括 include 命令、define 命令)，预处理命令通常应放在源文件或源程序的最前面。
(5)每一个说明，每一个语句都必须以分号结尾。但预处理命令，函数首部和花括号}之后不能加分号。
(6)一个函数由函数首部和函数体组成，函数首部(如 main())指定函数名、函数参数及其类型，函数体必须括在{}之内。
(7)注释可以出现在程序的任何位置，用 /*和*/ 括起来，必须成对出现。"/"和"*"之间不能有空格。注释部分对程序的运行结果不产生任何影响，也不会被 C 语言编译程序所编译，也可用"//"来注释一行。

3.1.1 程序的基本结构和格式

一个 C 源程序有且只能有一个 main 函数，称为主函数，C 程序总是从 main 函数开始执行并在主函数结束，其他函数都是在执行 main()函数时通过被调用来执行的。

C 语言由函数构成，每个函数由函数首部和函数体组成，函数首部指定函数名、函数参数、返回值类型。函数体从左括号{开始，到右括号}结束，函数内有语句。

C 语言没有行的概念，书写格式自由，习惯小写字母，缩进格式。以";"表示语句结束。一条语句可以分在多行上写完，一行中也可以写多条语句。

3.1.2 C 语言的标识符

标识符是由字母、下划线和数字组成的字符序列，并且首字母不能是数字。用于程序中的变量、符号常量、数组、函数、数据类型等操作对象的名字。

在 C 语言中标识符可以分为关键字、预定义标识符和用户标识符三类。

1. 关键字(或称保留字)

它属于 C 语言预先规定的一批标记符，它们在程序中代表着固定的含义，并且不能另作他用。C 语言定义了 32 个关键字，分为如下几类。

(1)数据类型标识符：char、int、float、double、short、long、void、signed、unsigned、enum、struct、union、const、typedef、volatile。

(2)存储类别：auto、static、register、extern。

(3)语句命令字：break、case、continue、default、do、else、for、goto、if、return、switch、while。

(4)运算符：sizeof。

2. 预定义标识符

它是在 C 语言中预先定义并具有特定含义的标识符。例如，库函数名(scanf、printf)、编译预处理命令(include、define)等。C 语言允许用户把这类标记符另作他用，但这将使这些标识符失去系统原定的用途。

3. 用户定义标识符

由用户根据需要定义的标识符，如变量名、数组名、函数名等。例如，将变量命名为 a，将数组命名为 score，将函数命名为 add 等。

注意：

(1)关键字必须用小写字母。

(2)用户标识符不能与 C 语言关键字相同，否则编译出错；用户标识符最好不与常用的预定义标识符相同，否则将会导致该标识符失去系统原有含义并可能引起运行出错。

(3)用户标识符对大小写敏感。如 a 与 A 代表不同的对象。

(4)定义用户标识符时应做到"见名知义"。在大型软件的开发过程中，常用匈牙利命名法来定义标识符。

(5)用户标识符由字母、下划线和数字组成的字符序列，并且首字母只能是字母或下划线，不能是数字。

下面的标识符名是合法的：year、Day、ATOK、x1、_CWS、_change_to。

而下面的标识符名是不合法的：#123、.COM、$100、1996Y、1_2_3、Win3.2。

3.2 常量、变量与赋值

C 语言中基本类型数据可以分为常量与变量两种。

(1)常量：是指在程序运行过程中其值不能被改变的量，如 2、'a'、"mary"、3.5。

(2)变量：是指在程序运行过程中其值可以被改变的量。

3.2.1 常量

1. 整型常量

在 C 语言中可以用十进制、八进制或十六进制 3 种形式来表示整型常量。

(1)十进制：由数符 0~9 组成，例如：320、25、0、–4

(2)八进制：由数符 0~7 组成，在 C 语言中要表示一个八进制整数必须以数字 0 开头，如 015、023、057

(3)十六进制：由数符 0~9、A~F 或 a~f 组成，在 C 语言中要表示一个十六进制整数必须以 0x 或 0X 开头，如 0x2A、0xff、0x18

注意：在 C 语言中要表示八进制数必须以数字 0 开头，要表示十六进制数必须以 0x 或 0X 开头。反之，在程序中见到以 0 开头的数必为八进制数，且只能出现数符 0~7；见到以 0x 或 0X 开头的数必定为十六进制数，若无 0 开头的数则为十进制。

2. 实型常量

实型也称浮点型，在 C 语言中可以用小数形式或指数形式来表示一个实型常量。

小数形式：由数字和小数点组成，小数点的某一侧可以没有数字。如 123.456、0.123、123.0、0.0、123.等。

指数形式：用字母 e 或 E 后紧跟一个整数来表示以 10 底的幂(即 10^n)。如 123e3(表示 $123×10^3$)

注意：用小数形式表示时，必须有小数点，小数点的某一侧可以没有数字。用指数形式表示时，字母 e(或 E)的前后必须有数字，且 e 后的指数必须为整型。如 e3、2.1e3.5、.e3 为不合法。

合法的实型常量：1.32E5、1.32E+5、1.32e+005、1.32e-3、.32E4、3E1、2.e5。

不合法的实型常量：e3、2.1e3.5、.e3、4e。

3. 字符型常量

C 语言规定以单引号' '起来的单个字符为字符常量，如：'A'、'a'、'2'、'!'等。在内存中占 1 字节的存储空间，存放其 ASCII 值。

在 C 语言中还有一种特殊的字符常量称为"转义字符"。转义字符是以一个反斜杠"\"开头，后紧跟一个特定字符或一个八进制的 ASCII 码值或先跟字母 x 再跟一个十六进制的 ASCII 码值。常用转义字符如表 3.1 所示。

例如：'\101'代表字符'A'，'\141'代表字符'a'；'\x41'代表字符'A'，'\x61'代表字符'a'。

表 3.1 C 语言常用的转义字符

字符	功能	字符	功能
\n	回车换行	\\	反斜线字符
\r	回车	\'	单引号字符
\f	换行	\"	双引号字符
\t	水平制表符	\0	空值
\b	回退一格	\ddd	ddd 为 1~3 位八进制 ASCII 码所代表的字符
\v	竖向跳格	\xhh	hh 为 1~2 位十六进制 ASCII 码所代表的字符

在 C 语言中字符常量的存放形式与整数的存放形式相类似，故 C 语言中的字符数据与整型数据之间具有相通性。一个字符常量所对应的整型常量就是通常所说的该字符的 ASCII 码值。

每一个字符都有一个对应的 ASCII 码值：其中'a'的 ASCII 码值为 97 即它相当于整数 97，'A'的 ASCII 码值为 65 即它相当于整数 65，'0'的 ASCII 码值为 48 即它相当于整数 48。同一字母的小写与大写 ASCII 码值之差为 32，如'a'-'A'=32, 'E'+32='e'。

注意：

(1)字符常量只能是用一对单引号括起来的一个字符(可以是一个转义字符)，如:'ab'、'45'均是非法的。

(2)表示一个反斜线、单引号、双引号必须用转义字符表示。

(3)不能出现单独的一个反斜杠，若要表示一个反斜杠必须用两个连续的反斜杠('\\')，'\'是非法的。例如，'\128'、'\0x4a'、'\''、'\xh5'、'\na'均是非法的。

4. 字符串常量

C 语言中用双引号将一串字符括起来称为字符串常量。如"asee"、"011"、"We are studying C"等。

字符串"A"与字符常量'A'在内存中存放的长度不同，字符串在最后要多存放一个字符串结束标记符'\0'，故"A"占 2 字节，'A'占 1 字节。

注意：

(1)要注意区分字符常量与字符串常量，字符常量是用单引号' '括起来的一个字符，而字符串常量则是用双引号" "括起来的字符序列。

(2)C 语言中没有字符串变量，不能将一个字符串赋给一个字符变量。字符串要用字符数组来存放。

(3)每一个字符串在内存存放时，字符串末尾都有一个字符串结束符'\0'，书写时'\0'省略，只有遇见'\0'字符串才结束。

3.2.2 变量与内存

在程序运行过程中，其值可以改变的量称为变量。由于程序中涉及的操作对象多数是以变量的形式出现的，因此正确理解变量的概念，学习并掌握变量的用法，是学好程序设计语言的基本前提。

C 语言规定变量必须先定义后使用。当定义了某个变量后，系统会在内存中为其分配相应的存储单元，用于存放变量的值。分配存储空间的大小取决于变量的类型。例如，当程序中有定义语句：

    int x;

Visual C++系统会为整型变量 x 分配 4 字节,用于存放 x 的值,并限定 x 只能存放–2147483648～2147483647(-2^{31}～$2^{31}-1$)的一个整型数值。如果有赋值语句:

x=105;

则将 105 对应的二进制值保存在变量 x 的相应存储单元中,如图 3.1 所示。

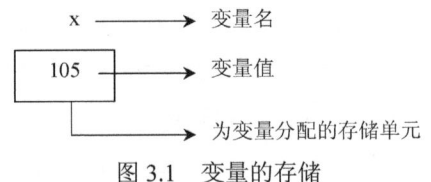

图 3.1 变量的存储

1. 整型变量

整型变量可以分为基本型、短整型、长整型 3 种,并用类型修饰标识符 signed 和 unsigned 区分无符号和有符号的整型变量。无符号型又分无符号整型、无符号短整型、无符号长整型 3 种;有符号型又分有符号整型、有符号短整型和有符号长整型 3 种。整型的类型说明符及相关信息如表 3.2 所示,其中中括号[]表示该项为可选项,可有可无。表中给出的存储单元字节数和取值范围是以 32 位的 VC++编译系统为依据。

表 3.2 整型的类型说明符及相关信息

数据类型	类型关键字	取值范围	存储单元字节数
带符号整型	[signed] int	–2147483648～2147483647	4 字节
带符号短整型	[signed] short [int]	–32768～32767	2 字节
带符号长整型	[signed] long [int]	–2147483648～2147483647	4 字节
无符号整型	[unsigned] int	0～4294967295	4 字节
无符号短整型	[unsigned] short [int]	0～65535	2 字节
无符号长整型	[unsigned] long [int]	0～4294967295	4 字节

2. 实型变量

用于存放实型(浮点型)数据的变量。在 C 语言中实型变量分为单精度型和双精度型两种,实型常量均作为双精度处理。单精度实型数据占 4 字节,有效数字为 6～7 位,双精度实型数据占 8 字节,有效数字为 15～16 位。

定义单精度实型变量:float 实型变量名。

定义双精度实型变量:double 实型变量名。

例如:

```
float x=2.5,y=2e3;
double z=23.7;
```

在计算机中可以精确地存放一个整数不会出现误差,而实型数往往存在误差。因此,可以对两个整数进行"等于"比较,两个实型数则一般不用等号"=="进行比较。

3. 字符变量

用于存放字符常量,每个字符变量在内存中占 1 字节,因此一个字符变量只能存放一个字符。当把一个字符赋给字符变量时,字符变量的值就是该字符的 ASCII 码值。能够用于整型数据的所有操作都可以用于字符型数据。字符变量用关键字 char 定义。

格式:char 字符变量名

如:char c1='d',c2='s';   char c ='\101';

【案例 3.3】 输出字符变量的值。

问题描述：以%c 和%d 格式输出字符变量的值。
问题分析：注意观察字符变量的输出结果。
程序描述：

```
#include<stdio.h>
int main(void)
{
    char c1,c2;
    c1=97;
    c2='A';
    printf("c1=%c,c2=%c\n",c1,c2);
    printf("c1=%d,c2=%d\n",c1,c2);
    return 0;
}
```

程序运行结果如下：

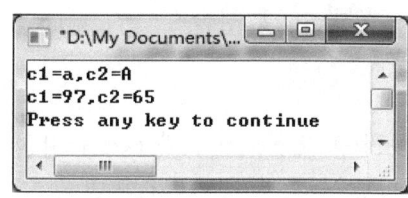

程序分析：
字符数据在内存中存放的是它的 ASCII 编码。当以字符格式输出时，输出为字符；当以整型输出时，输出为整型数。

3.2.3 变量的定义与赋值

在 C 程序中常量可以不经说明而直接引用，而变量则必须先说明后使用。一个变量名实质上代表了内存中的某个存储单元，用户对变量的操作就是对该存储单元进行操作，存储单元中保存的值就是该变量的值。例如，给变量 x 赋值 5，就是将值 5 存放到变量 x 所对应的存储单元中。

可以在定义变量的同时给变量赋值(称为变量的初始化)，或者定义变量之后用赋值语句给变量赋值，或者定义变量之后用输入语句从键盘上给变量输入值。

格式：数据类型名　变量名列表;
例如：

```
int a;              //a 是一个整型变量
float x,y;          //x,y 分别为一个单精度实型变量
char c1,c2;         //c1,c2 分别为一个字符型变量
```

注意：
(1) 变量名必须先定义后使用。
(2) 变量名属于用户标识符，必须符合用户标识符的命名规则。
(3) 在同一个函数体内，变量名不能相同。
(4) 定义变量必须指定数据类型名，若同时定义多个变量，则变量之间用逗号隔开。

(5)定义变量时可用赋值运算符(=)给变量赋初值(初始化)。若变量定义后未赋初值,则变量的值是个随机数。

例如:

```
int a,b;
int a=2,b=2;    // 不能写成int a=b=2;
```

3.3 运算符与表达式

C 语言中的运算符,分为 15 个优先级别,其中 1 号优先级最高,15 号优先级最低。C 语言中运算符的优先级和结合性参看附录 C。

C 语言的运算符非常丰富,能够构成不同类型的表达式。按照操作对象的个数可以分为单目运算符、双目运算符和三目运算符;按照功能又可分为算术运算符、关系运算符、逻辑运算符、赋值运算符和逗号运算符等。

表达式是由运算符将常量、变量、函数组合起来的式子,在 C 语言中任何一个表达式都有一个运算结果,即表达式的值。

注意:

(1)在同一个表达式中,必须按照运算符的优先级进行计算。先做优先级高的运算,再做优先级低的运算,优先级相同时则按照结合方向进行运算。

(2)所有的单目运算符、赋值运算符及条件运算符的结合方向都是"自右向左",其他运算符的结合方向均为"自左向右"。

例如:2.5+1/2 先进行 1/2 的计算,结果为 2.5

−i++先进行 i++的计算,等价于−(i++)

3.3.1 算术运算符

1. 算术运算符

在 C 语言中共有 2 个单目算术运算符:+和−,分别是求正和求负运算符,能够对运算对象求正和求负的运算。C 语言有 5 个双目算术运算符,分别是:+(加)、−(减)、*(乘)、/(除)、%(取余)。

注意:

(1)+、−、*、/ 的运算规则和运算优先级等同于数学中的+、−、×、÷运算。

(2)在 C 语言中没有乘方运算,要计算 a^3 可以写作 a*a*a 的连乘形式,或使用库函数 pow(a,3)。

(3)两个整型数据做除法运算"/"时,运算结果也是整型数据,即只取商的部分;而操作数中有一个为实型数据时,则结果为双精度实型数据(即 double 型)。例如:1/2 结果为 0,1/2.0 的结果为 0.5。

(4)取余运算符要求运算对象必须是整型数据,它的功能是求两个操作数相除的余数,余数的符号与被除数的符号相同。例如,11%3 的值为 2,−11%3 的值为−2,2%−4 的值为 2。

2. 算术表达式

用基本算术运算符、自增自减运算符和圆括号将运算对象连接起来的式子称为算术表达式,算术表达式的值的数据类型取决于参加运算的操作对象。

例如：

```
a*3+(b+c)%d-'A'
5*r*r+x%m+4.5*3
```

上述两个表达式均为合法的算术表达式。

注意：

(1)必须按算术运算符的优先级进行计算。先做优先级高的运算，再做优先级低的运算，优先级相同时，按照结合性规则计算。

(2)将一个数学式写为 C 语言表达式时，乘号 "*" 不能省略。

(3)数学中有些常用的计算可以用 C 系统提供的标准数学库函数。例如：求 x 的平方根写为 sqrt(x)，求 x^y 写作 pow(x,y)，求弧度为 x 的 sin 值写作 sin(x)等。

(4)圆括号可以改变运算顺序，必要的时候根据需要添加，有多层括号时一律使用圆括号，不能使用中括号或大括号。

基本算术运算符的优先级为：

( )　　+(正号)－(负号)　　*　/　%　　+(加)－(减)
　　　　　同级　　　　　　　同级　　　　同级
高←——————————————————————————————→低

3.3.2 赋值运算符

1. 简单赋值运算符

简单赋值运算符 "＝" 的功能是：将赋值运算符右边表达式的值赋给赋值运算符左边的变量。

格式：变量名=表达式

注意：

(1)赋值运算符左边只能是一个变量，不能是常量也不能是表达式。因为只有变量的值才能被改变。

(2)赋值运算符右边可以是 C 语言中任何合法的表达式包括赋值表达式。

(3)赋值表达式的值就是赋值运算符左边变量所得到的值。

(4)将实型数据赋给整型变量，实型数据的小数部分被舍去后赋给变量；将整型数据赋给实型变量时，系统自动将整型数据转成实型数据赋给变量。

例如：int a=5.6;　变量 a 的值为整数 5

float b=4;　变量 b 的值为 4.0

2. 复合赋值运算符

复合赋值运算符有：+=、-=、*=、/=、%=、&=、|=、^=、>>=、<<=。

复合表达式具有复合计算并赋值功能。系统将复合赋值运算符左边变量的值与右边表达式的值按运算符左侧符号进行计算后再赋给变量。

例如：a+=5　　　　　等价于 a=a+5

　　　x/=y+4　　　　等价于 x=x/(y+4)

若有定义 int a=2;则表达式 a-=a+=a*a 的值即为 a 的值为 0。

3.3.3 自增、自减运算符

自增运算符(++)和自减运算符(--)是单目运算符。自增自减表达式格式有 4 种：
(1) 变量名++
(2) ++变量名
(3) 变量名--
(4) --变量名

对于变量来说，(1)(2)表达式的功能相同，都是让变量的值增加 1；(3)(4)表达式的功能相同，都是让变量的值减少 1。即 a++、a=a+1、a+=1、++a 功能相同，a--、a=a-1、a-=1、--a 功能相同。

注意：
(1) ++、--运算符只能用于变量不能用于常量或表达式。
(2) ++、--运算符比算术运算符的优先级高。

当自增自减运算符位于变量名前时，表达式的值为变量值加 1 或减 1 的值；当位于变量名后时，表达式的值为变量原来的值。无论是位于变量名前还是变量名后，进行自加自减表达式的运算后，变量的值都是在原来值的基础上加 1 或减 1。自增自减表达式对于变量本身来说都相当于一个赋值表达式。

例如，a++和++a 对于变量 a 来说都相当于 a=a+1。

若在执行表达式计算之前变量 a 的值为 5，则：
a++ 表达式的值为 5，a 的值为 6
++a 表达式的值为 6，a 的值为 6
a-- 表达式的值为 5，a 的值为 4
--a 表达式的值为 4，a 的值为 4

3.3.4 条件运算符

条件运算符?：是 C 语言中唯一的三目运算符，用于连接 3 个运算对象。

用条件运算符将运算对象连接成的式子称为条件表达式。其中运算对象可以是任何合法的算术、关系、逻辑、赋值或条件等各种类型的表达式。

格式：

  表达式 1？表达式 2：表达式 3

条件运算符表达式的执行方式是：先计算表达式 1，若表达式 1 为非零值(真)则执行表达式 2 并将表达式 2 的值作为整个条件表达式的值(不进行表达式 3 的计算)；若表达式 1 为零(假)，则执行表达式 3 并将表达式 3 的值作为整个条件表达式的值(不进行表达式2的计算)。

注意：
(1) 条件运算符?：是 C 语言中唯一的三目运算符，它的优先级比逻辑运算符低比赋值运算符高，结合方向为"自右向左"。
(2) 表达式 1、2、3 的值不要求具有相同类型，最后结果的类型为表达式 2、3 中较高的一种类型。
(3) 条件表达式可以与简单 if 语句进行转换。

例如：if(a>b) c=a; else c=b;
可以用条件表达式替换为：c=a>b?a:b;

3.3.5 逗号运算符

逗号运算符","是 C 语言中的一种特殊的运算符，用于将表达式连接起来。例如：

```
a=2,a+=3,a*a
```

逗号表达式是将各种类型的表达式连接成的式子。

格式：

表达式 1, 表达式 2, 表达式 3, ..., 表达式 n

逗号表达式也称为顺序求值表达式，整个逗号表达式的值等于表达式 n(即最后一个表达式)的值。计算方式是从左到右依次计算其中的表达式。

例如：表达式 x=2,y=4,z=6 的值为 6，运算结束后 x,y,z 的值分别为 2,4,6。
表达式(x=2,y=4,z=6)的值也为 6，运算结束后 x,y,z 的值分别为 6,4,6。

并不是所有出现逗号的地方都是逗号表达式，例如在定义变量时变量之间的逗号，函数参数表中的逗号都只作为一种分隔符。

注意：逗号运算符的优先级是所有运算符中最低的。

3.3.6 求字节运算符

求字节运算符 sizeof 也是单目前缀运算符。

格式：

```
sizeof(数据类型标识符) 或 sizeof(变量名)
```

sizeof 的运算对象只能是变量名或数据类型标识符，运算结果为该变量或该数据类型所占内存的字节数。

例如：在 32 位系统(如 VC++)中，sizeof(int)的值为 4，sizeof(float)的值为 4，若有定义 double x; 则 sizeof(x)的值和 sizeof(double)的值均为 8。

3.4 基本输入输出

C 语言没有提供独立的输入输出语句，程序运行过程中的数据输入和程序处理结果的输出都必须通过调用 C 系统提供的标准输入输出库函数来实现。这些函数都定义在 C 语言提供的标准头文件 stdio.h 中。调用输入输出函数时，需要在源程序的前面使用预编译命令 #include<stdio.h>。常用的输入输出函数有 putchar、getchar、printf、scanf。

预编译命令#include<头文件名>的功能是将头文件的代码连接到所编写的程序文件中，以便在程序中能够引用头文件中的变量或函数。

例如：#include<math.h>或#include"math.h"是将数学函数头文件包含到程序中。此时，可以在程序中调用 sqrt()、sin()、fabs()、cos()等数学函数。

3.4.1 格式输入输出

1. 格式化输出函数 printf

1)功能

格式化输出函数 printf()功能为：按格式控制字符串规定的格式，向缺省输出设备(一般为显示器)输出在输出项列表中列出的各输出项,其中将格式说明换成对应的数据而其他内容原样输出,转义字符按其功能进行输出。

2)格式

printf 的基本格式为:

  printf("格式控制字符串",输出项列表);

其中,"格式控制字符串"是用双引号括起来的字符串,由格式说明和普通字符两部分组成。输出项列表可以是常量,变量和表达式,其类型与个数必须与格式控制字符串中格式字符的类型、个数一致,当有多个输出项时,各项之间用逗号分隔。例如:

  printf("c=%d+%d=%d\n",a,b,a+b); //假设 a=2,b=3,则输出结果为:c=2+3=5
  printf("a=%d,a+b=%f\n",5,5+8); //输出结果为:a=5,a+b=13.000000

printf 函数中可以没有输出列表。

例如:

  printf("hello!");//输出结果为:hello!

3)格式说明

格式说明一般格式为:

  %[<修饰符>]<格式字符>

格式字符规定了对应输出项的输出格式,常用格式字符如表 3.3 所示。

表 3.3 输出格式字符

输出类型	格式字符	说明
整型数据	d 或 i	输出有符号十进制整型数
	u	输出无符号十进制整型数
	o	输出无符号八进制整型数
	x 或 X	输出无符号十六进制整型数
实型数据	f	按小数形式输出单精度、双精度实型数
	e 或 E	按指数形式输出单精度、双精度实型数
	g 或 G	按 e 和 f 格式中较短的一种输出实型数
字符型数据	c	输出一个字符
	s	输出字符串(不输出字符串结束标志'\0')
其他	%	输出字符%本身

修饰符是可选的,用于确定数据输出的宽度、精度、小数位数、对齐方式等,用于产生更规范整齐的输出,当没有修饰符时,以上各项按系统缺省设定显示。修饰符如表 3.4 所示。

表 3.4 printf 函数中使用的修饰符

符号	说明
l	输出长整型数(只可与 d、o、x 和 u 结合使用)
m	指定数据输出的宽度(即域宽)
.n	对按%f 或%e 输出的实型数据,指定 n 位小数,对第 n+1 位小数进行四舍五入,对按%s 输出的字符串则表示从字符串左端截取 n 个字符
+	使输出的数值数据无论正负都带符号输出
−	使数据在输出域内按左对齐方式输出

例如：

%ld：输出十进制长整型数。

%m.nf：右对齐，m 位域宽，n 位小数或 n 个字符。

%-m.nf：左对齐，m 位域宽，n 位小数或 n 个字符。

【案例3.4】 整型数据的输出。

问题描述：以%d,%o 和%x 格式输出整型变量的值。

问题分析：注意观察输出结果。

程序描述：

```
#include<stdio.h>
int main(void)
{
    int a=10,b=20;
    int m=17;  long n=123456789;
    printf("%d %d\n",a,b);
    printf("a=%d, b=%d\n",a,b);
    printf("m:%5d,%o,%x\n",m,m,m);
    printf("n=%ld\n",n);
    return 0;
}
```

程序运行结果如下：

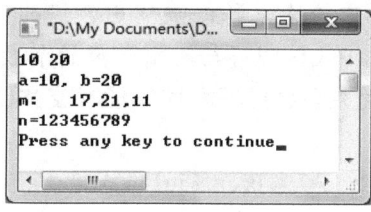

程序分析：

将数字 17 分别按十进制、八进制、十六进制进行输出，结果为 17、21、11。长整型数据要用%ld 才能正确输出数据。

【案例3.5】 实型数据的输出。

问题描述：以% f,% e 和% g 格式输出实型变量的值。

问题分析：注意观察输出结果。

程序描述：

```
#include<stdio.h>
int main(void)
{
    float x=123.56,y=1.234;
    printf("x=%f, y=%f\n",x,y);
    printf("x=%10.3f\n",x);
    printf("x=%-10.3f\n",x);
    printf("x=%4.3f\n\n",x);
    printf("x=%e\n",x);
    printf("x=%g\n",x);
```

```
        return 0;
    }
```
程序运行结果如下：

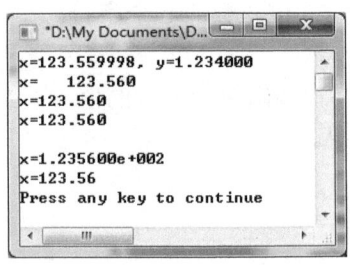

程序分析：
程序中的%10.3f表示输出数据域宽为10且右对齐，小数点后有三位数字，%-10.3f表示数据在域宽内左对齐。

注意：
(1)按%md 输出整数时，若数据的实际位数小于 m，则输出时数据以"右对齐"输出并在左边用空格补足 m 列；若数据的实际位数大于 m，则 m 被忽略。

(2)按%f 输出小数形式的实型数时,整数部分全部输出,小数部分固定输出 6 位。

(3)按%e 输出指数形式的实型数时，尾数部分保留 1 位非 0 整数，6 位小数，指数部分为 3 位整数。

(4)按%g 输出时，系统自动选择输出形式,使输出数据的宽度最小。

(5)printf 函数格式控制中的格式说明符与输出参数的个数和类型必须一一对应。

(6)格式说明符的%和后面的类型描述符之间不能有空格。除%X、%E、%G 外类型描述符必须是小写字母。

(7)长整型数应该用 %ld(或 %lo、 %lx、 %lu)格式输出，否则会出现输出错误。

(8)printf 函数的参数可以是常量、变量或表达式。

【案例3.6】 字符型数据的输出。

问题描述： 以%d,% c 和% s 格式输出变量和字符串的值。

问题分析： 注意观察输出结果。

程序描述：

```
#include<stdio.h>
int main(void)
{
    int m=97;
    char ch='C';
    printf("m:  %d   %c\n",m,m);
    printf("ch: %d   %c\n",ch,ch);
    printf("%s\n","March");
    printf("%10s\n","March");
    printf("%-10s\n","March");
    printf("%10.3s\n","March");
    printf("%.3s\n\n","March");
    return 0;
}
```

程序运行结果如下:

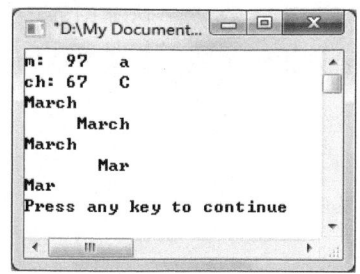

程序分析:

程序中的%10s 表示输出的字符串列宽为 10 且右对齐,%-10s 表示输出的字符串列宽为 10 且左对齐,%10.3s 表示输出的字符串列宽为 10,只显示 3 个字符右对齐,%.3s 表示只显示 3 个字符。

【案例 3.7】 字符串输出。

问题描述: 以%f 和%s 格式输出数据。

问题分析: 注意观察输出结果。

程序描述:

```
#include<stdio.h>
int main(void)
{
    float a=0.15,b;
    b=a*100;
    printf("%s\n", "This\nis\0a book. ");  //输出时遇到\0 字符串结束
    printf("%6.2f  %6.2f%%\n",a,b);
    return 0;
}
```

程序运行结果如下:

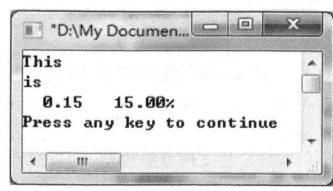

程序分析:

用%s 输出字符串"This\nis\0a book."时,遇到\0 字符串结束。%6.2f%表示列宽为 6,右对齐输出 2 位小数,%%表示输出一个%。

2. 格式化输入函数 scanf

1)功能

格式化输入函数 scanf()的功能是从键盘上输入数据,该输入数据按指定的输入格式被赋给相应的输入项。

2)格式

函数一般格式为:

```
scanf("格式控制字符串",输入项列表);
```

其中格式控制字符串规定数据的输入格式，必须用双引号括起，其内容是由**格式说明**和**普通字符**两部分组成。输入项列表则由一个或多个变量地址组成，当变量地址有多个时，各变量地址之间用逗号","分隔。

例如：

```
scanf ("a=%d, b=%d",&a,&b)
scanf ("%d%f",&a,&f);
scanf ("%o,%f",&b,&x);
```

scanf()中各变量要加地址操作符，就是变量名前加"&"，这是初学者容易忽略的一个问题。应注意输入类型与变量类型一致。

3) 格式说明

格式说明规定了输入项中的变量以何种类型的数据格式被输入，形式是：

%[<修饰符>] <格式字符>

格式字符规定了对应输入项的输入格式，常用格式字符如表 3.5 所示。

表 3.5　输出格式字符

输入类型	格式字符	说明
整型数据	d(ld)	输入有符号十进制整型数（长整型数）
	u(lu)	输入无符号十进制整型数（无符号长整型数）
	o(lo)	输入八进制整型数（八进制长整型数）
	x(lx)	输入十六进制整型数（十六进制长整型数）
实型数据	f(lf)	输入小数形式的单精度(双精度)实型数
	e(le)	输入指数形式的单精度(双精度)实型数
字符型数据	c	输入一个字符
	s	输入字符串

scanf()函数中使用的修饰符是可选的，如表 3.6 所示。

表 3.6　scanf 函数中使用的修饰符

符号	说明
m	指定数据输入的宽度（对 float 和 double 型，宽度指整数位数+小数点+小数位数）
*	忽略输入的数据（即不将输入数据赋给对应变量）

例如：

%3d：输入一个三位的十进制整数。

%*d：忽略输入的整型数，不把它赋给变量。

%md：可以连续输入一组数字，而不需要使用分隔符，系统会自动按域宽截取数字赋给对应的变量。

在 scanf()函数中使用修饰符：

```
scanf ("%d%d%d", &a, &b, &c);
```

表示输入 3 个整型十进制数，以空白符(空格、tab 键或回车键)分隔。

```
scanf ("%d, %o, %f", &a, &b, &x);
```
表示输入 3 个数,以","分隔。

```
scanf ("a=%d, b=%d", &a, &b);
```
输入的形式是:a=32, b=28(普通字符要照原样输入)。

注意:
(1)要求在程序运行中输入数据,输入的数据个数和类型必须与格式说明符一一对应。
(2)地址参数形式:&变量名(除数组或指针变量)
(3)格式控制中有普通字符时,必须照原样输入。
(4)格式控制中无普通字符时,输入的数值型数据和字符串用空白符分隔,字符型数据不必分隔。
(5)double 型数据输入时,必须用%lf 或%le 格式。
(6)实型数输入时域宽不能用 m.n 形式的附加说明。
(7)为了减少不必要的输入量,除了逗号、分号、空格符以外,格式控制中尽量不要出现普通字符,也不要使用'\n'、'\t'等转义字符。

【案例 3.8】 不同进制整型数据的输入与输出。
问题描述: 以%d,%o,%x,%u,%ld 和%lx 格式输入整型数据。
问题分析: 注意输入格式和输出结果。
程序描述:
```c
#include<stdio.h>
int main(void)
{
    int a,b,c,d;
    long m,n;
    scanf("%d,%o,%x,%u",&a,&b,&c,&d);
    scanf("%ld,%lx",&m,&n);
    printf("a=%d, b=%d, c=%d, d=%d\n",a,b,c,d);
    printf("m=%ld, n=%ld\n",m,n);
    return 0;
}
```
程序运行结果如下:

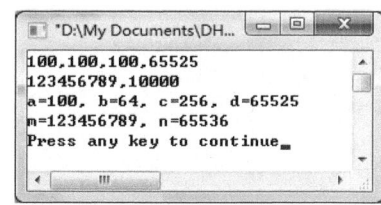

程序分析:
运行程序时,对第一个 scanf("%d,%o,%x,%u",&a,&b,&c,&d)函数分别输入十进制的 100、八进制的 100,十六进制的 100 和无符号整数 65536,通过第一个 printf("a=%d, b=%d, c=%d, d=%d\n",a,b,c,d) 函数分别输出的值为 100、64、256 和 65536。对于十六进制的长整型 10000 按十进制长整型数输出为 65536。

【案例 3.9】 单精度、双精度实型数据的输入与输出。
问题描述：以%f,%e,%lf和%le格式输入实型数据。
问题分析：注意输入格式和输出结果。
程序描述：

```c
#include<stdio.h>
int main(void)
{
    float x1,x2;
    double y1,y2;
    scanf("%f%e",&x1,&x2);
    scanf("%lf%le",&y1,&y2);
    printf("x1=%f, x2=%e\n",x1,x2);
    printf("y1=%f, y2=%e\n",y1,y2);
    return 0;
}
```

程序运行结果如下：

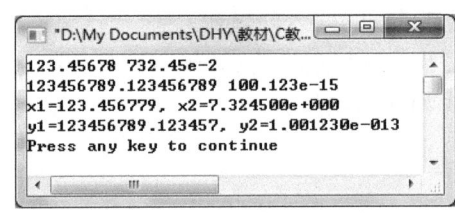

程序分析：

单精度数据输入时用%f 或%e，双精度数据输入时用%lf 或%le，但输出时无论单精度还是双精度数据都可用%f 或%e。

【案例 3.10】 字符的输入与输出。
问题描述：以%c 格式输入和输出字符型的数据。
问题分析：注意输入格式和输出结果。
程序描述：

```c
#include<stdio.h>
int main(void)
{
    char c1,c2,c3;
    scanf("%c,%c,%c",&c1,&c2,&c3);
    printf("c1=%c,c2=%c,c3=%c\n",c1,c2,c3);
    return 0;
}
```

程序运行结果如下：

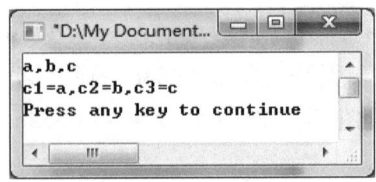

程序分析：

printf()的格式控制字符串中的普通字符要原样输出。

【案例3.11】 字符串的输出与输出。

问题描述：以%s格式输入和输出字符串。

问题分析：注意输入格式和输出结果。

程序描述：

```
#include<stdio.h>
int main(void)
{
    char s1[20],s2[20];
    scanf("%s%s",s1,s2);
    printf("%s\n%s\n",s1,s2);
    return 0;
}
```

程序运行结果如下：

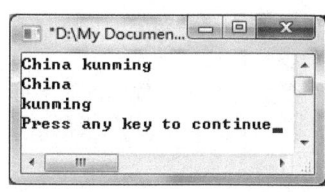

程序分析：

用%s输入字符串s1和s2时，可用空格作为分隔符。

【案例3.12】 指定或忽略输入数据的宽度。

问题描述：略。

问题分析：注意输入格式和输出结果。

程序描述：

```
#include<stdio.h>
int main(void)
{
    int a,b; float c;
    scanf("%2d%3d%*2d%5f",&a,&b,&c);
    printf("a=%d, b=%d, c=%f\n",a,b,c);
    return 0;
}
```

程序运行结果如下：

程序分析：

设输入为123456789.34567，程序中的%2d%3d%*2d%5f表示对123456789.34567依次取

2 位、3 位整数赋值给 a,b，忽略 2 位整数，指定 c 的数据宽度为 5（包括小数点），然后输出 a,b,c 的值。

3.4.2 字符输入输出

1. 字符输出函数 putchar

功能：在标准输出设备（即显示器屏幕）上输出一个字符。
格式：putchar(ch);
例如：putchar('a');

putchar 是函数名，括号中的 ch 是函数参数，可以是字符型或整型的常量、变量或表达式。字符输出函数调用一般以语句形式出现，用分号结束。

putchar 是 C 语言的标准库函数，使用时必须加编译预处理命令：

  #include "stdio.h" 或 #include <stdio.h>

例如：

```
putchar('b');        // 参数是字符 b
putchar('\n');       // 参数是回车符
putchar('\101');     // 参数是八进制数代表的字符 A
putchar(str);        // 参数是变量 str 代表的字符
```

【案例 3.13】 利用 putchar 函数输出字符。
问题描述：略。
问题分析：注意观察输出结果。
程序描述：

```
#include "stdio.h"
int main(void)
{
    char c1,c2;
    c1='a'; c2='b';
    putchar(c1);putchar(c2); putchar('\n');
    putchar(c1-32);putchar(c2-32);
    putchar('\n');
    return 0;
}
```

程序运行结果如下：

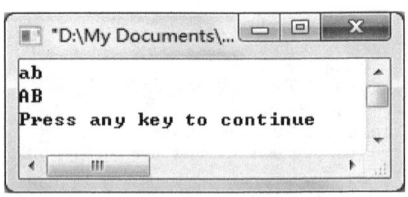

程序分析：
putchar(c1−32)表示输出 c1 对应的大写字母，putchar(c2−32)表示输出 c2 对应的大写字母。

2. 字符输入函数 getchar

功能：从标准输入设备(即键盘)上交互输入一个字符。

格式：`getchar();`

getchar 是函数名，该函数是无参函数，后面跟一对空的圆括号。

getchar 函数使用的基本形式有以下几种：

(1) 作为独立的函数调用语句使用，例如：getchar()；

(2) 作为表达式在赋值语句中使用，例如：c = getchar()；

(3) 作为表达式出现在其他语句中，例如：printf("%c\n",getchar())；

说明：

(1) getchar 是 C 语言的标准库函数，使用时必须加编译预处理命令：

    `#include "stdio.h"` 或 `#include <stdio.h>`

(2) getchar 函数需要交互输入，接收到输入字符之后才继续执行程序。

(3) 连续使用 getchar 函数时，必须连续输入若干个字符，中间不能有其他字符。

【**案例 3.14**】 getchar 函数的应用。

问题描述：略。

问题分析：注意观察输出结果。

程序描述：

```c
#include "stdio.h"
int main(void)
{
    char ch;
    ch=getchar();
    printf("%c  %d\n",ch,ch);
    printf("%c  %d\n",ch-32,ch-32);
    return 0;
}
```

程序运行结果如下：

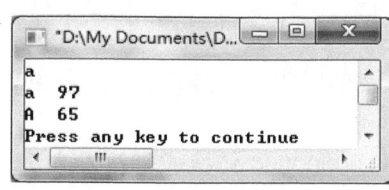

程序分析：

程序运行时从键盘上输入字符'a'赋给变量 ch，输出'a'字符及其 ASCII 值，再输出 ch 的大写字母及其 ASCII 值。

3.5 基本数据类型

C 语言的数据结构是以数据类型形式出现的。不同数据类型的数据在内存中存储的方式不同，占用的内存字节数也不同，因此在编写程序时需要根据不同的需要选择合适的数据类型。

C 的数据类型分为基本类型、构造类型和其他类型。

(1)基本类型：整型、字符型、实型(浮点型)(单精度型和双精度型)。

(2)构造类型：数组类型、结构体类型、共用体类型、枚举类型。

(3)其他类型：指针类型、空类型。

由以上这些数据类型还可以构成更复杂的数据结构。例如，利用指针和结构体类型可以构成表、树、栈等复杂的数据结构。在程序中对用到的所有数据都必须指定其数据类型。

3.5.1 整型数据在内存中的存储

不同的编译系统为 int 变量开辟的内存单元大小不同。在 16 位编译系统(如 Turbo C)中除长整型占 4 字节以外，其他整型都是占 2 字节，而在 VC++(32 位编译系统)中，整型数据除短整型占 2 字节外其他都是占 4 字节。这里仅讨论短整型数据的内存形式。

带符号整数在内存中存放时最高一位为"符号位"，符号位为 0 表示正数，为 1 表示负数。

1. 正整数

正整数在内存中用"原码"形式存放。

求原码的方法是：将该整数的绝对值直接转换成相应的二进制数，最左边一位为符号位(0 或 1)，并用 0 在二进制数前补足 16 位即可。

例如：整数 5 的原码为：00000000 00000101

　　　　-5 的原码为：10000000 00000101

2. 负整数

负整数在内存中以"补码"形式存放。求负数补码的方法是：求出-5 的原码，将所得原码，符号位不变，其他各位按位取反(0 变 1，1 变 0)得到反码，末位再加 1，即为-5 的补码。

例如，-5 的原码、反码、补码在内存中的存放形式如表 3.7 所示。

表 3.7 -5 的原码、反码、补码

	16	15	14	13	12	11	10	9	8	7	6	5	4	3	2	1
-5 的原码	1	0	0	0	0	0	0	0	0	0	0	0	0	1	0	1
-5 的反码	1	1	1	1	1	1	1	1	1	1	1	1	1	0	1	0
-5 的补码	1	1	1	1	1	1	1	1	1	1	1	1	1	0	1	1

将负数的补码(符号位为 1)转换成相应整数的方法：将补码按位取反再加 1，然后转换成十进制数再加上"负号"即可。

例如：将二进制数 10000000 00000000 转换成带符号十进制数。

将补码 10000000 00000000 按位取反得到 01111111 11111111，再加 1 得到 10000000 00000000，直接将二进制数转换成十进制数 32768，再加上负号：-32768。

注意：

(1)short int 型变量能存放的最小整数为-32768，内存形式为：10000000 00000000。

(2)正整数的原码、反码、补码相同。

3. 无符号整数

无符号整数在内存中以"原码"形式存放，此时全部二进制位均用来存储整数，即最高位不再用来存放整数的符号。

当一个二进制数最高位为 0 时，将其转换成带符号整数和无符号整数得到的值是相同的。当一个二进制数最高位为 1 时，将其转换成带符号整数和无符号整数得到的值是不同的，如表 3.8 所示。

表 3.8 带符号与无符号短整数示例

二进制数形式	转换为带符号短整数	转换成无符号短整数
11111111 11111111	−1	65535
10000000 00000000	−32768	32768
01111111 11111111	32767	32767

3.5.2 浮点型数据在内存中的存储

实型数据是指带小数点和小数部分的数据。实型数也称为浮点数。C 语言中实型数据有单精度和双精度两种类型。与整型数据存储不同的是，系统将实型数据的存储位划分为两部分，分别存储它的小数(尾数)和指数(阶码)对应的二进制数。为了便于计算机中小数点的表示，规定将浮点数写成规范化的形式，即尾数的绝对值大于或等于 0.1 并且小于 1，从而唯一地规定了小数点的位数。采用这种存储方式，可以大大扩展实型数据的数值表示范围。

图 3.2 给出实型数据在内存中存放的一般形式：

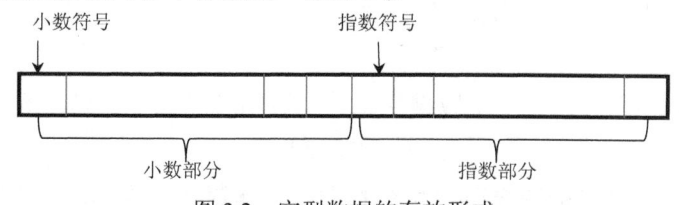

图 3.2 实型数据的存放形式

例如，二进制数−1010.01 以规格化形式表示为-0.101001×2^4或者-0.101001×2^{100}。存储形式为：

| 1 | 101001 | 0 | 100 |

表 3.9 列出了 VC++环境下 C 语言中实型数据的类型及规定。

表 3.9 实型数据的类型及规定

类型名称	类型标识符	长度/bit	有效数字/个	取值范围(绝对值)
单精度实型	float	32	7～8	$10^{-37}\sim 10^{38}$
双精度实型	double	64	15～16	$10^{-307}\sim 10^{308}$

C 语言标准并未具体规定各种实型数据所占字节数，也不规定具体小数和指数部分的位数。一般而言，数据表示的有效数字多，精度就高；而指数部分位数多，则表示的数据范围更大。

3.5.3 字符型数据在内存中的存储

字符型数据是指字母、数字和各种符号等用 ASCII 值表示的字符，在 C 语言中用类型标识符 char 表示。系统为 char 类型数据分配 1 字节的存储单元(8bit)，用于存放字符的 ASCII 值。

例如，'b'是一个 char 类型数据，称为字符常量，系统为它在内存中分配 1 字节的存储单元，存放小写字母 b 的 ASCII 值(即二进制数 01100010，表示成十进制数是 98)，存储形式如下：

| 0 | 1 | 1 | 0 | 0 | 0 | 1 | 0 |

字符型数据的类型及规定如表 3.10 所示。

表 3.10 字符型数据的类型及规定

类型名称	类型标识符	长度/bit	取值范围
字符型	char	8	0~255
有符号字符型	signed char	8	−128~127
无符号字符型	unsigned char	8	0~255

注意：

(1) 字符数据值为 0~127 时存储的是基本 ASCII 值，为 128~255 时存储的是扩展 ASCII 值。

(2) 在 C 语言中，多数情况下字符数据和整型数据可以互相通用。即当给一个字符变量赋值 98 时，等价于将字符'b'赋给它；反之将字符'b'赋给一个整型变量时，等价于将数值 98 赋给它。

(3) 由于字符数据在内存中以 ASCII 值存储，是一个整型数据形式，不同的 C 编译系统对其处理是不同的，有些视其为有符号的，有些视其为无符号的，因此 C 语言允许使用 signed 和 unsigned 修饰 char 类型数据。但只有在按照整型数据形式输出时 (%d)，才能显示不同定义的区别。

3.6 各类数值型数据间的混合运算

C 语言表达式中整型数据、实型数据和字符型数据可以混合运算。例如：

$$20+'a'*2-34.6$$

当运算对象是不同类型的数据时，系统自动将操作数转换成相同类型后再计算表达式的值。如果这种方法不能满足需要，也可以使用类型转换运算符对操作数的类型进行强制转换。

3.6.1 运算中不同类型数据间的类型转换

1. 数据类型的隐式转换

类型的隐式转换是指同一运算符两侧不同数据类型之间的自动转换，它们总是向"高精度"类型转换。运算结果的数据类型与较高级的数据类型相同。如图 3.3 所示。

转换的原则：自动将精度低、表示范围小的运算对象类型向精度高、表示范围大的运算对象类型转换，以便得到较高精度的运算结果。

注意： 当两个整数相除时得到的结果也为整数，将小数部分直接截去。其他的计算与数学计算一致。

例如，1/2*3 的结果为 0，1.0/2*3 的结果为 1.5。

例如，20+'a'*2−34.6，'a' 是 char 类型则自动转换为 int，34.6 是 double 型，所以计算结果是 double 类型的数值。

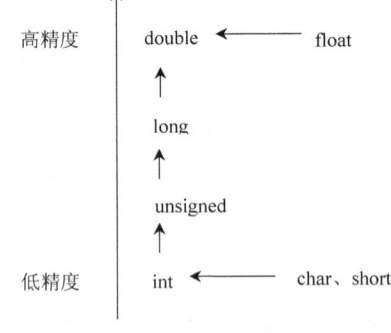

图 3.3 数据类型的隐式转换

2. 赋值运算中的类型自动转换

当赋值运算符两边的运算对象数据类型不一致时，系统会自动将赋值号右边表达式的值转换成左边的变量类型之后再赋值。

1)实型数据和整型数据之间的赋值

(1)实型变量=整型表达式

赋值后实型变量整数部分为整型表达式的值,小数部分自动补 0,如 float x=3 等价于 x=3.0。

(2)整型变量=实型表达式

赋值后整型变量为实型表达式的整数部分,小数部分自动舍去(注意不进行四舍五入),如 int x=3.8 等价于 x=3。

2)字符数据和整型数据之间的赋值

(1)字符变量=整型表达式

由于字符数据占 1 字节,而整型变量在 VC++系统中占 4 字节,赋值时系统自动截取整型表达式值的低字节(低 8 位)的二进制数值赋给字符变量,而舍去它的高字节(高 24 位)。例如,int a=326; char ch; ch=a; 则 ch 的值为 65。

(2)整型变量=字符数据

赋值时系统会自动给整型变量的高字节(高 24 位)补 0,低字节存放字符数据的 ASCII 值。
例如,int a='a'; 则 a 为 97。

3.6.2 数据类型的强制转换

如果隐式转换不能满足使用要求时,可以在表达式中通过强制类型转换运算符对操作对象进行类型的强制转换。

格式:(类型名)<表达式>

功能:求表达式的值,并将该值转换成类型名所指定的数据类型。

例如,变量 a 为 float 类型,b 为 int 类型。

(int)a%5   将 a 的值转换为 int 型,再做% 运算。

1/(float)b+4   将 b 的值转换成 float 型,则 1/(float)b 为 float 型,再做其他运算。

本 章 小 结

本章介绍了 C 语言的基本结构、数据类型、表达式运算、格式输入与输出函数和字符输入输出函数。数据类型是程序中允许使用的数据形式,对数据的处理则通过表达式运算实现。本章是 C 语言的基础。

1. 基本数据类型

(1)掌握 C 语言基本数据类型:int,float,double,char。
(2)掌握常量的概念和各种类型常量的表示方法。
(3)掌握变量的定义方法和变量初始化。

2. 运算符和表达式

(1)掌握各种运算符的运算规则。
(2)掌握各种类型表达式的求值方法。

C 语言的运算符包括算术、关系、逻辑、赋值、条件、逗号及位运算等,当表达式中含有多个运算符时,要按照它们的优先级和结合性进行运算,才能得到正确的运算结果。

3. 输入输出函数

(1) 掌握格式输入输出函数的格式及其调用方法。
(2) 掌握字符输入输出函数的格式及调用方法。
(3) 掌握各种格式说明符的作用和使用方法，注意它们与输入输出数据的对应关系。

scanf 和 printf 函数能够在标准输入输出设备上按照格式控制输入输出数据。系统提供了多种格式说明符，分别用于输入输出整型、实型和字符型数据。

输入输出 long 型数据必须使用%ld；输入输出 int 型数据必须使用%d；输入 double 型数据时必须使用%lf，而输出则要使用%f；输入输出 float 型数据必须使用%f；输入输出 char 型数据必须使用%c；输入输出字符串必须使用%s。

使用 scanf 函数还要注意必须用地址参数的形式，交互输入的数据之间所使用的分隔符取决于格式控制。

getchar 和 putchar 函数在标准输入输出设备上输入或输出一个字符。使用时必须在程序开头用#include "stdio.h"编译预处理命令，将 stdio.h 文件包含到源文件中。

4. 数据类型转换

(1) 掌握表达式求值过程中数据类型的自动转换规则。
(2) 使用类型转换运算符对表达式进行强制转换。

习 题 3

一、选择题

1. 有以下程序

```c
#include <stdio.h>
int main(void)
{
    int a=1,b=2,m=0,n=0,k;
    k=(n=b>a)||(m=a<b);
    printf("%d,%d\n",k,m);
    return 0;
}
```

程序运行后的输出结果是(　　)。

  A. 0,0　　　　　　B. 0,1　　　　　　C. 1,0　　　　　　D. 1,1

2. 若变量均已正确定义并赋值，以下合法的 C 语言赋值语句是(　　)。

  A. x=y==5;　　　B. x=n%2.5;　　　C. x+n=i;　　　　D. x=5=4+1;

3. 有以下程序，其中 k 的初始值为八进制数。

```c
#include <stdio.h>
int main(void)
{
    int k=011;
    printf("%d\n",k++);
    return 0;
}
```

程序运行后的输出结果是（　　）。
A．12　　　　　　B．11　　　　　　C．10　　　　　　D．9

4．设变量均已正确定义，若要通过 scanf("%d%c%d%c",&a1,&c1,&a2,&c2);语句为变量 a1 和 a2 赋数值 10 和 20，为变量 c1 和 c2 赋字符 X 和 Y。以下所示的输入形式中正确的是（　　）（注：□代表空格字符）。
A．10□X□20□Y<回车>　　　　B．10□X20□Y<回车>
C．10□X<回车>　　　　　　　　D．10X<回车>
　　20□Y<回车>　　　　　　　　　20Y<回车>

5．已定义 ch 为字符型变量，以下赋值语句中错误的是（　　）。
A．ch='\\';　　B．ch=62+3;　　C．ch=NULL;　　D．ch='\xaa';

6．有以下程序

```
#include <stdio.h>
int main(void)
{
    char a,b,c,d;
    scanf("%c%c",&a,&b);
    c=getchar(); d=getchar();
    printf("%c%c%c%c\n",a,b,c,d);
    return 0;
}
```

当执行程序时，按以下方式输入数据（从第一列开始,<CR>代表回车，注意：回车也是一个字符）。

　　12<CR>
　　34<CR>

则输出的结果是（　　）。
A．1234　　　　　B．12　　　　　C．12　　　　　D．12
　　　　　　　　　　　　　　　　　　　3

7．有定义语句：int x,y;，若要通过 scanf("%d,%d",&x,&y);语句使变量 x 得到数值 11，变量 y 得到数值 12，下面四组输入形式中，错误的是（　　）。
A．1112<回车>　　　　　　　　B．11,12<回车>
C．11,12<回车>　　　　　　　　D．11,<回车>
　　　　　　　　　　　　　　　　　012<回车>

8．已定义 c 为字符型变量，则下列语句中正确的是（　　）。
A．c='97';　　B．c="97";　　C．c=97;　　D．c="a";

9．有以下程序

```
#include<stdio.h>
int main(void)
{
    int a1,a2;char c1,c2;
    scanf("%d%c%d%c",&a1,&c1,&a2,&c2);
    printf("%d,%c,%d,%c",a1,c1,a2,c2);
```

        return 0;
    }
若通过键盘输入,使得 a1 的值为 12,a2 的是为 34,c1 的值为字符 a,c2 的值为字符 b,程序输出结果是:12,a,34,b,则正确的输入格式是(以下　代表空格,<CR>代表回车)(　　)。

   A. 12a34b<CR>   B. 12　a　34　b<CR>
   C. 12,a,34,b<CR>   D. 12　a34　b<CR>

10. 若变量已正确定义为 int 型,要通过语句 scanf("%d,%d,%d",&a,&b,&c);给 a 赋值 1,给 b 赋值 2,给 c 赋值 3,以下输入形式中错误的是(u 代表一个空格符)(　　)。

   A. uuu1,2,3<回车>   B. 1u2u3<回车>
   C. 1,uuu2,uuu3<回车>   D. 1,2,3<回车>

11. 下列符号中,不属于转义字符的是(　　)。

   A. \\   B. \0xAA   C. \t   D. \0

二、填空题

1. 若变量 x、y 已定义为 int 类型且 x 的值为 99,y 的值为 9,请将输出语句 printf("_____",x/y);补充完整,使其输出的计算结果形式为 x/y=11。

2. 以下程序运行后的输出结果是_____。

```
int main(void)
{
    char m;
    m='B'+32;
    printf("%c\n",m);
    return 0;
}
```

3. 执行以下程序后的输出结果是_____。

```
int main(void)
{
    int a=10;
    a=(3*5,a+4);
    printf("a=%d\n",a);
    return 0;
}
```

4. 执行以下程序时输入 1234567<CR>,则输出结果是_____。

```
#include <stdio.h>
int main(void)
{
    int  a=1,b;
    scanf("%2d%2d",&a,&b);
    printf("%d %d\n",a,b);
    return 0;
}
```

5. 若整型变量 a 和 b 中的值分别为 7 和 9,要求按以下格式输出 a 和 b 的值:

```
        a=7
        b=9
```
请完成输出语句：printf("_____",a,b);

三、编程题

1. 从键盘上输入一个除了"a"和"z"以外的小写英文字母，输出它的前一个字母、它本身和它后面的一个字母。

2. 从键盘上输入一个整型数，输出该数对应的八进制和十六进制数，再输出该数除以3的余数。

3. 从键盘上输入两个实型数，编程求它们的和、差、积、商。要求输出结果时，保留两位小数。

4. 输入一个华氏温度，输出对应的摄氏温度，要求结果保留两位小数，并有文字说明，计算公式为：$C = \dfrac{5}{9}(F-32)$。

四、程序填空题

以下程序的功能是：将值为三位正整数的变量 x 中的数值按照个位、十位、百位的顺序拆分并输出。请填空。

```
#include <stdio.h>
int main(void)
{
    int x=255;
    printf("%d-%d-%d\n",____①____,____②____,____③____);
    return 0;
}
```

五、程序改错题

请改正下列程序的错误。

```
#include "stdio.h";
#define  PI=3.14;
int main(void)
{
    scanf("%f", &r);
    area=PI*r*r;
    printf("area=%f  ",area);
    return 0;
}
```

第 4 章 选 择 结 构

本章导读

结构化程序可以由顺序、选择和循环三种基本结构组成，第 3 章的程序编写是采用顺序结构。顺序结构程序是一种最简单的程序结构，由各种基本语句组成，并严格按照语句的书写顺序执行。这种程序一般只能对逻辑关系相对简单的问题求解。如果要使程序具备对条件进行逻辑判断和选择的功能，能够根据不同的情况选择不同方式进行处理，就必须在程序中使用选择控制语句来控制程序的执行流程。C 语言提供的选择语句可以对给定条件进行判断，并根据判断结果选择执行不同的语句序列。选择结构也叫分支结构，是结构化程序设计的三种基本结构之一。

本章介绍 C 语言的两种选择控制语句：if 语句和 switch 语句。下面分别介绍它们的格式、功能和一般应用，并通过举例说明选择结构程序设计的基本思想和方法。

4.1 关系运算符和关系表达式

C 语言的关系运算符有<、<=、>、>=、==、!=。

其中<、<=、>、>=在 6 号优先级，==、!=在 7 号优先级，它们都低于算术运算符高于赋值运算符，结合方式"自左向右"。

例如：

  a>b+c 等价于 a>(b+c)
  a==b<c 等价于 a==(b<c)
  a=b<c 等价于 a=(b<c)

注意：

(1) 在 C 语言中关系表达式的值只有 1 或 0，其中 1 表示"真"，0 表示"假"。例如，4>5 值为 0，5>4 值为 1。

(2) 区分"等于"运算符和"赋值"运算符，"等于"运算符是两个连续的等号，"赋值"运算符是一个单独的等号。

4.2 逻辑运算符和逻辑表达式

C 语言的逻辑运算符有!、&&、||。其中!在 2 号优先级，&&在 11 号优先级，||在 12 号优先级。&&和||的优先级低于关系运算符，高于赋值运算符。

注意：

在 C 语言中，逻辑表达式的值只有 1 或 0，其中 1 表示"真"，0 表示"假"。

在 C 语言中，可以用一个非零值代表"真"，用 0 代表"假"。但关系运算和逻辑运算结果只能用 1 表示"真"，用 0 表示"假"。

"与""或""非"运算表如表 4.1 所示。

表 4.1 "与""或""非"运算表

a	b	a&&b	a||b	!a
非零值	非零值	1	1	0
非零值	0	0	1	0
0	非零值	0	1	1
0	0	0	0	1

在求解逻辑表达式(&&)时,若&&运算符左边表达式的值为 0(即假)则不再进行&&右边表达式的运算,且得到&&表达式的值为 0。

在求解逻辑或表达式(||)时,若||运算符左边表达式的值为 1(即真)则不再进行||右边表达式的运算,且得到||表达式的值为 1。

这称为短路现象,即只有在必须执行逻辑运算符右边表达式才能得出整个逻辑表达式的值时,才进行右边表达式的计算。例如:

若有 int a=2,b=4,x=1,y=2;

则执行表达式(x=a>b)&&(y=b>a)后,x=0,y=2,因为&&左边表达式 x=a>b 的值为 0,所以不再进行 y=b>a 的运算。

4.3 if 语句

4.3.1 简单猜数游戏

【案例 4.1】 用 if 语句实现简单猜数游戏。

问题描述:每次运行程序计算机产生一个 1~100 间的随机数,用户输入一个数,猜中显示成功信息,猜不中提示是大了还是小了。

问题分析:

(1)先产生一个随机数 N(1~100 的整数)。

(2)然后输入数 i,如果 i 大于 N,则提示大于信息。

(3)如果 i 小于 N,则提示小于信息。

(4)如果 i 等于 N,则输出成功信息。

提示:要产生随机数必须通过随机数生成器来产生,函数 rand()是真正的随机数生成器,它生成 0~32767 的随机整数。rand()%100+1 可用来生成一个 1~100 以内的随机整数。srand()函数功能是初始化随机数种子。设置一个种子后,根据种子的不同,就可以产生不同的数。time(0)获取当前时间值。

程序描述:

```
#include<stdio.h>
#include "time.h"
#include "stdlib.h"
int main(void)
{
    int num=0,n;
```

```
        srand(time(0));              //以时间为种子,产生随机数
        n=(int)rand()%100+1;         //产生1~100的随机整数
        printf("please input a number:");
        scanf("%d",&num);
        if(num>n)printf("this number is too bigger!\n");
        if(num<n)printf("this number is too smaller!\n");
        if(num==n)
        printf("PASS! The number is:%3d\n",n);
        return 0;
    }
```

程序运行结果如下：

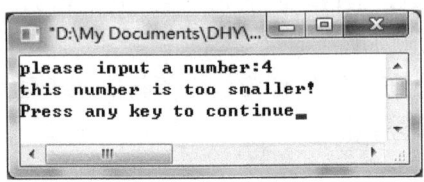

随机数，顾名思义就是随机产生的、无规则的数。在编程中，有时我们不想手动从键盘输入数据，而想让计算机自动产生一些数据供我们使用(如生成 100 个两位数)，就要用到随机数。

随机数的生成方法很简单，在 C 语言中，通过调用随机函数 rand()来产生随机数。rand 函数是 C 语言的标准库函数，首先在程序开头预处理命令部分加上#include<stdlib.h>，其中<stdlib.h>是 C 中的标准库头文件。在生成随机数的过程中需要把 rand 和 srand 两个函数结合使用，这个过程称为随机化。

4.3.2 if 单分支语句

格式：if(表达式)语句

其中，表达式可为算术、关系、逻辑、赋值等表达式。语句可为赋值语句、函数调用语句、控制语句、复合语句或者空语句。

功能：计算表达式的值，如果是一个非 0 值(即逻辑真)，就执行内嵌语句，否则(即逻辑假)跳过内嵌语句，顺序执行后续语句。流程图如图 4.1 所示。

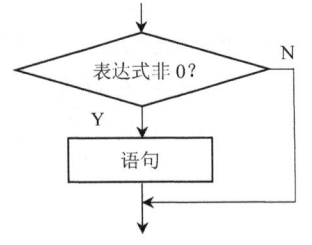

图 4.1 单分支语句流程图

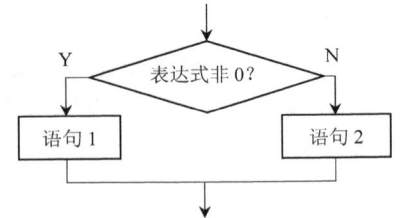

图 4.2 双分支语句流程图

例如：

(1) if(x>0)m++;

(2) if(a>b)
    { c=a; a=b; b=c; }

4.3.3 if 双分支语句

格式：if（表达式）语句 1 else 语句 2

功能：计算表达式的值，如果它的值是一个非 0 值（逻辑真），就执行内嵌语句 1，之后跳过内嵌语句 2，执行后续语句；否则跳过内嵌语句 1，执行内嵌语句 2，之后执行后续语句。流程图如图 4.2 所示。

例如：

(1) if (x>0) m++; else m--;
(2) if (ch>= 'a' && ch<= 'z')
   { ch=ch-32 ; printf(" %c\n",ch); }
 else printf(" %c\n",ch);

4.3.4 if 多分支语句

格式：

```
if（表达式 1）语句 1
else if（表达式 2）语句 2
……
else if（表达式 n）语句 n
else 语句 n+1
```

功能：依次计算并判断表达式 i，为非 0 时执行后面的语句，都为 0 时执行语句 n+1。无论执行完哪个语句分支，都转到后续语句。流程图如图 4.3 所示。

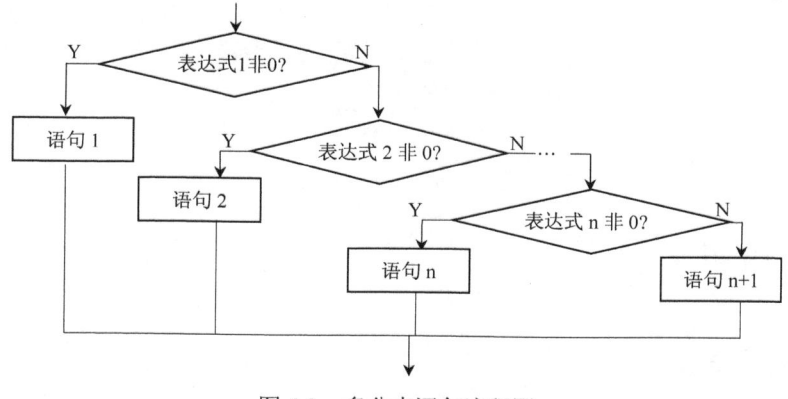

图 4.3　多分支语句流程图

例如：

```
if (x<0) y=-1;
else if (x==0) y=0;
else y=1;
```

注意：在嵌套的 if～else 语句中，else 总是与上面的离它最近的尚未配对的 if 配对。

【案例 4.2】 用 if 多分支语句判断一个年份是否为闰年

问题描述：从键盘输入一个年份，判别该年是否为闰年。

问题分析：年份 year 为闰年的条件为：

（1）能够被 4 整除，但不能被 100 整除的年份；

（2）能够被 400 整除的年份。

只要满足任意一个就可以确定它是闰年。

例如：2000 年、2004 年是闰年，2003 年、2015 年不是闰年。

设定标志变量 leap，只要符合其中一个条件的就是闰年，令 leap=1；否则令 leap=0。

程序描述：

```c
#include<stdio.h>
int main(void)
{
    int  year, leap;
    printf("请输入一个年份：");
    scanf("%d", &year);
    if (year%4==0 && year%100!=0)
        leap=1;
    else if (year%400==0)
          leap=1;
        else leap=0;
    if (leap == 1)
        printf("%d is a leap year \n", year);
    else
        printf("%d is not a leap year \n", year);
    return 0;
}
```

程序运行结果如下：

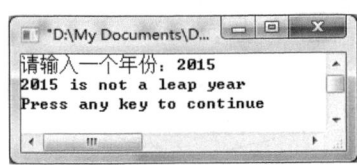

4.4 switch 语句

4.4.1 简单菜单程序

【**案例 4.3**】 用 switch 语句实现简单程序。

问题描述：通过运行程序，将在屏幕上显示以下菜单：

1 计算 2 个数的和

2 计算 2 个数的差

3 计算 2 个数的积

4 计算 2 个数的商

5 退出

用户根据菜单提示，输入一个整数，根据菜单编号进行相应的计算，如果输入 5 则退出程序。

这是一个多分支程序，根据用户的输入执行不同的语句完成相应功能。

问题分析：

设 x 和 y 为 float 型变量（两个数）并输入值；设 z 为 int 型变量（菜单编号）并输入值；

根据 z 的值(1,2,3,4)进行 x 和 y 的相加、相减、相乘、相除运算（多分支结构），选择 5 则退出程序。

程序描述：

```
#include<stdio.h>
int main(void)
{
    float x,y;
    int z;
    printf("---------------------------------------------\n");
    printf("       1 计算两数之和 \n");
    printf("       2 计算两数之差 \n");
    printf("       3 计算两数之积 \n");
    printf("       4 计算两数之商 \n");
    printf("       5 退出 \n");
    printf("---------------------------------------------\n");
    printf("请输入菜单项(1、2、3、4、5)：");
    scanf("%d",&z);
    switch(z)
    {
        case 1:printf("请输入两个数：");
               scanf("%f%f",&x,&y);
               printf("和为：%f\n",x+y); break;
        case 2:printf("请输入两个数：");
               scanf("%f%f",&x,&y);
               printf("差为：%f\n",x-y); break;
        case 3:printf("请输入两个数：");
               scanf("%f%f",&x,&y);
               printf("积为：%f\n",x*y); break;
        case 4:printf("请输入两个数：");
               scanf("%f%f",&x,&y);
               printf("商为：%f\n",x/y); break;
        case 5:return 0;
    }
    return 0;
}
```

程序运行结果如下：

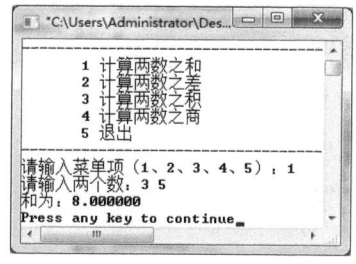

4.4.2 switch 语句

格式：
```
switch （表达式）
{
    case  常量表达式 1：语句序列 1
    case  常量表达式 2：语句序列 2
    ……
    case  常量表达式 i：语句序列 i
    ……
    case  常量表达式 n：语句序列 n
    default：语句序列 n+1
}
```

switch 后面圆括号中是运算结果为整型值或字符型值的表达式。case 后面必须是整型或字符型常量或常量表达式。冒号后面为 0 个或多个语句组成的语句序列，default 子句可以有，也可以没有。

功能：先计算表达式的值，再与常量表达式的值比较，当表达式的值等于常量表达式 i 的值时，顺序执行语句序列 i、i+1、…、n+1。若与所有常量表达式值都不相等，执行语句序列 n+1。

例如：
```
switch (a)
{
    case 5: printf("&");
    case 2: printf("#");
    default:printf("$");
}
```

运行上述程序时，

当 a 等于 5，输出结果为： &#$

当 a 等于 2，输出结果为： #$

当 a 是其他值，输出结果为： $

注意：

（1）"case 常量表达式 i："等价于语句标号，计算出的表达式值等于哪个语句标号，就从哪个位置开始顺序向下执行语句序列。

（2）break 语句可以改变 case 的语句标号作用，终止后续 case 语句序列的执行。所以 switch 与 break 语句结合才能实现程序的分支。

（3）允许 switch 嵌套使用，但同一个 switch 语句中，任意两个 case 的常量表达式值不能相同。

例如：
```
switch (a)
{   case 5: printf("&"); break;
    case 2: printf("#"); break;
```

```
          default:printf("$"); break;
    }
```

运行上述程序时，

当 a 等于 5，输出结果为&；

当 a 等于 2，输出结果为#；

当 a 是其他值，输出结果为$。

【案例 4.4】 用 switch 语句将百分制成绩转换成对应的等级制成绩。

问题描述：输入一个百分制成绩，将其转换成对应的等级制成绩，90~100 分为 A 级，80~89 分为 B 级，70~79 分为 C 级，60~69 分为 D 级，0~59 分为 E 级。

问题分析：设分数 score 为[0~100]区间的一个整数，用变量 score 接收从键盘上输入的百分制成绩，然后用 switch 语句实现转换，为了确定五个等级，将 score 整除 10。

程序描述：

```
#include<stdio.h>
int main(void)
{
    int score,temp;
    char grade;
    printf("请输入一个百分制成绩：");
    scanf("%d",&score);
    temp=score/10;
    switch(temp)
        {
            case 10:
            case 9: grade='A';break;
            case 8: grade='B';break;
            case 7: grade='C';break;
            case 6: grade='D';break;
            default: grade='E';break;
        }
    printf("%d 分对应的等级为%c\n",score,grade);
    return 0;
}
```

程序运行结果如下：

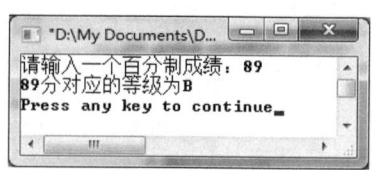

本 章 小 结

本章学习了 if 和 switch 语句的格式和功能，并通过实例说明它们的应用及编程应当注意的问题。要正确理解分支程序的执行流程。

1. if 语句

(1) 掌握 if 语句的格式和功能。

(2) 掌握 if 嵌套的概念和应用。

if 语句有单分支、双分支和多重分支三种格式，表达式是选择判断和执行分支的依据，注意正确计算表达式的值。如果内嵌语句包含多条语句，必须用 { } 将其括起来，构成复合语句，否则会引起逻辑错误。

if 语句嵌套使用时，else 总是和离它最近的尚未与其他 else 配对的 if 配对使用。

2. switch 语句

(1) 掌握 switch 语句的格式和功能

(2) 注意 switch 语句的书写格式。

当 switch 语句后面表达式的值与某个 case 常量值相等时，执行相应的 case 分支及后续语句。只有与 break 语句结合使用，switch 语句才能实现程序的选择控制。

同一个 switch 语句中，任意两个 case 的常量值不能相同。但是在 switch 嵌套或并列时，不同的 switch 语句的 case 常量值不受此限制。

习　题　4

一、选择题

1. 以下选项中与 if(a==1) a=b;else a++;语句功能不同的 switch 语句是(　　)。

```
A. switch(a)              B. switch(a==1)
   {case 1:a=b;break;        {case 0:a=b;break;
    default : a++;            case 1: a++;
   }                         }
C. switch(a)              D. switch(a==1)
   {default: a++;break;      {case 1:a=b;break;
    case 1:a=b;               case 0: a++;
   }                         }
```

2. 有如下嵌套的 if 语句

```
if(a<b)
    if(a<c) k=a;
    else k=c;
else
    if(b<c) k=b;
    else  k=c;
```

以下选项中与上述 if 语句等价的语句是(　　)。

　　A. k=(a<b)?a:b; k=(b<c)?b:c;

　　B. k=(a<b)?((b<c)?a:b):((b<c)?b:c);

　　C. k=(a<b)?((a<c)?a:c): ((b<c)?b:c);

　　D. k=(a<b)?a:b;k=(a<c)?a:c;

3. 有定义语句 :int a=1,b=2,c=3,x;，则以下选项中各程序段执行后 ,x 的值不为 3 的是(　　)。

A. if (c<a) x=1;
  else if(b<a) x=2;
    else x=3;

B. if(a<3)x=3;
  else if (a<2)x=2;
    else x=1;

C. if(a<3)x=3;
  if(a<2)x=2;
  if(a<1)x=1;

D. if(a<b)x=b;
  if(b<c) x=c;
  if(c<a) x=a;

4. 若有如下程序段，其中 s、a、b、c 均已定义为整型变量，且 a、c 均已赋值(c 大于 0)。

```
s=a;
for (b=1;b<=c;b++)s=s+1;
```

则与上述程序段功能等价的赋值语句是(　　)。

  A. s=a+b; B. s=a+c; C. s=s+c; D. s=b+c;

5. 设有定义： int a=1,b=2,c=3;，以下语句中执行效果与其他三个不同的是(　　)。

  A. if(a>b) c=a,a=b,b=c; B. if(a>b) {c=a,a=b,b=c;}

  C. if(a>b) c=a;a=b;b=c; D. if(a>b) {c=a;a=b;b=c;}

6. 有以下程序段

```
int a,b,c;
a=10; b=50; c=30;
if(a>b)a=b,b=c;c=a;
printf("a=%d b=%d c=%d \n",a,b,c);
```

程序的输出结果是(　　)。

  A. a=10 b=50 c=10 B. a=10 b=50 c=30

  C. a=10 b=30 c=10 D. a=50 b=30 c=50

7. 有以下程序

```
#include <stdio.h>
int main(void)
{
    int   x=1,y=2,z=3;
    if(x>y)
    if(y<z)  printf("%d",++z);
    else printf("%d",++y);
    printf("%d\n", x++ );
    return 0;
}
```

程序的运行结果是(　　)。

  A. 331 B. 41 C. 2 D. 1

8. 已知字母 A 的 ASCⅡ代码值为 65，若变量 kk 为 char 型，以下不能正确判断出 kk 中的值为大写字母的表达式是(　　)。

  A. kk>= 'A' && kk<= 'Z' B. !(kk>= 'A' ‖ kk<= 'Z')

  C. (kk+32)>= 'a' && (kk+32) <= 'z' D. isalpha(kk)&&(kk<91)

9. 以下选项中，当 x 为大于 1 的奇数时，值为 0 的表达式(　　)。

  A. x%2==1 B. x/2 C. x%2!=0 D. x%2==0

10. 若变量已正确定义，有以下程序段

```
int a=3,b=5,c=7;
if(a>b) a=b; c=a;
if(c!=a) c=b;
printf("%d,%d,%d\n",a,b,c);
```

其输出结果是（　　）。

A．程序段有语法错 B．3，5，3
C．3，5，5 D．3，5，7

11. 若 a、b、c1、c2、x、y 均为整型变量，正确的 switch 语句是（　　）。

A. switch (a+b);
   { case 1: y=a+b; break;
     case 0: y=a-b; break;
   }

B. switch a
   { case c1: y=a-b; break;
     case c2: x=a*d; break;
     default: x=a+b;
   }

C. switch (a*a+b*b)
   { case 3:
     case 1: y=a+b; break;
     case 3: y=b-a; break;
   }

D. switch(a-b)
   { default: y=a*b; break;
     case 3: x=a+b; break;
     case 10: case 11: y=a-b; break;
   }

二、填空题

1. 设 x 为 int 型变量，请写出一个关系表达式_____，用以判断 x 同时为 3 和 7 的倍数时，关系表达式的值为真。

2. 有以下程序

```
#include<stdio.h>
int main(void)
{
    int a=1,b=2,c=3,d=0;
    if(a==1)
        if(b!=2)
            if(c==3)     d=1;
            else         d=2;
        else if(c!=3)    d=3;
            else         d=4;
    else                 d=5;
    printf("%d\n",d);
    return 0;
}
```

程序运行后输出的结果是_____。

3. 以下程序的功能是：输出 a、b、c 三个变量中的最小值。请填空。

```
#include<stido.h>
int main(void)
{
    int a,b,c,t1,t2;
    scanf("%d%d%d",&a,&b,&c);
```

```
    t1=a<b?____①____;
    t2=c<t1?____②____;
    printf("%d\n",t2);
    return 0;
}
```

4. 以下程序运行后的输出结果是_____。

```
#include<stido.h>
int main(void)
{
    int p=30;
    printf("%d\ n", (p/3>0?p/10:p%3));
    return 0;
}
```

5. 以下程序运行后的输出结果是_____。

```
#include<stdio.h>
int main(void)
{
    int  x=20;
    printf("%d",0<x<20);
    printf("%d",0<x&&x<20);
    return 0;
}
```

三、编程题

1. 从键盘上输入三个整数，按从小到大的顺序排列这三个数，并按升序输出这三个数。
2. 编程计算下面分段函数的值。

$$y = \begin{cases} x+3 & (x<0) \\ 3x+5 & (0 \leqslant x < 15) \\ 2x-10 & (x \geqslant 15) \end{cases}$$

3. 输入某学生的成绩等级 A、B、C、D、E(或 a、b、c、d、e)，按等级输出对应的分数段。A 级为 90~100 分，B 级为 80~89 分，C 级为 70~79 分，D 级为 60~69 分，E 级为 60 分以下。

4. 输入一个三位整数，判断是否为水仙花数。水仙花是指一个三位整数，其各位数字的立方和等于该数本身。例如，$153=1^3+5^3+3^3$。

四、程序填空题

1. 以下程序根据输入的三角形的三边判断是否能组成三角形，若可以则输出它的面积和三角形的类型。请在_____内填入正确内容。

```
#include "math.h"
#include "stdio.h"
int main(void)
{
    float a,b,c,s,area;
    printf("please input three edges of a triangle: ");
    scanf("%f%f%f",&a,&b,&c);
```

```
            if (_____①_____)
            {
                s=(a+b+c)/2;
                area=sqrt(s*(s-a(*(s-b)*(s-c));
                printf("\nthe area of the triangle is: %f",area);
                if ((a==b)&&(b==c))
                    printf("等边三角形");
                else if (_____②_____)
                    printf("等腰三角形"):
                else if (_____③_____)
                    printf("直角三角形"):
                else printf("一般三角形"):
            }
            else printf("不能组成三角形");
            return 0;
        }
```

2. 以下程序是对用户输入的字母进行大小写转换。请在_____内填入正确内容。

```
        #include "stdio.h"
        int main(void)
        {
            char ch;
            printf("please input a letter:");
            scanf("%c",&ch);
            if (_____①_____)
            ch=ch+32;
            else if (ch>='a' && ch<='z')
                _____②_____;
            printf("the converted letter is: %c\n",ch);
            return 0;
        }
```

五、程序改错题

请改正下列程序中的错误。

实现分段函数 $y = \begin{cases} \dfrac{x}{x^2-1} & (x \geq 0, x \neq 1) \\ \dfrac{x}{x^2+1} & (x < 0) \end{cases}$ 的计算。

```
        int main(void)
        {
            float x,y;
            scanf("%d",&x);
            if(x>0)
            if (x!=1)
                y=x/(x*x-1);
            else
                y=x/(x*x+1);
            printf("y=%d",y);
            return 0;
        }
```

第 5 章 循 环 结 构

本章导读

循环结构是结构化程序设计的基本结构之一,它和顺序结构、选择结构共同作为各种复杂程序的基本构造单元。所谓循环,是指在程序中可以根据问题的需要,任意次地重复执行一组语句(称为循环体)。因此,需要多次重复执行一个或多个任务的问题时,考虑使用循环来解决,循环可有效减少程序中的重复语句。

选择结构是通过设定条件选择程序的分支执行,而循环结构是通过设定条件,决定语句重复执行的次数。循环结构有"先判断条件,后执行循环"和"先执行循环,后判断条件"两种类型。无论哪种类型的循环结构,循环体执行与否及其执行次数多少都必须视循环条件而定,且必须确保循环体的重复执行能在适当的时候得以终止(即非死循环)。

本章主要介绍程序设计中循环结构的应用,我们将通过案例,学习 while、do…while、for、goto 语句及 break、continue 等语句的使用。

5.1 求 1+2+3+…+100

用前面所讲授的知识,在编程解决"1+2+…+100"这一问题时,很容易编写出如下的程序。

```
1    #include<stdio.h>
2    int main(void)
3    {
4        int sum=0;
5        sum=1+2+3+…+100;
6        printf("sum=%d\n", sum);
7        return 0;
8    }
```

程序并不复杂,但显然在输入第 5 行代码"sum=1+2+3+…+100;"时很烦琐。很抱歉我们也没将这行代码完整写出,因为有更好的方法来解决这个问题,即通过循环语句编写循环结构的程序就能很好地解决这个问题。

5.1.1 while 循环语句

【案例 5.1】 用 while 语句编写循环程序。

问题描述:用 while 循环求 1+2+3+…+100 的和。

问题分析:现在换个思路来审视一下这个问题,这其实是一个累加的问题,存放结果的变量 sum 初始值设为 0,依次将 1,2,…,100 累加到 sum 便可。我们可考虑引入一个新的变量 n，将语句"sum=1+2+3+…+100"改写为"sum+=n"（n 依次取 1，2，3，…，100）。我们的问题化解为执行 100 次"sum+=n"，但这并不意味着我们要将这条语句重复写上一百遍；这种重复计算结构称为循环结构，C 语言提供了下面 4 种循环语句来实现。这里将用 while 循环语句解决问题。流程图如图 5.1 所示。

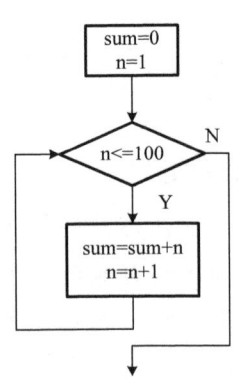

程序描述：

```
#include<stdio.h>
int main(void)
{
    int sum=0, n=1;
    //初始化累加结果变量 sum 和循环控制变量 n
    while( n<=100 )
    //当 n<=100 时,满足执行循环体语句组的条件
    {
        sum += n;            //实现累加，结果存放 sum 中
        n++;                 //循环控制变量 n 增加 1
    }
    printf("sum=%d\n",sum);  //输出
    return 0;
}
```

图 5.1 while 循环求 1+2+3+…+100 流程图

程序运行结果如下：

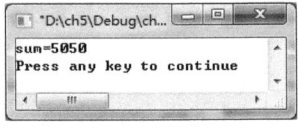

while 语句的格式：

```
while(表达式)            //循环条件
{
    循环体；
}
```

while 语句的执行过程如图 5.2 所示。执行过程描述如下：
(1) 先求解"表达式"的值。如果其值为非 0（真），转(2)；否则转(3)。
(2) 执行一次循环体（循环体可以是一个语句，也可以是多个语句组成的语句组），然后转(1)。
(3) 执行 while 语句的下一条语句。

5.1.2 do…while 循环语句

【案例 5.2】 用 do…while 语句编写循环程序。
问题描述：用 do…while 循环求 1+2+3+…+100 的和。
问题分析：参见案例 5.1，根据 do…while 循环语句执行流程绘制流程图如图 5.3 所示。
程序描述：

```
#include<stdio.h>
int main(void)
```

```
{
    //定义并初始化循环控制变量，以及累加器
    int n=1, sum=0;
    do
    {
        sum += n;                //实现累加
        n++;                     //循环控制变量 n 增加 1
    }while(n<=100);              //当 n<=100 时，满足持续执行循环语句组的条件
    printf("sum=%d\n",sum);      //输出结果
    return 0;
}
```

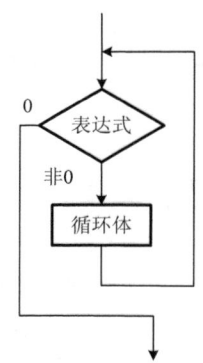 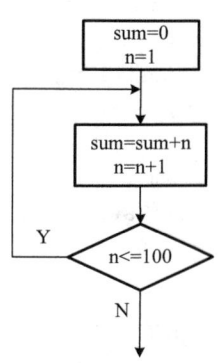

图 5.2　while 循环语句执行流程　　　图 5.3　do…while 循环求 1+2+…+100 流程图

程序运行结果如下：

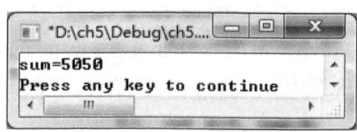

do…while 语句的格式：
```
    do
    {
        循环体;
    } while(表达式);  //循环条件，注意本行要以分号结束
```

注意：如果循环体语句组仅一条语句构成时，可以不使用复合语句形式。

do…while 语句的流程图如图 5.4 所示，do…while 语句的执行过程描述如下：

(1)执行循环体语句组。

(2)求解表达式。如果表达式的值为非 0(真)，则转向 (1)继续执行；否则，转向(3)。

(3)执行 do…while 的下一条语句。

do…while 循环语句与 while 循环语句相比较，特点是：先执行循环体语句组，然后再判断循环条件；而 while 循环语句则相反。

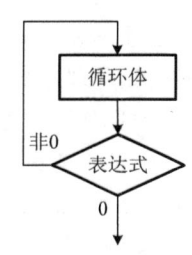

图 5.4　do…while 循环语句流程图

与 while 语句相比，do…while 语句在持续条件不成立时，循环体语句组也必被执行一次。

5.1.3 for 循环语句

【**案例 5.3**】 用 for 语句编写循环程序。

问题描述：用 for 循环求 1+2+3+…+100 的和。

问题分析：参见案例 5.1，根据 for 循环语句执行流程绘制流程图如图 5.5 所示。

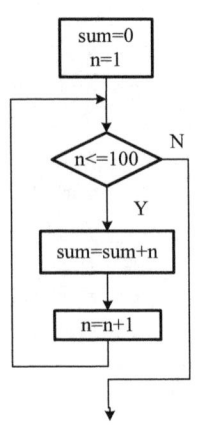

程序描述：

```
#include<stdio.h>
int main(void)
{   // 将累加器 sum 初始化为 0
    int n, sum=0;
    for(n=1; n<=100; n++)
        sum += n;                    //实现累加
    printf("sum=%d\n",sum);          //输出结果
    return 0;
}
```

图 5.5 for 循环求 1+2+3+…+100 流程图

程序运行结果如下：

在 C 语言提供的 4 种不同的循环语句中，for 语句最简洁，最灵活，不仅可用于循环次数已经确定的情况，也可用于循环次数虽不确定，但给出了循环继续条件的情况。

格式：

```
for([循环变量赋初值]；[表达式]；[循环变量增值])
{
    循环体；
}
```

注意：

（1）"循环变量赋初值""表达式"和"循环变量增值"部分均可缺省，甚至全部缺省，但其间的分号不能省略。循环变量增值可以是负的，即实际上是从循环变量的初值不断减少，只要能够使循环趋于结束。

（2）当循环体语句组仅由一条语句构成时，可以不使用复合语句形式。

（3）"循环变量赋初值"表达式，既可以是给循环变量赋初值的赋值表达式，也可以是与此无关的其他表达式(如逗号表达式)。

（4）"表达式"部分是一个逻辑量，作为循环条件，除一般的关系(或逻辑)表达式外，也允许是数值(或字符)表达式。

for 语句的流程图如图 5.6 所示，for 语句的执行过程描述如下：

（1）求解"循环变量赋初值"表达式。

（2）求解循环条件"表达式"。如果其值非 0，执行(3)；否则，转至(4)。

（3）执行循环体语句组，并求解"循环变量增值"表达式，然后转向(2)。

（4）执行 for 语句的下一条语句。

5.1.4 goto 语句以及用 goto 构成的循环

【案例 5.4】 用 goto 语句编写循环程序。

问题描述：用 goto 语句求 1+2+3+…+100 的和。

问题分析：参见案例 5.1，读者可参照前面的循环流程图来绘制 goto 语句的流程图。

程序描述：

```
#include<stdio.h>
int main(void)
{
    int n=1, sum=0;
    loop:  sum += n; n++;       //loop:为语句标号(格式为标号：语句行)
    if (n<=100)  goto loop;     //goto 使程序执行转向 loop 标记的语句执行
    printf("sum=%d\n", sum);    //输出结果
    return 0;
}
```

图 5.6 for 循环语句流程图

程序运行结果如下：

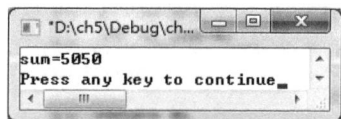

C 程序设计虽提供了上述程序中所用的 goto 语句和 if 语句构成循环，但在结构化的程序设计方法中，这种循环语句是不主张使用的，因为滥用 goto 语句，将会导致程序结构无规律、可读性差，况且 goto 语句是可用前述的三种循环替代的。我们仅简单介绍一下如何使用 goto 语句实现求解 1+2+3+…+100，了解一下就可以了，不用深研。

5.2 判断素数

5.2.1 break 语句

【案例 5.5】 用 break 退出循环。

问题描述：判断任意给定的数是否为素数。

问题分析：素数是指除了 1 和它本身以外，不能被任何整数整除的数，例如 19 就是素数，因为它不能被 2~18 的任一整数整除。因此判断一个整数 m 是否是素数，只需把 m 用 2~m-1 的每一个整数去除，如果都不能被整除，那么 m 就是一个素数。另外判断方法还可以简化，

m 不必被 2～m-1 的每一个整数去除，只需被 2～$\sqrt{m}$ 的每一个整数去除就可以了。如果 m 不能被 2～$\sqrt{m}$ 任一整数整除，m 必定是素数。例如判别 19 是是否为素数，只需使 19 被 2～4 的每一个整数去除，由于都不能整除，可以判定 19 是素数。原因在于：因为如果 m 能被 2～m-1 任一整数整除，其二个因子必定有一个小于或等于 $\sqrt{m}$，另一个大于或等于 $\sqrt{m}$。例如 16 能被 2，4，8 整除，16=2*8，2 小于 4，8 大于 4，16=4*4，4=$\sqrt{16}$，因此只需判定在 2～4 有无因子即可。从程序的分析可看出，用循环语句可以解决这个问题。流程图如图 5.7 所示。

程序描述：

```
#include<stdio.h>
#include<math.h>
int main(void)
{
    int i,n,m;
    printf("Enter an integer number:\n");
        //提示输入一个整数
    scanf("%d",&m);
        //接受键盘输入的数字，并赋值给变量 m
    n=sqrt(m)+1;
        //求√m，加 1 是保证整数 n 取值比 sqrt(m)大
    for(i=2;i<=n;i++)
    if(m%i==0)break;
        //如果 m 被某一个 i 值整除，退出循环
    if(i>=n)               //判断 i 是被中断退出循环的还是循环计算全部完成
        printf("%d is prime number\n",m);
                           //循环完成，无 m 被 i 整除的情况，m 是素数
    else
        printf("%d is not prime munber\n",m);
                           //执行过 break，有 m 被 i 整除过，m 非素数
    return 0;
}
```

图 5.7 判断是否为素数

程序运行结果如下：

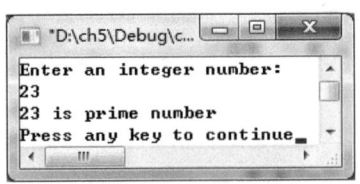

在素数的判定方法中，m 只要被一个 n(取值范围为 2～$\sqrt{m}$ 的整数)整除，就可证明 m 不是素数。因此，在做计算时，一旦 m 被某个 n 的取值整除，就可提前结束 m 除以 n 语句的循环。案例 5.5 中，采用了 break 语句来实现这样的功能。在这个小节中，就介绍提前结束循环的语句：break 语句的使用。

在第 4 章的 switch 结构中，已经接触过 break 语句的使用。break 语句可以使执行语句的

流程跳出 switch 结构，继续执行 switch 选择结构下面的语句。同样的，break 语句还可以用来从循环结构体内跳出循环结构，提前结束循环，去执行循环结构下面的语句。

格式：
```
break;
```

说明：break 专用于循环体和 switch 结构中，不能单独使用。

5.2.2 continue 语句

【案例 5.6】 用 continue 结束本次循环。

问题描述：输出 1～100 的所有奇数。

问题分析：奇数是不能被 2 整除的整数。设变量 i 初始值为 1，取值范围从 1 到 100 依次变化，用 if 语句判断：如 i 被 2 整除，则不执行打印命令而跳转去判断下一个值 i+1，否则执行打印 i 的命令。流程图如图 5.8(a)所示。

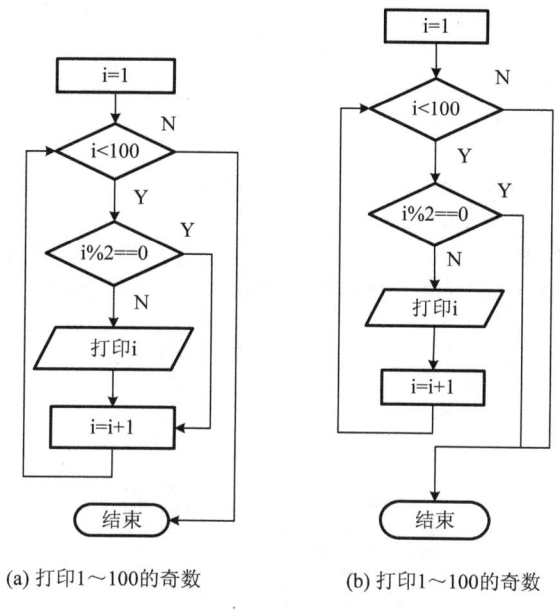

(a) 打印1～100的奇数　　(b) 打印1～100的奇数

图 5.8

程序描述：

```c
#include<stdio.h>
int main(void)
{
    int i;
    for(i=1;i<100;i++)
    {
        if(i%2==0)continue;
        printf("%3d", i);
    }
    return 0;
}
```

程序运行结果如下：

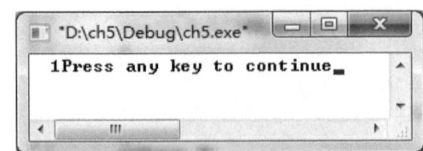

程序分析：

上述程序的运行结果是依次输出奇数，直到达到系统的显示宽度时才会自动换行输出结果。能否修改案例 5.6 的程序，以控制每行只输出 5 个奇数？

我们可以引入一个新的变量，假设为 count，用于统计判断出来的奇数个数，若 count 为 5 的倍数，则换行使后面的奇数另起一行输出。如何判断 count 的值是 5 的倍数？

通过求余数的取值进行判断，count 除以 5 的余数为 0（即判断表达式 count%5==0），说明 count 是 5 的倍数。现对案例 5.6 程序修改如下：

```c
#include<stdio.h>
int main(void)
{
    int i,count=0;;
    for(i=1;i<100;i++)
    {
        if(i%2==0)continue;
        printf("%3d", i);
        count++;                        //统计奇数个数
        if (count%5==0)printf("\n");    //换行输出
    }
    return 0;
}
```

程序运行结果如下：

下面我们将案例 5.6 中的"continue;"替换成"break;"，其他代码保持不变，程序运行结果如下：

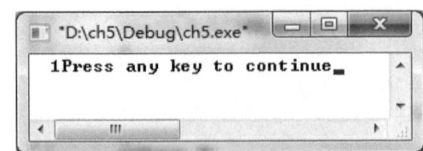

两者的差异是很明显的，这从对应的流程图 5.8(b) 也可以分析出来。

有如类似案例 5.6 的情况下，并不希望跳出整个循环体，只希望提前结束本次循环语句的运算，这就需要使用 continue 语句。

格式：

```
continue;
```

break 和 continue 语句在流程图 5.8(a)(b)所示对程序执行流程的影响差异是很明显的，导致了两个程序的执行结果差异很大。break 的执行使程序中断 for 循环，程序结束；continue 执行时程序只中断本次循环的循环体语句的执行而跳转继续下一次的循环，也就是说，仍保持在循环体内。

5.3 嵌套循环

【案例 5.7】 循环的嵌套。

问题描述：求 100 范围内的素数。

问题分析：根据素数的判定方法，要找出 100 范围内的所有素数。首先引入一个变量 m，取值范围从 2~100 依次增加；再设一变量 n，取值从 2~$\sqrt{m}$（取整）依次变化。在判定 m 是否是素数时，只要遇到被 n 整除的情况，就证明 m 不可能是素数，不需要继续进行余下的计算了，可以中断返回，继续判定下一个 m 值是否是素数。流程图如图 5.9 所示。

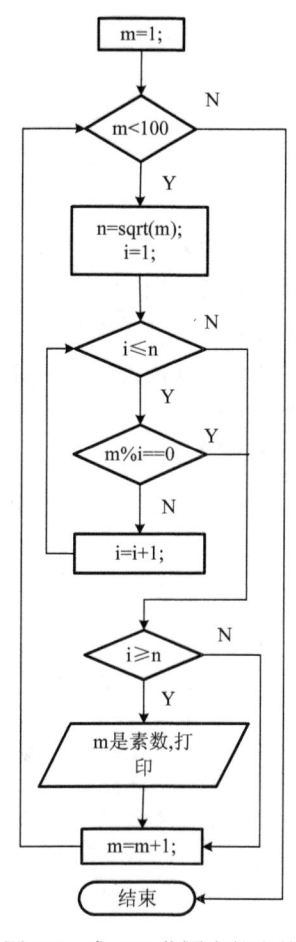

图 5.9 求 100 范围内的素数

程序描述：

```c
#include<stdio.h>
#include<math.h>
int main(void)
{
    int i,n,m,count=1;
    printf("%3d",2);                //2 是素数，先输出
    for(m=3;m<100;m++)              //外循环
    {
        n=sqrt(m)+1;                //求√m
        for(i=2;i<=n;i++)           //内循环
        {
            if(m%i==0)break;        //m 非素数，中断内循环的执行
            if(i>=n)                //如果 i 大于等于 n，说明 m 未被整除过
            {
                printf("%3d",m);    //m 是素数，输出
                count++;
                if (count%5==0)printf("\n");
            }
        }
    }
    return 0;
}
```

程序运行结果如下：

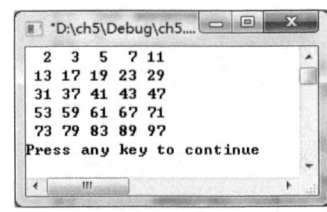

【案例 5.8】 用 for 和 while 循环混合编程。

问题描述：用 for 循环与 while 循环混合嵌套，求 2～100 的所有的素数。

问题分析：详见案例 5.7，只是需注意 m 和 n 值的变化范围。引入标志变量 flag，flag=1 表示对每一个 m，先假设是素数，再通过内循环进行判断，若 m 能被 2～n 中某一个值整除，则修改 flag 的值为 0，说明 m 不是素数。

程序描述：

```
#include <stdio.h>
#include <math.h>
int main(void)
{
    int i,n,m,flag,count=1;
    for(m=2;m<100;m++)                  //外循环
    {
        n=sqrt(m);                      //求 √m
        flag=1;                         //判断 m 是否被整除过
        i=2;
        while((i<=n)&& flag)            //内循环，flag=0 说明 m 能被 i 整除，不需继续判断
        {
            if(m%i==0)
                flag=0;
            i++;
        }
        if(flag)                        //flag 为 1，说明 m 未被整除过，是素数
        {
            printf("%3d",m);
            if (count%5==0) printf("\n");   //count 为 5 的倍数，换行
            count++;
        }
    }
    return 0;
}
```

程序运行结果如下：

循环语句的循环体内，又包含另一个完整的循环结构，称为循环的嵌套。循环嵌套的概念，在高级程序设计语言的循环结构中都存在。在案例 5.7 中，就用了两个嵌套在一起的 for 循环，案例 5.8 采用 for 和 while 的嵌套，while 和 do-while 循环结构一样可进行嵌套，可根据需要自由组合；如有必要，还可以有更多层的嵌套。但要注意循环嵌套使用的可读性，如果嵌套的层次过多（如超过三层），一定要认真检查是否真有必要这样设计。

5.4 循环结构程序设计

在案例 2.11 中，分析了"百钱百鸡问题"，这是一个经典问题。案例 5.9 给出了"百钱百鸡问题"求解的另一种方案。读者可对比两个案例进行学习。

【案例 5.9】 百钱百鸡问题。

问题描述：一百个铜钱买一百只鸡，其中公鸡一只 5 钱、母鸡一只 3 钱，小鸡一钱 3 只，问有多少种买法？

问题分析：题意要求输出所有可能的方法，这是典型的穷举法。首先引入三个整数变量 chick、hen、cock 分别代表小鸡、母鸡和公鸡购买数量。考虑到一百个铜钱，顶多能买 20 只公鸡，因此 cock 的取值范围必在 0～20 之间；hen 的变化范围应为 0～(100-cock*5)/3;且满足条件 cock+hen+chick=100 和 cock*5+hen*3+chick/3=100。采用循环嵌套可解决此问题。

程序描述：

```
#include<stdio.h>
int main(void)
{
  int cock,hen,chick,count=0;
  for(cock=0;cock<20;cock++)
    for(hen=0;hen<(100-cock*5)/3;hen++)
      for(chick=3;chick<100;chick+=3)   //小鸡数量为 3 的倍数，初始值和步长都可设为 3
        if((cock+hen+chick==100)&&((cock*5+hen*3+chick/3)==100)&&(chick%3==0))
        {
          count++;
          printf("No.%d:cock=%d hen=%dchick=%d\n\n",++count,cock,hen,chick);
        }
  return 0;
}
```

程序运行结果如下：

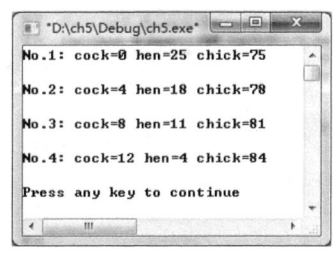

【案例 5.10】 打印 9*9 口诀表。

问题描述：略。

问题分析：分行与列考虑，共 9 行 9 列，i 控制行，j 控制列。
程序描述：

```c
#include "stdio.h"
int main(void)
{
    int i,j,result;
    printf("\n");
    for(i=1;i<10;i++)                              /*控制行*/
    {
        j=1;
        do
        {
            result=i*j;
            printf("%d*%d=%-3d",i,j,result);       /*-3d 表示左对齐，占 3 位*/
            j++;
        }while(j<=i);
        printf("\n");                              /*每一行后换行*/
    }
    return 0;
}
```

程序运行结果如下：

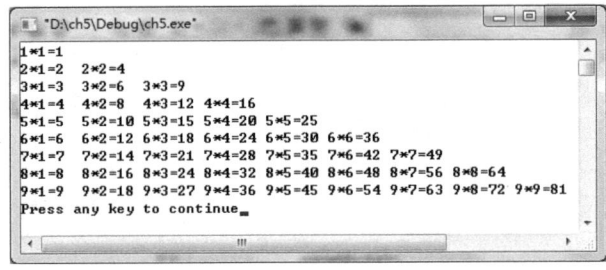

【**案例 5.11**】 打印图案。
问题描述：打印出如下图案:

```
          *
         ***
        *****
       *******
        *****
         ***
          *
```

问题分析：先把图形分成两部分来看待，前四行满足一个规律，后三行满足一个规律，利用双重 for 循环，第一层控制行，第二层控制列。
程序描述：

```c
#include "stdio.h"
int main(void)
```

```
{
    int i,j,k;
    /*打印上半部分图形*/
    for(i=0;i<=3;i++)
    {
        for(j=0;j<=2-i;j++)
            printf(" ");
        for(k=0;k<=2*i;k++)
            printf("*");
        printf("\n");
    }
    /*打印下半部分图形*/
    for(i=0;i<=2;i++)
    {
        for(j=0;j<=i;j++)
            printf(" ");
        for(k=0;k<=4-2*i;k++)
            printf("*");
        printf("\n");
    }
    return 0;
}
```

程序运行结果如下：

上述三个案例再次展示了循环结构语句在程序设计中的应用，在案例 5.9 中，用了三层循环结构的嵌套。案例 5.11 中二层循环采用了两次，分别用来打印图形的上半部分和下半部分。这些案例充分说明了循环结构在使用中的灵活性，这三个案例的流程图留给读者练习，通过尝试这些程序流程图的绘制，可深入熟悉循环结构语句的执行流程。

本 章 小 结

在本章中，主要讲解了循环结构语句 for、while 和 do⋯while，及控制循环的 continue 和 break 语句的使用。常用的三种循环结构学习的重点在于弄清它们相同与不同之处，以便在不同场合下使用。要清楚三种循环的格式和执行顺序，将每种循环的流程图理解透彻后就会明白如何替换使用，如把 while 或 do⋯while 循环的例题，用 for 语句重新编写一个程序，这样能更好地理解它们的作用。特别要注意在循环体内应包含趋于结束的语句(即循环变量值的改变)，否则就可能成了一个死循环，这是初学者必须尽力避免的一个常见错误。

习 题 5

一、选择题

1. 以下不构成无限循环的语句或者语句组是（　　）。
   A. n=0;
      do{++n;} while(n<=0);
   B. n=0;
      while(1) {n++;}
   C. n=10;
      while(n);{n--;}
   D. for(n=0,i=1; i++)
      n+=1;

2. 有以下程序：
   ```
   int main (void)
   {
       int y=10;
       while (y--);
       printf("y=%d\n",y);
   }
   ```
   程序运行后的输出结果是（　　）。
   A. y=0   B. y=-1   C. y=1   D. while 构成无限循环

3. 在以下给出的表达式中，与 while(E) 中的"(E)"不等价的表达式是（　　）。
   A. (!E=0)   B. (E>0 || E<0)   C. (E==0)   D. (E!=0)

4. 有以下程序：
   ```
   int main (void)
   {
       int a=1,b;
       for(b=1;b<=10;b++)
       {   if(a>=8) break;
           if(a%2==1) { a+=5; continue; }
           a-=3;
       }
       printf("%d\n",b);
       return 0;
   }
   ```
   程序运行后的输出结果是（　　）。
   A. 3   B. 4   C. 5   D. 6

5. 有以下程序：
   ```
   int main (void)
   {
       int i,j,x=0;
       for(i=0;i<2;i++)
       {   x++;
           for(j=0;j<=3;j++)
           {   if(j%2) continue; x++; }
   ```

```
            x++;
        }
        printf("x=%d\n",x);
    return 0;
}
```

程序执行后的输出结果是(　　)。

　　A．x=4　　　　B．x=8　　　　C．x=6　　　　D．x=12

6．有以下程序：

```
#include<stdio.h>
int main (void)
{
    int i,j;
    for(i=3;i>=1;i--)
    {   for(j=1;j<=2;j++)  printf("%d",i+j);
        printf("\n");
    }
    return 0;
}
```

程序运行的结果是(　　)。

　　A．234　　　　B．432　　　　C．23　　　　D．45
　　　345　　　　　543　　　　　34　　　　　34
　　　　　　　　　　　　　　　　　45　　　　　23

7．有以下程序：

```
int main(void)
{
    int i,j;
    for(i=1;i<4;i++)
    {
        for(j=i;j<4;j++)
        printf("%d*%d=%d",i,j,i*j);
        printf("\n");
    }
    return 0;
}
```

程序运行后的输出结果是(　　)。

　　A．1*1=1 1*2=2 1*3=3　　　　B．1*1=1 1*2=2 1*3=3
　　　2*1=2 2*2=4　　　　　　　　　2*2=4 2*3=6
　　　3*1=3　　　　　　　　　　　　3*3=9
　　C．1*1=1　　　　　　　　　　 D．1*1=1
　　　1*2=2 2*2=4　　　　　　　　　2*1=2 2*2=4
　　　1*3=3 2*3=6 3*3=9　　　　　　3*1=3 3*2=6 3*3=9

8．有以下程序：

```
#include<stdio.h>
int main (void)
{
    int x=8;
    for(;x>0;x--)
    {
        if(x%3)
        {
            printf("%d",x--); continue;
        }
        printf("%d,",--x);
    }
    return 0;
}
```

程序的运行结果是( )。

A. 7,4,2   B. 8,7,5,2   C. 9,7,6,4   D. 8,5,4,2

9. 有以下程序：

```
#include<stdio.h>
int main (void)
{
    int s[12]={1,2,3,4,4,3,2,1,1,1,2,3},c[5]={0},i;
    for(i=0;i<12;i++)  c[s[i]]++;
    for(i=1;i<5;i++)   printf("%d",c[i]);
    printf("\n");
    return 0;
}
```

程序的运行结果是( )。

A. 1 2 3 4   B. 2 3 4 4   C. 4 3 3 2   D. 1 1 2 3

10. 有以下程序：

```
int main (void)
{
    int k=5,n=0;
    do
    {   switch(k)
        {
            case 1:case 3: n+=1;k--; break;
            default:n=0;k--;
            case 2: case 4: n+=2;k--;
            break;
        }
        printf("%d",n);
    }while(k>0 && n<5);
    return 0;
}
```

程序运行后的输出结果是（　　）。

A. 235　　　　　　B. 0235　　　　　C. 02356　　　　　　D. 2356

二、填空题

1. 以下程序的输出结果是_____。

```
#include<stdio.h>
int main (void)
{
    int n=12345,d;
    while(n!=0)
    {
        d=n%10;
        printf("%d",d);
        n/=10;
    }
    return 0;
}
```

2. 当执行以下程序时，输入1234567890<回车>，则其中while循环将执行_____次。

```
#include<stdio.h>
int main (void)
{
    char ch;
    while((ch=getchar())=='0')
        printf("#");
    return 0;
}
```

3. 有以下程序，若运行时从键盘输入18,11<回车>，则程序的输出结果是_____。

```
#include<stdio.h>
int main (void)
{
    int a,b;
    printf("Enter a,b:");
    scanf("%d,%d",&a,&b);
    while(a!=b)
    {
        while(a>b)
            a-=b;
        while(b>a)
            b-=a;
    }
    printf("%3d%3d\n",a,b);
    return 0;
}
```

4. 有以下程序

```
#include<stdio.h>
```

```
    int main (void)
    {
        char c1,c2;
        scanf("%c",&c1);
        while(c1<65||c1>90)
            scanf("%c",&c1);
        c2=c1+32;
        printf("%c,%c\n",c1,c2);
        return 0;
    }
```

程序运行输入 65 回车后，能否输出结果、结束运行(回答能或不能)_____。

5. 若有定义："int k;"，以下程序段的输出结果是_____。

```
for(k=2;k<6;k++,k++)  printf("##%d",k);
```

6. 若有以下程序段，且变量已正确定义和赋值：

```
for(s=1.0,k=1;k<=n;k++)
    s=s+1.0/(k*(k+1));
printf("s=%f\n\n",s);
```

请填空，使下面程序段的功能与之完全相同：

```
s=1.0; k=1;
while(_____)
{   s=s+1.0/(k*(k+1));
    _____;
}
printf("s=%f\n\n",s);
```

7. 以下程序的输出结果是_____。

```
#include<stdio.h>
int main (void)
{
    int i,j,sum;
    for(i=3;i>=1;i--)
    {   sum=0;
        for(j=1;j<=i;j++)  sum+=i*j;
    }
    printf("%d\n",sum);
    return 0;
}
```

8. 以下程序的功能是：输出 100 以内(不含 100)能被 3 整除且个位数为 6 的所有整数，请填空。

```
int main (void)
{
    int i,j;
    for(i=0;_____;i++)
    {   j=i*10+6;
        if(_____)  continue;
```

```
        printf("%d",j);
    }
    return 0;
}
```

三、程序改错题

请将下面的程序修改以实现功能：从键盘输入 6 名学生 5 门成绩，分别统计出每个学生的平均成绩。

```
int main(void)
{
    int i, j;
    float g , sum = 0, ave ;
    for (i = 0;i<= 6 ;i++) ;
    {
        for (j = 1 ;j<= 5 ;j++) ;
        scanf ("%f", &g );
        sum = sum +g ;
        ave = sum / 5;
    }
    printf (" %d %f \n " , i, ave );
    return 0;
}
```

四、程序补全

要输出右侧框内的图形，请填空以完善程序。

```
#include<stdio.h>
int main(void)
{
    int i,j,k;
    for(i=1;i<=5;i++)
    {
        for(j=1;_____;j++)
            printf(" ");
        for(k=1;;k++)
            printf("%d",k);
        for(_____;k>0;_____)
            printf("%d",k);
        printf("\n");
    }
    return 0;
}
```

```
        1
       121
      12321
     1234321
    123454321
```

五、编程题

1. 有 1、2、3、4 个数字，能组成多少个互不相同且无重复数字的三位数？请编程将它们全部输出。

2. 编程求解 sum=1!+2!+3!+4!+⋯+N!。

第6章 数 据 组 织

本章导读

前面使用的数据类型都是基本类型,每个变量只能存储一个数据,但在实际运用中,经常需要批量处理大量数据。例如,统计学生信息。学生信息包含很多数据,各数据之间存在一定的内在联系。使用基本类型处理这些数据很不方便,甚至无法处理,为了解决这些问题,C 语言引入了构造数据类型:数组、结构体和共用体。数组用于存储处理相同类型的批量数据,结构体用于处理由不同数据类型组成的数据;共用体用于将不同类型的变量存放在同一段内存单元中;如果一个变量只有几种可能的值,则可以将其定义为枚举类型。

6.1 一维数组的定义和引用

【**案例 6.1**】 一维数组的定义和引用。
问题描述:输入 10 个整型数据,存储并逆序输出。
问题分析:在解决实际问题时常常会遇到处理数据量较大的情况,如果每一个数据都用一个变量表示,则需要的变量会很多。10 个整型数据如果使用基本类型存储,需要定义 10 个变量,若使用数组,则只需要一个数组就够了。
程序描述:

```c
#include <stdio.h>
int main(void)
{
    int a[10],i;                    //定义包含10个元素的整型数组a
    for(i=0;i<10;i++)
        a[i]=i;                     //为数组a的元素赋值
    for(i=9;i>=0;i--)
        printf("%3d",a[i]);         //数组a的元素逆序输出
    return 0;
}
```

程序运行结果如下:

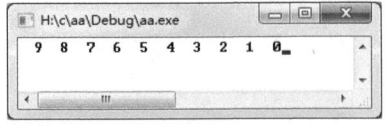

6.1.1 一维数组的定义

数组在使用之前,必须先定义。定义的作用是通知编译程序在内存中分配出连续的存储单元以供数组使用。一维数组的定义格式为:

```
    类型说明符    数组名[常量表达式];
```
例如：
```
    int a[10];
```
它表示数组名为 a，该数组有 10 个元素。

说明：

数组名的命名规则和变量名相同，遵循标识符命名规则。

常量表达式用于表示数组中元素的个数，即数组长度。可以包括正整型常量、符号常量和字符常量，不能包括变量。例如：

```
    int a[10];              /*下标为正整型常量*/
    int b[N];               /*假设有预编译命令#define N 10 下标为符号常量*/
    int c['A'];             /*下标为字符常量，c 数组有 65 个数组元素*/
    int x=5; int a[x];      /*不合法，下标不允许是变量*/
```

数组名后面的下标用方括号括起来，不能用圆括号。例如：

```
    int a(10);              /*不合法，不能用圆括号*/
```

数组元素的下标从 0 开始，并且所有元素在内存中连续存放。例如：

```
    int a[5];
```

数组名为 a，是整型数组，有 5 个元素，分别是 a[0]、a[1]、a[2]、a[3]、a[4]。

6.1.2 一维数组元素的引用

程序中数组必须先定义后使用，C 语言规定只允许逐个引用数组元素而不能一次引用整个数组。

一维数组的引用格式为：

```
    数组名[下标]
```

下标可以是有效的整型常量或整型表达式，用于指示数组元素的序号。下标的取值从 0 开始，最大值为(数组大小–1)。

例如：

```
    int a[5];               //定义整型数组，数组中有 5 个元素
    a[0]=0;                 //a[0]赋值为 0
    printf("%d",a[0]);      //输出 a[0]的值
```

6.1.3 一维数组的初始化

【案例 6.2】 一维数组的初始化。

问题描述： 在定义数组时对数组元素赋初值。

问题分析： 一维数组初始化时，可对部分元素赋初值，此时未赋初值的元素值为 0，对所有元素都赋初值时，数组的大小可以省略，系统将根据赋值元素的个数来决定数组大小。若声明数组后未对其元素赋初值，则该数组元素值不确定。

程序描述：

```
#include <stdio.h>
int main(void )
{
    int i=0;
    int a[5]={1,2,3,4,5};
    int b[]={1,2,3,4,5};
    int c[5]={1,2,3,4};
    int d[5]={0};
    int e[5];
    for(i=0;i<5;i++)
        printf("%15d",a[i]);
    printf("\n");
    for(i=0;i<5;i++)
        printf("%15d",b[i]);
    printf("\n");
    for(i=0;i<5;i++)
        printf("%15d",c[i]);
    printf("\n");
    for(i=0;i<5;i++)
        printf("%15d",d[i]);
    printf("\n");
    for(i=0;i<5;i++)
        printf("%15d",e[i]);
    printf("\n");
    return 0;
}
```

程序运行结果如下：

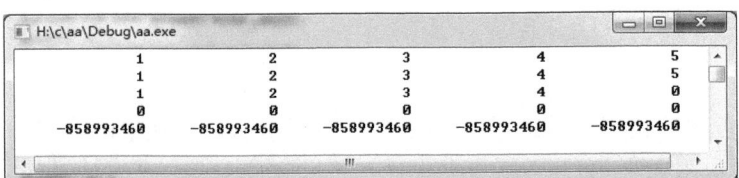

数组的初始化是指按照所定义的数组大小依次为各元素提供初值。

一维数组初始化格式为：

  数组类型　数组名[长度]={数值1,数值2,数值3,…,数值n};

说明：

(1)若对数组中所有元素都赋了初值，可以不用指定数组大小，系统将根据赋值元素的个数来决定数组的大小。例如：

    int b[]={1,2,3,4,5};

数组 b 定义时未指定大小，由赋初值的元素个数决定数组大小为 5。通过定义和初始化后，b[0]=1，b[1]=2，b[2]=3，b[3]=4，b[4]=5，等价于定义：

    int b[5]={1,2,3,4,5};

(2)若只对数组中的部分元素赋初值,则系统会自动为其他元素赋初值0。例如:

```
int c[5]={1,2,3,4};
```

数组 c 大小为 5,但初始化时,只提供了 4 个初始值,这表示只给前面的 4 个元素赋值,最后一个元素值为 0,即 c[0]=1, c[1]=2, c[2]=3, c[3]=4, c[4]=0, c[5]=0。等价于定义:

```
int c[5]={1,2,3,4,0};
```

(3)若只声明数组,而不对数组赋值,则数组中元素的数值是不确定的。例如:

```
int e[5];
```

只声明数组未对其初始化,则数组元素值不确定,需要在后续的程序中逐个对数组元素赋值才可使用,逐个赋值通常使用循环来实现。例如:

```
int e[10],i;
for(i=0;i++;i<10)           //在程序运行时,通过循环给数组 e 赋值
    scanf("%d",&e[i]);
```

6.1.4 一维数组编程

【**案例 6.3**】 用一维数组编程。

问题描述:输入 10 个学生的成绩,计算平均成绩,并统计低于平均成绩的学生人数。

问题分析:定义数组 score 存储 10 个学生的成绩,变量 ave 保存低于平均成绩的学生人数。可使用 for 循环依次输入 10 个学生的成绩,计算平均成绩后,使用 for 循环搜索数组元素,将它同平均成绩比较,若该元素小于平均成绩,则 ave 值加 1。

程序描述:

```
#include <stdio.h>
int main(void )
{
    int i=0,count=0;
    double total=0.0,score[10],ave=0.0;
    printf("please input 10 scores:\n");
    for(i=0;i<10;i++)
        {   scanf("%lf",&score[i]);
            total=total+score[i];
        }
    ave=total/10;                                //计算平均成绩
    for(i=0;i<10;i++)
        if(score[i]<ave)
            count++;                             //统计低于平均分人数
    printf("ave=%lf,count=%d\n",ave,count);
    return 0;
}
```

程序运行结果如下:

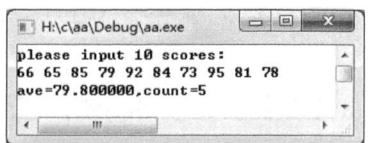

本程序中，第一个 for 循环完成输入 10 个学生的成绩并计算 10 个学生的总分，第二个 for 循环完成统计低于平均分的学生人数。

【案例 6.4】 对数组元素排序。

问题描述：从键盘输入任意的 10 个数，并用冒泡法对这 10 个数进行排序。

问题分析：冒泡排序法的排序方法为：从第一个数开始，用第一个数同第二个数进行比较，如果前一个数大于后一个数，则交换两个数，否则不交换。再用第二个数同第三个数进行比较，如果前一个数大于后一个数，则交换，否则不交换。这样比较下去，就可将数组中最大的元素交换到最后。如果有 n 个数，第一趟要比较 n-1 次，得到最大的元素，剩余 n-1 个元素再进行下一遍比较，共比较 n-2 次，得到第二大的数。这样继续进行下去，直到整个数组排序完毕。n 个数要比较 n-1 趟，用程序实现时，采用双层循环，外层循环控制比较的趟数，内层循环控制每一趟需要两两元素比较的次数。

下面以 5、4、3、2、1、0 这 6 个数的排序为例，说明冒泡排序的过程，如图 6.1 所示。

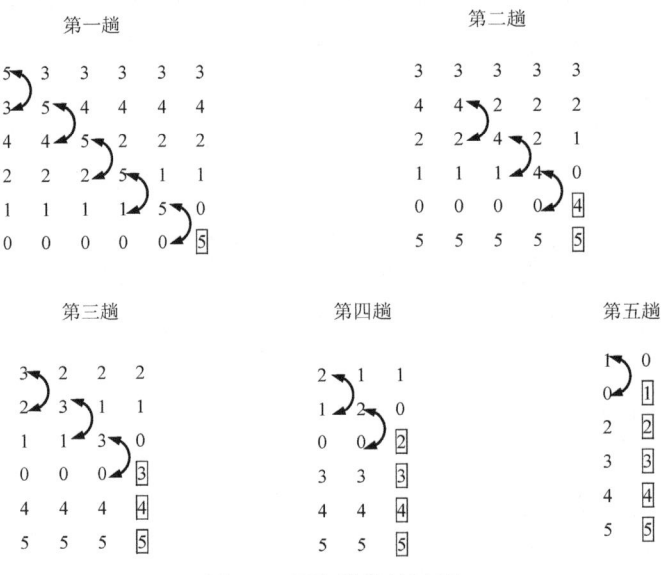

图 6.1 冒泡排序的过程

第一趟：首先比较第一个数 5 和第二个数 3，由于 5 大于 3，两者交换，然后比较第二个数 5 和第三个数 4，由于 5 大于 4，两者交换，然后比较第三个数 5 和第四个数 2……如此继续，第一趟结束时，最大的数 5 被排到最后。第一趟进行了 5 次比较，得到了最大的数。

第二趟：首先比较第一个数 3 和第二个数 4，由于 3 小于 4，不交换，然后比较第二个数 4 和第三个数 2，由于 4 大于 2，两者交换……第二趟进行了四次比较，得到了第二大的数 4。

第三趟：首先比较第一个数 3 和第二个数 2，由于 3 大于 2，两者交换，然后比较第二个数 3 和第三个数 1，由于 3 大于 1，两者交换……第三趟进行了三次比较，得到了第三大的数 3。

第四趟：首先比较第一个数 2 和第二个数 1，由于 2 大于 1，两者交换，然后比较第二个数 2 和第三个数 0，由于 2 大于 0，两者交换。第四趟进行了二次比较，得到了第四大的数 2。

第五趟：比较第一个数 1 和第二个数 0，由于 1 大于 0，两者交换。第五趟进行了一次比较，得到了第四大的数 2。

以上 6 个数需要比较 5 趟，n 个数需要比较 n-1 趟，第一趟中，需要两两比较 5 次，第二趟，需要两两比较 4 次，第 i 趟，需要两两比较 n–i 次。因此，可以采用二重循环来实现冒泡排序。

外循环：控制排序的趟数，循环变量 i 的取值范围是 1≤i≤n–1。

内循环：控制每一趟两两比较的次数，由于数组下标从 0 开始，不方便处理，下标为 0 的数组元素不使用，数据存储于 a[1]～a[10]。循环控制变量 j 的取值范围设为：1≤j≤n–i。

从键盘输入 n 个数，使用冒泡排序法将它们由小到大排序的流程图如图 6.2 所示。

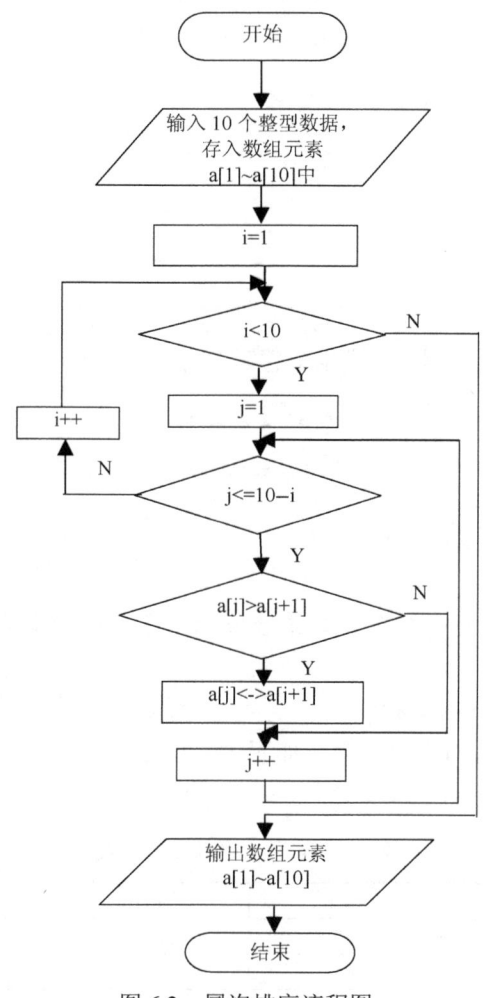

图 6.2　冒泡排序流程图

程序描述：

```
#include <stdio.h>
int main(void )
{
    int a[11];              //因 a[0]元素不使用，需存储 10 个整数，数组 a 长度为 11。
    int i,j,t;
    printf("please input 10 numbers:\n");
    for(i=1;i<10;i++)
        scanf("%d",&a[i]);
    printf("\n");
```

```
        for(i=1;i<10;i++)           //进行9次循环，实现9趟比较
            for(j=1;j<=10-i;j++)    //每一趟中进行9-i次比较
                if(a[j]>a[j+1])     //相邻两个数比较
                {
                    t=a[j];
                    a[j]=a[j+1];
                    a[j+1]=t;
                }
        printf("the sorted numbers:\n");
        for(i=1;i<=10;i++)
            printf("%d ",a[i]);
        printf("\n");
        return 0;
}
```

程序运行结果如下：

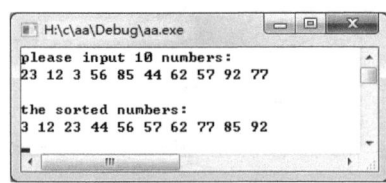

6.2 二维数组的定义和引用

一维数组可以用来表示一行数据，如果要表示由多行多列组成的二维数据就需要用到二维数组。

【案例 6.5】 二维数组的定义和引用。

问题描述：有一个 5 人的学习小组，如表 6.1 所示，每人有三门课成绩，求每科的平均成绩。

表 6.1 学习小组成绩情况表

	stu1	stu2	stu3	stu4	stu5
english	88	75	85	95	68
math	80	85	72	80	78
computer	86	90	88	72	87

问题分析：可用一个二维数组 a[3][5]来存储 5 人的三门课成绩。再用一个一维数组 ave[3]存储每科的平均成绩。程序使用双层循环，内循环用于输入每门课程各个学生的成绩，并把该成绩累加，退出循环后，将累加成绩除以 5 得到该门科目的平均分。外层循环执行 3 次，即可得到 3 门课程的平均成绩。

程序描述：

```
#include <stdio.h>
int main(void )
{
    float a[3][5],total=0,ave[3];    //ave用于存放每科的平均成绩
```

```
    int i,j;
    printf("please input score:\n");
    for(i=0;i<3;i++)
    {
        for(j=0;j<5;j++)                    //输入某人的 5 门课成绩,并求总分
        {
            scanf("%f",&a[i][j]);
            total=total+a[i][j];
        }
        ave[i]=total/5;                     //计算每科的平均成绩
        total=0;
    }
    printf("english:%.2f math:%.2f computer:%.2f",ave[0],ave[1],ave[2]);
    return 0;
}
```

程序运行结果如下:

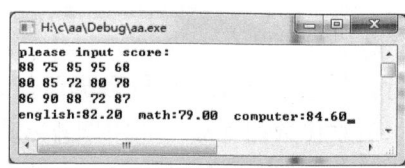

6.2.1 二维数组的定义

二维数组定义的一般格式为

  类型说明符 数组名[常量表达式1][常量表达式2];

其中,类型说明符和数组名同一维数组相同,常量表达式 1 为行数,常量表达式 2 为列数,二维数组中元素个数=行数*列数。

例如:有矩阵为 $\begin{bmatrix} 1 & 2 & 3 & 4 \\ 11 & 12 & 13 & 14 \\ 21 & 22 & 23 & 24 \end{bmatrix}$,可以看成是一个 3 行 4 列的整型数组,该数组有 12 个元素,可定义如下:

  int a[3][4];

通过定义数组 a,得到所有的元素为:

  a[0][0],a[0][1],a[0][2],a[0][3]
  a[1][0],a[1][1],a[1][2],a[1][3]
  a[2][0],a[2][1],a[2][2],a[2][3]

二维数组在内存中占有连续的存储空间,排列顺序是按行排列,即在内存中先顺序存放第一行的元素,再存放第二行的元素,最后存放第 3 行的元素,每行的元素也是顺序存放的,如图 6.3 所示。

a[0][0]	a[0][1]	a[0][2]	a[0][3]	a[1][0]	a[1][1]	a[1][2]	a[1][3]	a[2][0]	a[2][1]	a[2][2]	a[2][3]
1	2	3	4	11	12	13	14	21	22	23	24

图 6.3 二维数组元素在内存中的存放顺序

6.2.2 二维数组的引用

二维数组元素的引用格式为：

数组名[行下标][列下标]

下标都是从 0 开始，下标可以是整型常量或者整型表达式，如 a[2][3]、a[3−1][2+1]。

使用数组元素时应注意下标的范围，如有二维数组定义：int a[3][4]；则行下标范围为 0～2，列下标范围为 0～3，该二维数组最后一个元素为 a[2][3]，若使用 a[3][4]=10，则超出了下标范围，程序出错。

6.2.3 二维数组的初始化

二维数组初始化形式有分行赋初值和顺序赋初值两种。

1. 分行赋初值

例如：

```
int a[2][3]={{1,2,3},{4,5,6}};
```

该方法每个花括号对应一行，第一个花括号内的数据赋值给第一行的元素，第二个花括号内的数据赋值给第二行元素。初始化数组 a 后，数组的各元素值为：

$$\begin{bmatrix} 1 & 2 & 3 \\ 4 & 5 & 6 \end{bmatrix}$$

也可以只对二维数组的部分元素赋初值。

例如：int a[3][3]= {{1,2},{},{4,5,6}};

该语句仅对数组 a 第一行前两个元素和第三行全部元素赋了初值，其余元素的初值为 0。初始化数组 a 后，数组的各元素为：

$$\begin{bmatrix} 1 & 2 & 0 \\ 0 & 0 & 0 \\ 4 & 5 & 6 \end{bmatrix}$$

在分行赋初值时也可以只对部分元素赋初值而省略第一维的长度。系统会根据花括号的个数来确定第一维的长度。

例如：int a[][3]= {{1,2},{},{4,5,6}};

等价于 int a[3][3]= {{1,2},{},{4,5,6}};

2. 顺序赋初值

顺序赋初值是将所有数据写在一个花括号内，按数组排列的顺序对各元素赋初值。

例如：int a[2][3]={1, 2, 3, 4, 5, 6};

初始化数组 a 后，数组的各元素为：

$$\begin{bmatrix} 1 & 2 & 3 \\ 4 & 5 & 6 \end{bmatrix}$$

该方法等价于 int a[2][3]={{1,2,3},{4,5,6}}。

在定义二维数组时，如果对全部元素都赋值，则可以省略第一维的长度，系统会自动根据所赋初值的个数及第二维的长度推算出第一维的大小，但第二维的长度不能省。

例如：int a[][3]={1，2，3，4，5，6，7，8，9}；

等价于：int a[3][3]={1，2，3，4，5，6，7，8，9}；

6.2.4 二维数组编程

【案例 6.6】 用二维数组编程。

问题描述：有一个 3×4 的矩阵，要求编程找出其中最大值，最小值及所在行号和列号。

问题分析：可采用"打擂台算法"。用二维数组 a[3][4]存储该矩阵，先将 a[0][0]赋给变量 max 和 min，这两个变量用于存放当前已知的最大、最小值。在开始时还未进行比较，默认最开始的元素是最大、最小值。使用双层循环依次搜索数组所有元素，与 max 和 min 比较，若当前元素大于 max，将其值赋给 max,记录下它的行号和列号；若当前元素小于 min,将其值赋给 min，记录下它的行号和列号。搜索结束后，max 和 min 中即存储了最大和最小值。

程序描述：

```c
#include <stdio.h>
int main(void )
{
    int a[3][4]={{2,3,15,-8},{12,35,19,6},{-11,16,15,4}};
    int i,j,sum=0,max,min,row1,row2,colum1,colum2;
    max=min=a[0][0];                    //将 a[0][0]设为初始最大值及最小值
    for(i=0;i<3;i++)
        for(j=0;j<4;j++)
            if(a[i][j]>max)             //求最大值及所在行号和列号
            {
                max=a[i][j];
                row1=i;
                colum1=j;
            }
            else if(a[i][j]<min)        //求最小值及所在行号和列号
            {
                min=a[i][j];
                row2=i;
                colum2=j;
            }
    printf("max=%d,row=%d,colum=%d\nmin=%d,row=%d,colum=%d\n",max,
        row1,colum1,min,row2,colum2);
    return 0;
}
```

程序运行结果如下：

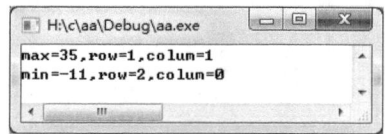

【案例 6.7】 打印杨辉三角形。

问题描述：打印杨辉三角形如下：

```
1
1   1
1   2   1
1   3   3   1
1   4   6   4   1
1   5  10  10   5   1
```

问题分析：杨辉三角形的特点是：①第一列和对角线上的元素值为 1；②除以上元素以外，其他元素的值均为前一行同一列元素和前一列元素值之和。用二维数组 yh[6][6]来存储杨辉三角。第一列元素可表示为：yh[i][0]，对角线元素可表示为：yh[i][i]，使用循环将 i 值由 0 变到 5 便可对第一列和对角线元素赋值。其余元素通过表达式 yh[i][j]=yh[i-1][j-1]+yh[i-1][j] 进行赋值。

程序描述：

```c
#include <stdio.h>
int main(void)
{
    int i,j,yh[6][6]={0};
    for(i=0;i<6;i++)                                //第一列和对角线上的元素置 1
    {
        yh[i][0]=1;
        yh[i][i]=1;
    }
    for(i=2;i<6;i++)
        for(j=1;j<i;j++)
            yh[i][j]=yh[i-1][j-1]+yh[i-1][j];       //给其他元素赋值
    for(i=0;i<6;i++)
    {
        for(j=0;j<=i;j++)
            printf("%4d",yh[i][j]);
        printf("\n");
    }
    return 0;
}
```

程序运行结果如下：

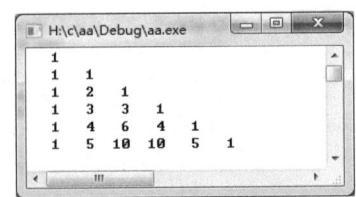

6.3 字符数组

数组定义时,若数据类型为字符型,则该数组为字符数组,用于存放字符数据。

【案例 6.8】 输出图案。

问题描述:输出菱形如下。

```
    *
   **
  * *
   **
    *
```

问题分析:需要输出的图形是由空格及'*'两种字符组合而成,若使用一个用于存储字符的二维数组,便可将该图形进行保存和处理。

程序描述:

```c
#include <stdio.h>
int main(void )
{
    char diamond[][5]={{' ',' ','*'},{' ','*',' ','*'},{'*',' ',' ',
                       ' ','*'},{' ','*',' ','*'},{' ',' ','*'}};
    int i,j;
    for(i=0;i<5;i++)
    {
        for(j=0;j<5;j++)
            printf("%c",diamond[i][j]);
        printf("\n");
    }
    return 0;
}
```

程序运行结果如下:

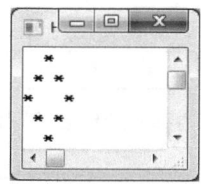

6.3.1 字符数组的定义

字符数组的定义方法与前面介绍的类似。例如:

```
char c[10];           //定义了长度为10的字符型数组c。
c[0]='c'; c[1]=' '; c[2]='p'; c[3]='r'; c[4]='o'; c[5]='g'; c[6]='r';
c[7]='a'; c[8]='m'; c[9]='\0';
```

赋值后数组元素为图 6.4 所示。

c[0]	c[1]	c[2]	c[3]	c[4]	c[5]	c[6]	c[7]	c[8]	c[9]
c		p	r	o	g	r	a	m	\0

图 6.4　内存中数组 c 的存储情况

由于字符型与整型是互相通用的，因此，也可以定义一个整型数组用于存放字符数据。例如：

```
int c[5];
c[0]='a';
```

字符数组也可以是二维数组。例如：

```
char c[5][5];
```

6.3.2　字符数组的初始化

字符数组的初始化方法有两种：用字符常量初始化和用字符串常量初始化。

1．用字符常量初始化

例如：

```
char c[10]={ 'I', ' ','a','m', ' ','h','a','p','p','y'};
```

该初始化将 10 个字符分别赋给 c[0]～c[9] 这 10 个数组元素。

赋值后数组元素储存形式如图 6.5 所示。

c[0]	c[1]	c[2]	c[3]	c[4]	c[5]	c[6]	c[7]	c[8]	c[9]
I		a	m		h	a	p	p	y

图 6.5　内存中数组 c 的存储情况

若初始化提供的初值个数少于数组长度，则未赋值的数组元素系统将自动设为空字符（即 '\0'）。例如：

```
char c[10]={ 'c', ' ','p','r', 'o','g','r','a','m' };
```

赋值后数组元素储存形式为图 6.6 所示。

c[0]	c[1]	c[2]	c[3]	c[4]	c[5]	c[6]	c[7]	c[8]	c[9]
c		p	r	o	g	r	a	m	\0

图 6.6　内存中数组 c 的存储情况

若定义字符数组时省略数组长度，系统会自动根据初值个数确定数组的长度。

例如：char c[]={'g', 'o', 'o', 'd' };

等价于 char c[4]={'g', 'o', 'o', 'd' };

赋值后数组元素储存形式为图 6.7 所示。

c[0]	c[1]	c[2]	c[3]
g	o	o	d

图 6.7　内存中数组 c 的存储情况

2. 用字符串常量初始化

例如：
```
char c[7]={"good"};
```
或省略花括号，写成：
```
char c[7]="good";
```
初始化后，数组元素储存形式为图 6.8 所示。

c[0]	c[1]	c[2]	c[3]	c[4]	c[5]	c[6]
g	o	o	d	\0	\0	\0

图 6.8 内存中数组 c 的存储情况

若定义字符数组时省略数组长度。例如：
```
char c[]="good";
```
初始化后，数组元素储存形式为图 6.9 所示。

c[0]	c[1]	c[2]	c[3]	c[4]
g	o	o	d	\0

图 6.9 内存中数组 c 的存储情况

系统在存储字符串常量时，会在其末尾自动加上字符串结束标志'\0'，因此数组 a 的初始化 char c[]="good";等价于 char c[5]={'g', 'o', 'o', 'd' , '\0' };

二维字符数组的初始化可以采用如下方式：
```
char str[3][9]={"english","math","computer"};
```
初始化后，数组元素储存形式为图 6.10 所示。

str[0]	e	n	g	l	i	s	h	\0	\0
str[1]	m	a	t	h	\0	\0	\0	\0	\0
str[2]	c	o	m	p	u	t	e	r	\0

图 6.10 内存中数组 c 的存储情况

上述二维字符数组有 3 行 9 列，每一行相当于一个一维字符数组，因此，二维字符数组 str 由 3 个一维字符数组组成，分别是 str[0]、str[1]、str[2]，每一个一维字符数组长度均为 9，str[0]保存字符串"English"，str[1]保存字符串"math"，str[2]保存字符串"computer"。

6.3.3 字符数组的输入和输出

字符数组的输入和输出可通过函数调用实现。

1. 使用格式化输入/输出函数 scanf()、printf()，以%c 格式逐个输入或输出一个字符

【案例 6.9】 字符数组元素的输入和输出。

问题描述：以%c 格式实现字符数组的输入和输出。

问题分析：使用格式化输入/输出函数 scanf()、printf()的%c 格式可逐个输入或输出一个字符。

程序描述：
```
#include <stdio.h>
```

```
int main(void )
{
    char str[5];
    int i;
    for(i=0;i<5;i++)
        scanf("%c",&str[i]);
    for(i=0;i<5;i++)
        printf("%c",str[i]);
    printf("\n");
    return 0;
}
```

程序运行结果如下：

2. 使用格式化输入/输出函数 scanf()、printf()，以%s 格式将整个字符串一次性输入和输出

【案例 6.10】 字符串的输入和输出。

问题描述：以%s 格式实现字符数组的输入和输出。

问题分析：使用%s 格式字符可将整个字符串一次性输入和输出。

程序描述：

```
#include <stdio.h>
int main(void )
{
    char str1[5],str2[5],str3[5];
    scanf("%s%s%s",str1,str2,str3);
    printf("str1=%s,str2=%s,str3=%s",str1,str2,str3);
    return 0;
}
```

程序运行结果如下：

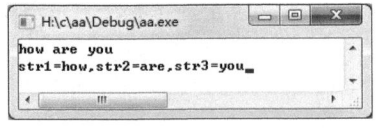

程序说明：

(1)因为数组名就是数组首元素的存储地址，所以在 scanf 函数中的字符数组名前不需要添加地址运算符&。

(2)遇到输入的字符中有空白(空格、换行或制表符)时，本输入结束。

程序输入把空格作为输入的字符串之间的分隔符，因此先将第一个空格前的"how"存入 str1，由于把"how"作为一个字符串处理，故在其后加上'\0'。同理，将"are"存入 str2，将"you"存入 str3。

数组状态如图 6.11 所示。

str1	h	o	w	\0	\0
str2	a	r	e	\0	\0
str3	y	o	u	\0	\0

图 6.11 内存中数组 c 的存储情况

(3) 程序中定义了每个字符数组长度为 5，为了防止过多输入数据而造成对其他数据的副作用，应当确保字符串长度(包括字符串结束标志)小于字符数组所能容纳的空间。

(4) 使用格式字符 "%s" 输出字符串时，不输出结束符'\0'。

(5) 使用格式字符 "%s" 输出字符串时，printf 函数中的输出项是字符数组名，而不是数组元素名。

3. 使用 gets()、puts() 字符串处理函数进行输入和输出

scanf 函数虽然给多个字符的输入提供了简便的方法，但无法输入含有空格的字符串，此类问题，可以使用字符串处理函数来解决。

gets 函数格式：

gets(字符数组名)

功能：从键盘输入一个字符串到字符数组，函数返回值为字符数组的起始地址。

puts 函数格式：

puts(字符数组名或字符串常量)

功能：将一个字符串输出到终端，输出结束后，自动换行。

【案例 6.11】 使用 gets() 和 puts() 函数输入输出字符串。

问题描述：略。

问题分析：gets() 函数实现字符串的输入，输入的字符串可以包含空格符、制表符，puts() 函数实现字符串的输出。

程序描述：

```
#include <stdio.h>
int main( void)
{
    char str[20];
    puts("input a string:");
    gets(str);
    puts(str);
    return 0;
}
```

程序运行结果如下：

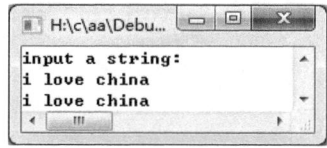

6.3.4 其他字符串处理函数

C 语言提供了丰富的字符串处理函数，除以上的字符串输入输出函数外，还有一些常用字符串处理函数，如表 6.2 所示。使用这些函数时，需要包含头文件 string.h。

表 6.2 常用字符串处理函数

使用格式	函数功能	返回值
strlen(字符数组)	求字符串长度	有效字符个数
strcpy(字符数组 1，字符串 2)	将字符串 2 复制到字符数组 1 中	字符数组 1 的起始地址
strcmp(字符串 1，字符串 2)	将两个字符串进行比较	字符串 1==字符串 2，返回 0 字符串 1>字符串 2，返回正整数 字符串 1<字符串 2，返回负整数
strcat(字符数组 1，字符数组 2)	将字符串 2 连接到字符数组 1 中	返回字符数组 1 的首地址

6.3.5 字符数组编程

【案例 6.12】 字符串的比较。

问题描述：输入三个人的名字，输出最大的人名。设每个名字由字符串组成，其长度不超 20。

问题分析：可以设一个二维的字符数组 name，大小为 3×20，即有 3 行 20 列，每一行可以存储 20 个字符。通过 gets 函数分别读入 3 个人名字符串，使用 strcmp 函数进行两两比较，就可得到最大值，将其放入一维数组 str 中。

程序描述：

```c
#include <stdio.h>
#include <string.h>
int main(void )
{
    char str[20];
    char name[3][20];
    int i;
    printf("input people's name:\n");
    for(i=0;i<3;i++)
        gets(name[i]);              //输入三个人名
    printf("\n");
    if(strcmp(name[0],name[1])>0)
        strcpy(str,name[0]);
    else
        strcpy(str,name[1]);        //对前两个人名进行比较，大者放入 str 中
    if(strcmp(name[2],str)>0)
        strcpy(str,name[2]);        //对 str 的人名和第三个人名进行比较，大者放入 str 中
    printf("the largest name is:\n%s\n",str);
    return 0;
}
```

程序运行结果如下：

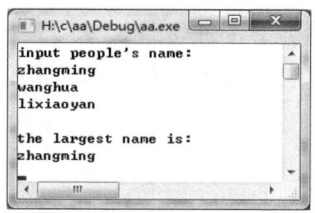

【案例 6.13】 删除字符串中重复的字符。

问题描述：输入一个长度不超过 100 的字符串，删除串中重复的字符。

问题分析：输入字符串，存入字符数组 str 中。使用双层 for 循环，外层循环变量 i 用于搜索数组中所有元素，内层循环变量 j 记录删除了重复字符的新字符串串尾，i 和 j 初值都为 0，每一个 str[i]都和新字符串中所有字符比较一次，当 str[i]等于 str[j],并且 i 不等于 j 时，认为当前搜索的字符是重复字符，将其赋值为一特殊字符'\t',搜索完成时，所有重复的字符都被置为'\t'，最后再将字符串中'\t'字符删去。

程序描述：

```
#include<stdio.h>
#include<string.h>
int main(void)
{
    char str[100];
    int i,j;
    gets(str);
    for(i=0; str[i]!='\0'; i++)
        for(j=0; str[j]!='\0'; j++)
            if(str[j]==str[i]&&i!=j) str[j]='\t';
    for(i=0; j=0; str[i]!='\0'; i++)
        if(str[i]!='\t')
        {
            str[j]=str[i];
            j++;
        }
    Str[j]='\0';
    Puts(syr);
    printf("\n");
    return 0;
}
```

程序运行结果如下：

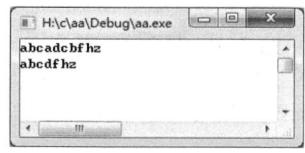

6.4 结构体变量

【案例 6.14】 用结构体变量编程。

问题描述：存储一个学生的信息(包括学号、姓名、性别、年龄、成绩、住址)，并将该信息输出。

问题分析：先建立一个结构体类型，成员包括学号、姓名、性别、年龄、成绩、住址，然后用它来定义结构体变量，并将学生的详细信息作为初值，赋值于该变量，最后输出该结构体变量所有成员。

程序描述：

```
#include<stdio.h>
int main(void)
{
    struct Student
    {   int num;
        char name[15];
        char sex;
        int age;
        float score;
        char address[30];
    }stu1={1001,"Wang Fang",'F',19,88.5,"KunMing"};
    printf("NO:%d\nname:%s\nsex:%c\nage:%d\nscore:%.2f\naddress:%s\n",
            stu1.num,stu1.name,stu1.sex,stu1.age,stu1.score,stu1.address);
    return 0;
}
```

程序运行结果如下：

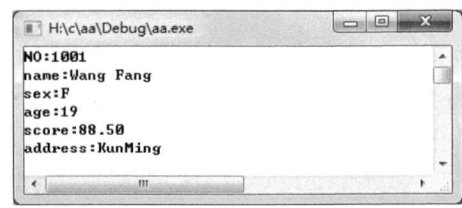

程序分析：

程序中声明了结构体类型 struct Student，有六个成员，在声明结构体类型的同时定义了该结构体类型的变量 stu1，并对其进行初始化。在变量名 stu1 后面的花括号中提供了成员的值，将这些值分别赋给对应的 stu1 变量成员。最后用 printf 函数输入 stu1 结构体变量各成员的值。

结构体可以将不同类型的相关数据组织在一起，形成一个有机的整体。

6.4.1 结构体类型的声明

声明一个结构体类型的一般格式为：

```
struct 结构体名
{   成员表列
};
```

说明：

(1)结构体名由用户指定，用于区别其他的结构体类型。

(2)结构体成员也可以属于另一个结构体类型。

例如：

```
    struct Date                              //声明结构体类型 struct Date
    {   int day;
        int month;
        int year;
    };

    struct Student                           //声明结构体类型 struct Student
    {   int num;
        char name[15];
        char sex;
        int age;
        struct Date birthday;                //成员 birthday 属于另一个结构体 struct Date
        char address[30];
    };
```

该程序段定义了结构体类型 struct Date 和 struct Student。struct Date 结构体类型可以存储日期信息，它包括三个成员 day、month 和 year，分别表示日、月、年。struct Student 结构体类型有六个成员，其中 birthday 成员为已声明过的 struct Date 类型，表示生日信息。struct Student 的结构如图 6.12 所示。

num	name	sex	age	birthday			address
				day	month	year	

图 6.12　struct Student 的结构

6.4.2　定义结构体变量

在定义结构体类型后，可以像基本类型一样，定义结构体类型的变量。只有在定义变量后，才为该变量开辟存储单元，结构体变量所占的内存长度等于每个成员所占内存长度之和。可以采用以下三种方法来定义一个结构体类型变量。

1. **先声明结构体类型再定义变量**

定义的一般格式为：

　　struct 结构体名　结构体变量名表列;

例如：

```
    struct Student                           //声明结构体类型 struct Student
    {   int num;
        char name[15];
        char sex;
        int age;
        float score;
        char address[30];
    };
    struct Student stu1,stu2;                //声明结构体变量 stu1,stu2
```

struct Student 是一个用户自己定义的结构体类型，定义 stu1 和 stu2 为 struct Student 类型变量，即它们具有 struct Student 类型的结构，如图 6.13 所示。

| stu1: | 1001 | Wang FANG | F | 19 | 88.5 | KunMing |
| stu2: | 1002 | Li Ming | M | 20 | 92 | ChongQin |

图 6.13 struct Student 类型的结构

2. 在定义类型的同时定义变量

定义的一般格式为：

```
struct 结构体名
{   成员表列
}变量名表列;
```

例如：

```
struct Student                    //声明结构体类型 struct Student
{   int num;
    char name[15];
    char sex;
    int age;
    float score;
    char address[30];
}stu1,stu2;
```

3. 直接定义结构体类型变量

定义的一般格式为：

```
struct
{   成员表列
}变量名表列;
```

这是无名结构体，以后不能再使用该结构体类型来定义新的变量。

关于结构体类型和结构体变量的说明：

结构体类型不分配存储空间，不能对其进行赋值、存取或运算，结构体变量在编译时为其分配存储空间，可以对其进行赋值、存取或运算。

结构体类型中的成员可以与程序中的变量名同名，两者不是同一个对象。

结构体变量中的成员可以单独使用，它的作用与地位相当于普通变量。

6.4.3 结构体类型变量的初始化和引用

定义结构体变量时，可以对其初始化，随后可以引用这个变量。

在定义结构体变量时可以对它进行初始化。初始化列表中的常量依次赋值给结构体变量中的各成员。

例如：

```
struct Date                       //声明结构体类型 struct Date
{   int day;
    int month;
    int year;
}d={10,5,2014};
```

对结构体变量 d 初始化后,结构体成员 d.day 值为 10,d.month 值为 5,d.year 值为 2014。
结构体变量中成员的引用格式为:

  结构体变量名.成员名

"."是成员运算符,它在所有的运算符中优先级最高。

例如,stu1.num 表示 stu1 变量中的 num 成员。

在程序中可以对结构体变量的成员赋值,如:

```
stu1.score=85.5;
```

如果成员本身又属于另一个结构体类型,则需要使用多个成员运算符,一级一级找到最低级的成员。只允许对最低级的成员进行赋值、存取或运算。

例如:结构体 struct Student 中有一个成员 birthday,是结构体 struct Date 类型,则对 stu1 出生年份的赋值需采用如下形式:

```
stu1.birthday.year=1996;
```

对成员变量可以像普通变量一样进行运算。例如:

```
sum=stu1.score+stu2.score;
stu1.age++;
```

同种类型的结构体变量可以互相赋值。

例如,设有如下定义:

```
struct Data                //声明结构体类型 struct Data
{   int day;
    int month;
    int year;
}d1,d2={10,2,2014};
```

执行赋值语句"d1=d2;"后,d1 中每一个成员都得到 d2 中对应的同名成员的值。

可以引用结构体变量成员的地址,也可以引用结构体变量的地址。例如:

```
scanf("%d",&stu1.num);     //引用结构体变量成员的地址,输入&stu1.num 的值
printf("%o",&stu1);        //引用结构体变量的地址,输出结构体变量 stu1 的首地址
```

结构体变量不允许整体输入和输出。

不能使用以下语句整体输入结构体变量。例如:

```
scanf("%d,%d,%d",&d1);     //d1 为 struct Date 类型变量,有三个成员
```

6.4.4 结构体数组

一个结构体变量中可以存放一组数据,若需要存放若干组数据,则可以使用结构体数组,该数组中每一个数组元素都是一个结构体类型。

定义结构体数组和定义结构体变量的方法相仿,只需说明其为数组即可。例如:

```
struct Student
{   int num;
    char name[15];
```

```
        char sex;
        int age;
        float score;
        char address[30];
        };
struct Student stu[3];
```

也可以直接定义一个结构体数组,如:

```
struct Student
{   int num;
    char name[15];
    char sex;
    int age;
    float score;
    char address[30];
}stu[3];
```

或

```
struct
{   int num;
    char name[15];
    char sex;
    int age;
    float score;
    char address[30];
}stu[3];
```

假设已经对该数组赋值,数组各元素在内存中连续存放,如图 6.14 所示。

stu[0]:	1001	Wang Fang	F	19	88.5	KunMing
stu[1]:	1002	Li Ming	M	20	92	ChongQin
stu[2]:	1003	Zhang Xia	F	20	95	ChengDu

图 6.14 内存中结构体数组 stu 存储情况

6.4.5 结构体数组编程

【案例 6.15】 用结构体数组编程。

问题描述:有 5 个学生的信息(包括学号、姓名、成绩),要求按照成绩的高低顺序输出各学生的信息。

问题分析:可用结构体数组 stu 存放 5 个学生的信息,采用选择法对成绩成员进行排序。选择法的排序方法为:先将 stu[0]~stu[4]中最高成绩对应的学生,与 stu[0]互换;再将 stu[1]~stu[4]中最高成绩对应的学生,与 stu[1]互换,每比较一趟,便找出一个未经排序的成绩中最高的一个。5 个学生成绩,共比较 4 趟。

程序描述:

```
#include <stdio.h>
struct Student                    //声明结构体类型
```

```c
{   int num;
    char name[20];
    float score;
};
int main(void)
{
    struct Student stu[5]={{1001,"Wang Fang",88.5},
                           {1002,"Li Ming",92},
                           {1003,"Zhang Xia",95},
                           {1004,"Li Na",75},
                           {1005,"Sun Wen",76}};   //定义结构体数组并初始化
    struct Student temp;            //定义结构体变量temp，用作交换时的临时变量
    int i,j,k;
    printf("The order is\n");
    for(i=0;i<4;i++)
    {
        k=i;                        //k用于记录当前最高成绩的学生下标
        for(j=i+1;j<5;j++)
          if(stu[j].score>stu[k].score)    //进行成绩的比较
             k=j;
        temp=stu[k];                //stu[k]和stu[i]元素互换
        stu[k]=stu[i];
        stu[i]=temp;
    }
    for(i=0;i<5;i++)
        printf("%5d %15s %6.2f\n",stu[i].num,stu[i].name,stu[i].score);
    printf("\n");
    return 0;
}
```

程序运行结果如下：

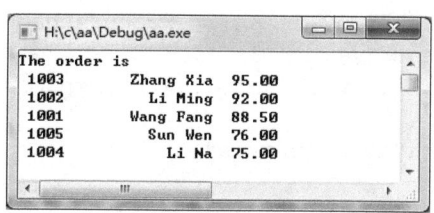

6.5 共用体

【案例6.16】 共用体的应用。

问题描述：设有若干教师的数据，包含有教师编号、姓名、职称，若职称为讲师，则描述他们的所讲课程；若职称为教授，则描述他们所写论文数目。

问题分析：所需存储教师的数据，包含了不同的数据类型，可定义一个结构体数组进行存储。该结构体类型成员由教师编号、姓名、职称、教学科研情况组成。教学科研情况中，若该教师职称是讲师，则存储所讲课程数据；若教师职称是教授，则存储所写论文数目。教

学科研情况这一成员的值为两个可能的值：所讲课程数据或所写论文数目，可用共用体类型来表示。

程序描述：

```c
#include <stdio.h>
union teachresearch                      //教学科研情况共用体类型定义
{   char coursename[20];                 //讲师讲授课程名称
    int papernum;                        //教授论文数目
};
struct teachers                          //定义结构体类型，用于存储教师数据
{   int no;
    char name[12];
    char zc;                             //教师职称 zc，讲师为 l；教授为 p
    union teachresearch x;               //共用体类型，为所讲课程或论文数目
}teach[3];                               //定义结构体数组，可以存储三位教师数据

int main(void)
{
    int i;
    for(i=0;i<3;i++)
    {
        scanf("%d %s %c",&teach[i].no,&teach[i].name,&teach[i].zc);
        if(teach[i].zc=='T')             //若该教师为讲师，则输入课程名称
            scanf("%s",&teach[i].x.coursename);
        else if(teach[i].zc=='p')        //若该教师为教授，则输入论文数目
            scanf("%d",&teach[i].x.papernum);
        else
            printf("input data error\n");
    }
    for(i=0;i<3;i++)                     //输出所有教师数据
    {
        printf("%d %s %c ",teach[i].no,teach[i].name,teach[i].zc);
        if(teach[i].zc=='l')
            printf("%s\n",teach[i].x.coursename);
        else if(teach[i].zc=='p')
            printf("%d\n",teach[i].x.papernum);
        else
            printf("data error\n");
    }
    return 0;
}
```

程序运行结果如下：

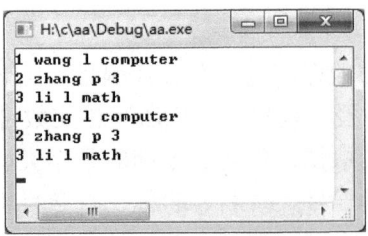

程序分析：

main 函数之前定义了外部的结构体数组 teach，在结构体类型声明中包括了共用体类型 teachresearch 成员，在这个共用体成员中又包括了两个成员：成员 coursename 和成员 papernum，前者为字符数组，存储讲授课程名称，后者为整型，存储发表文章数目。

在程序运行过程中需要输入数据，在输入前 3 项数据（编号、姓名、职称）时，对于讲师和教授来说，输入的数据类型是一样的，但在输入第四个数据时二者有区别，对于讲师来说，应输入讲授课程名称；对于教授来说，应输入论文数目，程序应分别进行处理。程序中可先输入前三项数据，然后用 if 语句判断刚才输入的职称成员 zc，如果是'l'，表示是讲师，则第四项应输入课程名称，用输入格式符%s 将课程名称字符串输入到共用体数组元素 x.coursename 中。如果职称为'p'，表示是教授，用输入格式符%d 将论文数目输入到共用体数组元素 x.papernum 中。进行该处理后，teach[0]中的共用体成员 x 的存储空间中，存储的是字符串，teach[1]中的共用体成员 x 的存储空间中，存储的是整数。

输出数据时处理方法类似，如果是讲师，则数据第四项用格式字符"%s"输出课程名称，若是教授，用格式字符"%d"输出论文数目。

6.5.1 共用体的概念

有时需要使几种不同类型的变量存放到同一段内存单元中，例如，可把一整型变量、一个字符型变量、一个实型变量放在同一个地址开始的内存单元中，如图 6.15 所示。

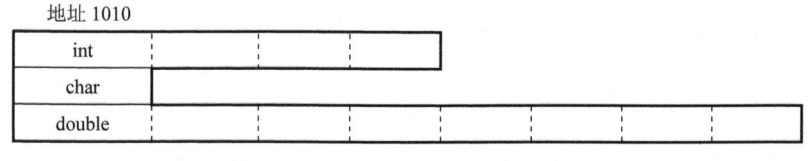

图 6.15 共用体类型内存占用情况

以上三个变量在内存中占用的空间大小不同，但都是从同一个地址开始存储，采用覆盖技术，某一时刻，只存储一个数据，即后一个数据会将前一个数据覆盖。这种几个不同类型的变量共用同一段内存的结构，称为"共用体"类型。

6.5.2 共用体类型的定义

定义共用体类型的格式为：

```
union 共用体名
{   成员表列
};
```

例如：

```
union Data    //定义共用体类型 Data，将三个变量 i, ch, f 放到同一段存储单元中
{   int i;
    char ch;
    float f;
}
```

6.5.3 共用体变量的定义

可采用以下三种方式定义共用体变量。

1. 先声明共用体类型再定义变量

例如：

```
union Data
{   int i;
    char ch;
    float f;
}
union Data a,b,c;
```

2. 在定义共用体类型的同时定义变量

例如：

```
union Data
{   int i;
    char ch;
    float f;
}a,b,c;
```

3. 直接定义共用体类型变量

例如：

```
union
{   int i;
    char ch;
    float f;
}a,b,c;
```

6.5.4 共用体变量的引用

因为共用体变量中成员变量共用存储空间，所以不能直接引用共用体变量，只能引用共用体变量中的成员。

共用体变量中成员的引用格式为：

共用体变量名.成员名

如有共用体变量定义：

```
union
{   int i;
    char ch;
    float f;
}a,b,c;
```

则以下的引用方式是正确的：
a.i　（引用共用体变量中的整型变量 i）
a.ch（引用共用体变量中的字符型变量 ch）

a.f （引用共用体变量中的实型变量 ch）

不允许直接引用共用体变量，如：

  printf("%d",a);   //引用方法错误

可改为

  printf("%d",a.i); printf("%c",a.c); printf("%f",a.f);

6.5.5 共用体类型数据的特点

共用体类型数据具有以下特点。

共用体类型可包含多个不同类型的成员，存放于同一个内存空间，但某一时刻只能存放其中某一个成员。若有以下程序段：

```
union
{   int i;
    char ch;
    float f;
}a;
a.i=97;
```

假设在内存中为 a 共用体变量分配地址 1000 开始的空间，则内存单元如图 6.16 所示。

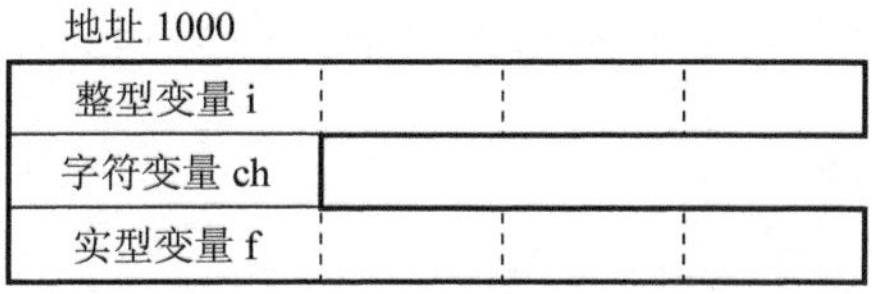

地址 1000

整型变量 i			
字符变量 ch			
实型变量 f			

图 6.16 内存中共用体变量 a 存储情况

成员 i 为整型，在 VC++编译环境下需要 4 字节，成员 ch 为字符型，需要 1 字节，成员 f 为实型，需要 4 字节，所以内存中需要为 a 共用体变量开辟 4 字节的存储空间。由于进行了赋值 a.i=97，将 97 以整型形式存储在共用体变量存储单元中，即存储低 8 位为：01100001。输出该共用体变量时，可用以下三个方式：

  printf("%d",a.i);   //输出整数 97
  printf("%c",a.ch);   //输出字符 a
  printf("%f",a.f);   //输出实数 0.000000

进行了赋值 a.i=97 后，如果用"%d"格式输出 a.i，则输出整数 97。以"%c"格式输出 a.c，则将存储单元中的信息按字符形式输出'a'。若以"%f"格式输出，则将存储单元中 4 字节的信息按浮点数形式来处理，存储空间后两字节为 0，即数值部分为 0，故输出 0.000000。

共用体变量中起作用的成员是最后一次存放的成员，存入新成员后，会将原来存放的成员覆盖。如有以下赋值语句：

  a.i=5;
  a.ch='a';
  a.f=6.5;

在完成以上三个赋值运算后，只有 a.f 是有效的，a.i 和 a.ch 已经不是原来的值。

共用体变量的地址和它的各成员的地址都是同一地址。&a,&a.i,&a.ch,&a.f 都是同一值。

不能对共用体变量名赋值，也不能企图引用变量名来得到成员的值。如：

```
union
{  int i;
   char ch;
   float f;
}a;
a=1;                        //错误，不能对共用体变量名赋值
```

若有 int m;

```
m=a;                        //错误，不能引用共用体变量名以得到成员值
```

可以对共用体变量初始化，但初始化表中只允许有一个常量。例如：

```
union Data
{  int i;
   char ch;
   float f;
}a={1, 'a',8.5};            //错误，不能初始化三个成员，只允许有一个常量
union Data b={20};          //正确，对第一个成员 b.i 初始化
union Data c={.ch='a'};     //正确，对第二个成员 c.ch 初始化
```

共用体类型可以出现在结构体类型定义中，作为结构体类型的成员，也可以定义共用体数组。结构体类型也可以出现在共用体类型定义中，作为共用体类型的成员。

6.6 枚举类型

如果一个变量只有几种可能的值，则可以定义为枚举类型。一个枚举型变量取值仅限于列出的枚举常量值的范围。例如：

```
enum Weekday{sun,mon,tue,wed,thu,fri,sat};
```

以上声明了枚举类型 enum Weekday，可以用此类型来定义枚举类型的变量，该变量的取值为 sun,mon,tue,wed,thu,fri,sat 其中的一个。

枚举类型的定义格式为：

```
enum 枚举类型名
{  枚举元素表
};
```

例如：enum Weekday{sun,mon,tue,wed,thu,fri,sat};

定义了枚举类型 enum Weekday 后，便可使用此类型来定义变量，该变量值只能是 sun 到 sat 之一。例如：

enum Weekday workday,weekday;//定义枚举型 Weekday 变量 workday,weekday;

```
workday=tue;                //正确，tue 为枚举常量之一
weekday=sun;                //正确，sun 为枚举常量之一
```

说明：

枚举元素按常量处理，是标识符，不允许对它进行赋值。例如：

```
        sun=2;                      //错误,不能对枚举常量赋值
```

每一个枚举元素都代表一个整数,编译时,按定义时的顺序,把第一个枚举元素值设为 0,第二个设为 1……在上面的定义中,sun 的值为 0,mon 的值为 1……sat 的值为 6。

若:

```
    enum Weekday today=sun;
    printf("today=%d",today);
```

输出结果为:today=0

也可在定义枚举类型时,显式地指定枚举元素的值。例如:

```
    enum Weekday{ sun=7,mon=1,tue,wed,thu,fri,sat};
```

sun 的值为 7,mon 的值为 1,后面元素依次顺序加 1,tue 值为 mon 值加 1,为 2,sat 值为 6。

枚举类型可以进行判断比较。例如:
有定义

```
    enum Weekday { sun=7,mon=1,tue,wed,thu,fri,sat} today=sun;
    if(today>fri)
        printf("today is weekendday.\n");
    else
        printf("today is workday.\n");
```

枚举元素比较时,按初始化时赋的整数值来进行比较。today>fri,实际判断的是 7>5,所以以上程序段输出为:

```
    today is weekendday.
```

本 章 小 结

本章介绍了数组、结构体、共用体及枚举类型的定义和使用。采用构造数据类型,可以批量处理数据;数组用于存储相同类型的数据,而结构体类型能将不同数据类型的变量组合为一个整体,从而提高程序的清晰度,降低程序复杂度。重点是在理解构造数据类型的概念基础上,能熟练使用不同构造数据类型编写相关程序并予以实现。

习 题 6

一、选择题
1. 以下对一维整形数组 a 的正确说明是(　　)。
   A. int a(10);   B. int n=10,a[n];
   C. int n;   D. #define SIZE 10
      scanf("%d",&n);   int a[SIZE]
      int a[n];
2. 以下能对一维数组 a 进行正确初始化的语句是(　　)。

A. int a[10]=(0,0,0,0,0); B. int a[10]={};
C. int a[]={0}; D. int a[10]=(10*1);

3. 若有说明 int a[][3]={1,2,3,4,5,6}; 则 a 数组第一维的大小是（   ）。
A. 2 B. 3 C. 4 D. 无确定值

4. 定义如下变量和数组：

```
int k;
int a[3][3]={1,2,3,4,5,6,7,8,9};
```

则下面语句的输出结果是（   ）。

```
for(k=0;k<3;k++) printf("%d",a[k][2-k]);
```

A. 357 B. 369 C. 159 D. 147

5. 下面是对 s 的初始化，其中不正确的是（   ）。
A. char s[5]={"abc"}; B. char s[5]={'a', 'b', 'c'};
C. char s[5]=" "; D. char s[5]={"abcdef"};

6. 下面程序段的运行结果是（   ）。

```
char a[7]={"abcdef"};
char b[4]={"ABC"};
strcpy(a,b);
printf("%c",a[5]);
```

A. _ B. \0 C. e D. f

7. 下述对 C 语言字符数组的描述中错误的是（   ）。
A. 字符数组可以存放字符串
B. 字符数组的字符串可以整体输入、输出
C. 可以在赋值语句中通过赋值运算符 "=" 对字符数组整体赋值
D. 不可以用关系运算符对字符数组中的字符串进行比较

8. 若系统为 int 类型分配 2 字节，char 类型分配 1 字节，double 类型分配 8 字节，则如有以下说明语句，则变量 ss 所占内存的字节数为（   ）。

```
struct s
{ int m;
  char c;
  double d;
}ss;
```

A. 8 B. 1 C. 11 D. 2

9. 若系统为 int 类型分配 2 字节，char 类型分配 1 字节，double 类型分配 8 字节，如有以下说明语句，则变量 ss 所占内存的字节数为（   ）。

```
union s
{ int m;
  char c;
  double d;
}ss;
```

A. 8　　　　　B. 1　　　　　C. 11　　　　　D. 2

10. 已知学生记录描述为：

```
struct student
{   int no;
    char name[20];
    char sex;
    struct
    {   int year;
        int month;
        int day;
    }birth;
}
struct student s;
```

设变量 s 中的"生日"应是"1984 年 11 月 11 日"，下列对"生日"的正确赋值方式是（　　）。

A. year=1984;
   month=11;
   day=11;

B. birth.year=1984;
   birth.month=11;
   birth.day=11;

C. s.year=1984;
   s. month=11;
   s.day=11;

D. s.birth.year=1984;
   s.birth.month=11;
   s.birth.day=11;

二、填空题

1. 若有定义：double x[3][5];则 x 数组中行下标的下限为_____，列下标的上限为_____。
2. 在 C 语言中，二维数组元素在内存中的存放顺序是_____。
3. 若有定义：int a[3][4]={{1,2},{0},{4,5,8,12}};则初始化后，a[1][2]得到的初值是_____，a[2][2]得到的初值是_____。
4. 下面程序的运行结果是_____。

```
int main(void)
{
  int i,f[10];
  f[0]=f[1]=1;
  for(i=2;i<10;i++)
     f[i]= f[i-2]+f[i-1];
  for(i=0;i<10;i++)
    { if(i%5==0) printf("\n");
      printf("%3d",f[i]);
}
  return 0;
}
```

5. 以下程序运行结果为_____。

```
#include <stdio.h>
union un
{   int k;
```

```
        char zf[2];
    }ch;
    int main(void)
    {
        ch.k=20;
        ch.zf[0]=0;
        ch.zf[1]=10;
        printf("%d\n",ch.k);
        return 0;
    }
```

三、编程题

1．求一个 3×3 整型矩阵对角线元素之和。

2．输入一个字符串，要求分别统计出其中英文大写字母、小写字母、数字、空格以及其他字符的个数。

3．若有说明：int a[2][3]={{1,2,3},{4,5,6}};现要将 a 的行和列的元素互换后存到另一个二维数组 b 中。

4．从键盘输入两个字符串 a 和 b，要求不用库函数 strcat 把串 b 的前五个字符连接到串 a 中；如果 b 的长度小于 5，则把 b 的所有元素都连接到 a 中。

5．试利用结构体类型编制一程序，实现输入一个学生的数学期中和期末成绩，然后计算并输出其平均成绩。

第 7 章 函 数 初 步

本章导读

前面简单介绍了函数是 C 语言程序的基本组成单位，一个 C 源程序至少包含一个 main() 函数，也可以包含一个 main() 函数和若干个其他函数。

本章详细介绍函数定义、函数调用、函数声明、函数的返回值，以及函数的参数传递和变量的存储类别等。

7.1 计算组合数 C_m^n

7.1.1 问题提出

在现实生活中，经常要求解一些问题，它们具有相同的数学模型，只是参数不同。

【案例 7.1】 函数的定义和调用。

问题描述：编程计算组合数 $C_m^n = \dfrac{m!}{n!(m-n)!}$。要求定义函数 factorial(k) 并调用之。

问题分析：组合数里需要计算三个数的阶乘，计算过程相同，程序雷同。如果可以一次性地编写好通用的代码而无须重复编写，程序不但能变短，也会变得更清晰。C 语言可以通过定义函数实现该功能。

把计算阶乘定义成一个函数，并取名 factorial。在程序里需要计算阶乘，就可以通过 factorial() 调用之进行计算。

程序描述：

```c
//计算阶乘函数
#include <stdio.h>

long factorial(int k) /*定义计算 k! 的函数*/
{
    long fac=1;
    int i;
    for(i=1;i<=k;i++)
        fac=fac*i;
    return fac;
}

int main(void)
{
    int n,m;
    long com;
```

```
            scanf("%d,%d", &n,&m);
            com=factorial(m)/(factorial(n)*factorial(m-n));
                                    //调用计算阶乘函数,求组合数
            printf("%ld\n", com);
            return 0;
        }
```

程序运行结果如下：

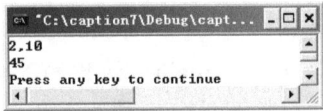

本例重点关注函数如何定义及如何调用，其中 factorial() 为自定义的计算阶乘函数。

7.1.2 函数的分类

前面已介绍过，C 程序由一个 main() 或多个函数构成。函数是 C 源程序的基本模块。函数是指完成一个特定工作的独立程序模块。C 语言程序处理过程全部都是以函数形式出现。

在 C 语言中可从不同的角度对函数分类。

(1) 从函数定义角度分类，分为库函数和用户自定义函数两种。

库函数：由 C 语言系统提供，如 scanf()、printf() 等函数。

用户自定义函数：由用户按需要写的函数。用户自定义函数，不仅要在程序中定义函数本身，而且在主调函数中还必须对该被调函数进行类型声明，然后才能使用。

(2) 从函数形式角度分类，分为无参函数和有参函数两种。

无参函数：函数定义、函数说明及函数调用中均不带参数。主调函数和被调函数之间不进行参数传送。此类函数通常用来完成一组指定的功能，可以返回或不返回函数值。

有参函数：也称为带参函数。在函数定义及函数说明时都有参数，称为形式参数(简称为形参)。在函数调用时也必须给出参数，称为实际参数(简称为实参)。函数调用时，主调函数将把实参的值传送给形参，供被调函数使用。

(3) 从有无运算结果返回的角度分类，分为有返回值函数和无返回值函数两种。

有返回值函数：此类函数被调用执行完后将向调用者返回一个执行结果，称为函数返回值。用户自定义的要返回函数值的函数，必须在函数定义和函数说明中明确返回值的类型。

无返回值函数：此类函数用于完成某项特定的处理任务，执行完成后不向调用者返回函数值。用户在定义此类函数时可指定它的返回为 void 空类型。

7.1.3 函数的定义

程序中一旦调用了某个函数，该函数就会完成特定的计算，然后返回到调用它的地方。函数经过运算，得到一个明确的运算结果，并需要回送该结果。例如，函数 factorial() 返回阶乘的值。

函数定义的一般形式为：

```
函数返回值类型　函数名(形式参数)        //函数的首部
{   完成函数功能的语句体                //函数体
        return    返回值;
}
```

(1)函数的首部:定义一个函数最重要的三部分:形式参数(以下简称形参)及类型、函数名、函数返回值类型,即函数的首部。

(2)函数体:函数体是函数的实现过程,完成一个特定工作。在{}中由若干条语句组成,并用 return 返回运算结果。

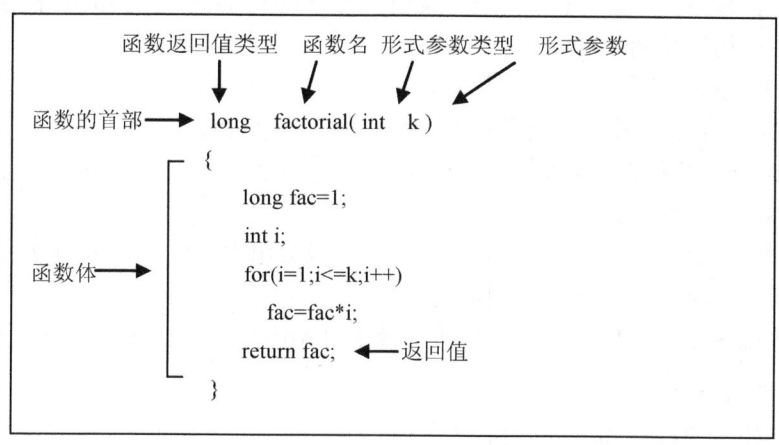

图 7.1 函数的定义的组成

图 7.1 图示了案例 7.1 中函数的组成,在函数 factorial()被调用时,形参 k 的值由主程序给出。fac 的类型与函数的返回值类型一致,由 return fac;返回运算结果。

7.1.4 函数的调用

定义好一个函数后,就可在程序中调用这个函数。调用由 C 语言系统提供的库函数,只需在程序前用 include 命令包含有该函数原型的头文件即可在程序中直接调用。调用用户自定义函数,必须有与调用函数相对应的函数定义。

1. 函数调用过程

C 程序的执行总是从 main()函数开始,遇到某个函数调用,main()暂停执行,即转入执行相应函数,完成对该函数的调用后再返回到 main()函数,再从原先暂停的位置继续执行,最后由 main()函数结束整个程序。

图 7.2 以案例 7.1 为例,分析了函数调用过程。在主函数中调用了三次函数 factorial(),分别求得了 m!、n! 和(m−n)!的值。

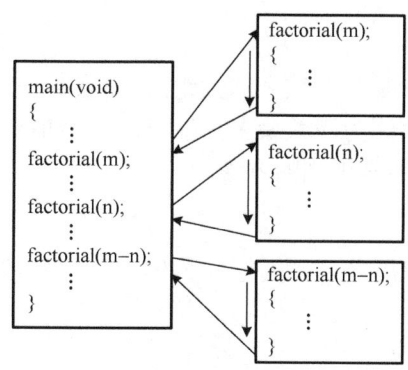

图 7.2 案例 7.1 的程序执行过程

2. 函数调用的方式

函数调用的一般格式为：

　　函数名(实际参数表);

实际参数可以是常量、变量和表达式。案例 7.1 中 factorial() 使用 m、n 和 m-n 作为实参。注意：函数调用语句的后面要加一个分号。

在 C 语言中，函数调用有以下几种方式：

(1) 函数语句：函数调用的一般形式加上分号即构成函数语句。

(2) 函数表达式：函数作为表达式中的一项出现在表达式中，以函数返回值参与表达式的运算。这种方式要求函数是有返回值的。

(3) 函数参数：函数作为另一个函数调用的实际参数出现。以该函数的返回值作为实参进行传送，因此要求该函数必须是有返回值的。

一般主函数可调用其他任何函数，其他函数不可调用主函数，其他函数之间可互相调用。

3. 函数参数的传递

函数定义时的参数被称为形式参数

```
long factorial(int k)
```

函数调用时的参数被称为实际参数

```
com=factorial(m)/(factorial(n)*factorial(m-n));
```

1) 单向值传递

函数调用时主调函数把实参的值传送给被调函数的形参(单向值传递)。形参和实参一一对应：数量一致，类型一致，顺序一致，否则会发生类型不匹配的错误。函数的形参必须是变量，用于接收实参传递过来的值；而实参则可以是常量、变量或表达式。

函数的形参和实参具有以下特点：

(1) 形参变量只有在被调用时才分配内存单元，在调用结束时，即刻释放所分配的内存单元。因此，形参只有在函数内部有效。函数调用结束返回主调函数后则不能再使用该形参变量。

(2) 函数调用中发生的数据传送是单向的。即只能把实参的值传送给形参，而不能把形参的值反向地传送给实参。因此在函数调用过程中，形参的值发生改变，而实参中的值不会变化。

2) 地址传递

如果参数很多(特别是实参是一个很大的数组)，将实参一一按值传给形参是不方便的。另外，有时需要从参数返回值(因为函数最多只能返回一个值)。因此，把实参变量的地址传给函数(地址传递)是程序设计经常用到的方法。

4. 函数的返回值

函数返回值是指函数被调用之后，执行函数体中的程序段所取得的并返回给主调函数的值。

函数返回一般形式为：

```
return 表达式;
```

该语句的功能是计算表达式的值，并返回给主调函数。在函数中允许有多个 return 语句，但每次调用只能有一个 return 语句被执行，因此只能返回一个函数值。

说明：

(1) 函数值的类型和函数定义中函数的类型应保持一致。如果两者不一致，则以函数类型为准，自动进行类型转换。

(2) 如函数值为整型，在函数定义时可以省去类型说明。

(3) 不返回函数值的函数，可以明确定义为"空类型"，类型说明符为"void"。

5. 被调用函数的声明和函数原型

一个函数调用了程序中定义的其他函数，一般应在主调函数定义之前，对被调函数作原型声明。

原型声明的一般形式：

    函数返回值类型 函数名（类型说明，类型说明，…）；

或 函数返回值类型 函数名（类型说明 形参名，类型说明 形参名，…）；

说明：

(1) 当被调函数定义在主调函数之前，可不对被调函数作声明。

(2) 对系统提供的库函数，一般在程序文件头用"#include"包含进去，如要调用 printf()，在程序前用#include <stdio.h>。

一般，在调用函数内部声明，这种方式只解决指定函数调用问题；在所有函数的前面声明，这种方式可解决所有函数的调用问题。

7.2 显示一条横线

7.1 节给出了一个带返回值函数的例子，本节将介绍如何定义和调用 void 函数。

7.2.1 不返回结果的函数应用

【案例 7.2】 不返回结果的函数调用。

问题描述：要求定义一个不返回结果的函数 printline(int n)，并调用其在屏幕上显示一条横线。

问题分析：要求在屏幕上显示一条横线，可以考虑先画一个点(用-代表)，然后循环 n 次，画出一条长度为 n 的横线，定义函数 printline(int n)实现该功能。

程序描述：

```
/*显示一条横线*/
#include <stdio.h>
int main (void)
{
    void printline(int n);              /*函数声明*/
    printline (50);                     /*调用函数，显示一条横线*/
    return 0;
}
void printline(int n)                   /*函数定义*/
{
    int i;
```

```
        for (i = 1; i <= n; i++)              /*n 代表需要显示横线的长度*/
            printf("-");
        printf("\n");
    }
```

程序运行结果如下：

```
"C:\caption7\Debug\caption7.exe"
--------------------
Press any key to continue
```

函数 printline(int n) 功能是在屏幕上显示一条横线，不做任何运算，也没有运算结果，所以不需要函数的返回值，形参 n 决定了需要显示横线的长度。

7.2.2 不返回结果的函数定义

有些函数只是完成某些要求的操作，而不返回值。这种不返回结果的函数定义：

```
void 函数名(形式参数)              //函数的首部
{
    完成函数功能的语句体           //函数体
}
```

函数返回类型为 void，表示不返回结果，函数体可以省略 return 语句。这类函数通常用于屏幕输出等，且函数调用通常以独立的调用语句方式，如 printline (10);

不返回结果的函数适用于把确定的、相对独立的程序功能包装成函数。主函数通过调用不同的函数，体现算法步骤，而各步骤的实现由相应函数完成，从而简化主函数结构，以体现结构化程序设计思想。

注意：void 不能省略，否则函数返回类型被默认定义为 int。

7.3 变量的作用域和生存期

在讨论函数的形参时提到，形参变量仅在被调用时才分配内存单元，调用结束立即释放。表明形参变量仅在函数内有效，离开此函数就不能再使用了。这种变量的有效范围称变量的作用域。C 语言中所有的变量都有自己的作用域。变量声明的位置不同，其作用域也不同。C 语言中的变量按作用域不同分为两种：局部变量和全局变量，也称内部变量和外部变量。局部变量和全局变量的比较如表 7.1 所示。

表 7.1 局部变量和全局变量的比较

比较	局部变量(内部变量)	全局变量(外部变量)
定义位置	函数体内	函数体外
作用域	从定义处到本函数结束	从定义处到本文件结束
举例	所有在函数体内定义形式参数	所有函数体外定义的变量

7.3.1 局部变量和全局变量

1. 局部变量

局部变量是定义在函数内部的变量。局部变量作用域局限于所在函数的内部，离开该函数后再使用这种变量非法。形式参数是局部变量。C 语言允许定义作用于复合语句的局部变量，其作用域局限于复合语句内。

【案例 7.3】 演示局部变量作用域。

问题描述：略。

问题分析：注意复合块中的局部变量 b 的用法。

程序描述：

```
#include <stdio.h>
int main(void)
{
    int b=2;
    {
        int b=4;                //复合块中的局部变量b
        printf("复合块中的局部变量b1=%d\n",b);
    }
    {
        int b=8;                //复合块中的局部变量b
        printf("复合块中的局部变量b2=%d\n",b);
    }
    printf("局部变量b=%d\n",b);
    return 0;
}
```

程序运行结果如下：

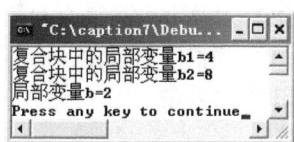

使用局部变量可以避免各个函数之间的变量相互干扰，在不同的模块中，如果使用同名变量，会被认为是不同的变量，分属不同的函数和使用范围。但同一作用域内不可定义同名变量。局部变量必须先定义，再使用，一般定义在函数或复合语句的开头。

2. 全局变量

全局变量是定义在函数之外不属于任何函数的变量。它的作用范围是从定义开始到程序所在文件的结束，对作用范围内的所有函数都起作用。当局部变量和全局变量同名时，局部变量会屏蔽全局变量。

全局变量解决了函数间的变量共用问题。一般把全局变量定义在程序的最前面。

【案例 7.4】 比较局部变量和全局变量的作用域。

问题描述：分析下列程序中局部变量和全局变量的值。

问题分析：略。

程序描述：

```
#include <stdio.h>
int x;                          //全局变量x
int f(int y)
```

```
    {
        int  x=2;            //局部变量x,此时全局变量x不起作用,被屏蔽
        return (x+y);
    }

    int  main(void)
    {
        int  a=2,b=4;        //局部变量a,b
        x=a;                 //全局变量x=2
        a=f(b);              //局部变量a=6
        {
            int  b=5;        //声明复合块中的局部变量b
            b*=a;            //复合块中的局部变量b=30
            x+=b;            //全局变量x=32
        }
        printf("局部变量a=%d,全局变量x=%d\n",a,x);
        return 0;
    }
```

程序运行结果如下:

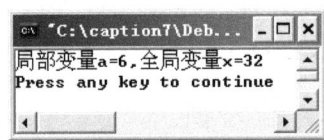

全局变量的使用,增加了与外界传递数据的渠道,给程序设计带来一些便利,但也会产生副作用,随着程序规模增大,所用全局变量增多,将导致各函数之间相互干扰,函数通用性降低,难以控制。全局变量过多,会降低程序的清晰性,难以判断每个瞬时各变量的值。因此,建议在程序设计时尽可能使用局部变量。

7.3.2 变量的生存周期和存储属性

C 语言根据系统为变量分配存储单元的方式,将变量分为自动类型(auto)、静态类型(static)、寄存器类型(register)和外部类型(extern)四种存储类型。C 语言默认自动型,可省略不写。四种类型的判别、作用域、生存期如表 7.2 所示。

表 7.2 变量的存储类型

存储类型	auto	static	extern	register
出现范围	函数内部	函数内部	任何可出现说明的位置	函数内部
判别方法	(1)在变量声明前出现auto (2)在函数内部没有存储类型声明的变量	在变量声明前出现static	(1)在变量声明前出现extern (2)在函数外部没有存储类型声明的变量	在变量声明前出现register
作用域	声明该变量的函数体内	声明该变量的函数体内	从声明开始直至程序	声明该变量的函数体内
生存期	声明该变量的函数被调用时	整个程序执行期	整个程序执行期	声明该变量的函数被调用时
注意	不同的函数体内允许使用同名的变量不会混淆	只赋初值一次	可在一个源程序中的若干源文件中使用	个数有限,常用于存放循环变量,提高程序执行速度

当从 main() 开始运行程序，系统就为 main() 中的局部变量分配存储单元，直到程序结束。当一个函数被调用时，其定义的形参和局部变量才被分配相应的存储单元，一旦函数调用结束，函数中的定义形参和局部变量将不存在，相应的存储单元由系统收回。根据这种特性，局部变量也称为自动变量。

变量的生存周期是指变量从定义开始分配存储单元到运行结束存储单元被收回过程，主要从时间角度来考虑。而变量的作用域是指变量的有效范围，主要从空间角度划分，它分为局部变量和全局变量。两者有异同，要区分清楚。

【**案例 7.5**】 使用动态局部变量和静态局部变量。

问题描述：略。

问题分析：使用静态局部变量，说明变量的存储类型和作用域。

程序描述：

```
#include <stdio.h>
int ab(int  a,int b);              //函数声明
int  main(void)
{
    register int  i;               //循环变量用 registe 类型
    printf("    x     y    x+y\n");
    for(i=0;i<5;i++)
        printf(" %4d\n",ab(i+1,i+10));
    return 0;
}
int ab(int  a,int b)
{
    static int   x=1;              //静态局部变量 x
    auto  int   y=1;               //自动局部变量 y
    x=x+a;
    y=y+b;
    printf(" %4d %4d",x,y);
    return(x+y);
}
```

程序运行结果如下：

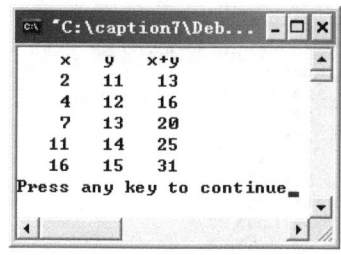

对局部静态变量 x 和局部自动变量 y 以及 x+y 在程序中的变化情况如表 7.3 所示。

从表中看出，局部静态变量 x 的值只赋值一次 x=1，之后保存它改变后的值 2、4、7、11、16，而局部自动变量 y 的初值均为 1，调用结束时的值 11、12、13、14、15 不保存，局部自动变量 y 是该变量的函数被调用时；寄存器变量 i 的用法和局部自动变量 y 相同。

表 7.3　局部静态变量和局部自动变量在程序中的变化

调用次数	调用时初值				调用结束时的值		
	x	y	a	b	x	y	x+y
第 1 次	1	1	1	10	2	11	13
第 2 次	2	1	2	11	4	12	16
第 3 次	4	1	3	12	7	13	20
第 4 次	7	1	4	13	11	14	25
第 5 次	11	1	5	14	16	15	31

【案例 7.6】　静态变量的使用。

问题描述：要求使用静态变量依次计算 1!～n!的值。

问题分析：使用静态变量计算 n!,在函数中靠静态变量保存上一次函数调用时得到的值 (n-1)！再乘上 n，实现 n!的计算。

程序描述：

```c
#include <stdio.h>
long factorial_s(int n);
int main (void)
{
    int i,n;
    printf("Input n=");
    scanf("%d",&n);
    for(i=1;i<=n;i++)
        printf("%3d!=%ld\n",i,factorial_s(i));   //输出 n!
    return 0;
}
long factorial_s(int n)
{
    static long int fac=1;                       //声明静态变量，初始值为 1
    fac=fac*n;                                   //上一次调用时的值再乘 n
    return fac;
}
```

程序运行结果如下：

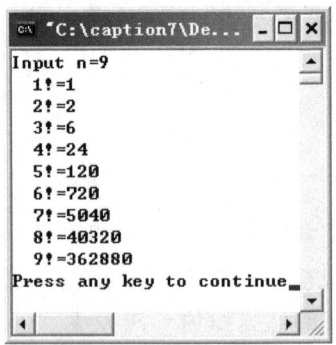

静态局部变量的生命周期起始于函数的第一次调用，但静态局部变量受变量作用范围的限制，不能作用于其他函数，包括主函数。

7.4 函数应用程序设计

【案例 7.7】 函数综合应用编程。

问题描述：设计常用圆形体体积的计算器，采用命令方式输入 1、2、3，分别选择计算球体、圆柱体、圆锥体的体积，并输入函数所需的相应参数。

问题分析：该计算器支持多次反复计算，只要输入 1、2、3，即选择计算球体、圆柱体、圆锥体的体积，输入其他数字，则退出程序运行。分别定义函数实现该功能。圆形体体积计算流程图如图 7.3 所示。

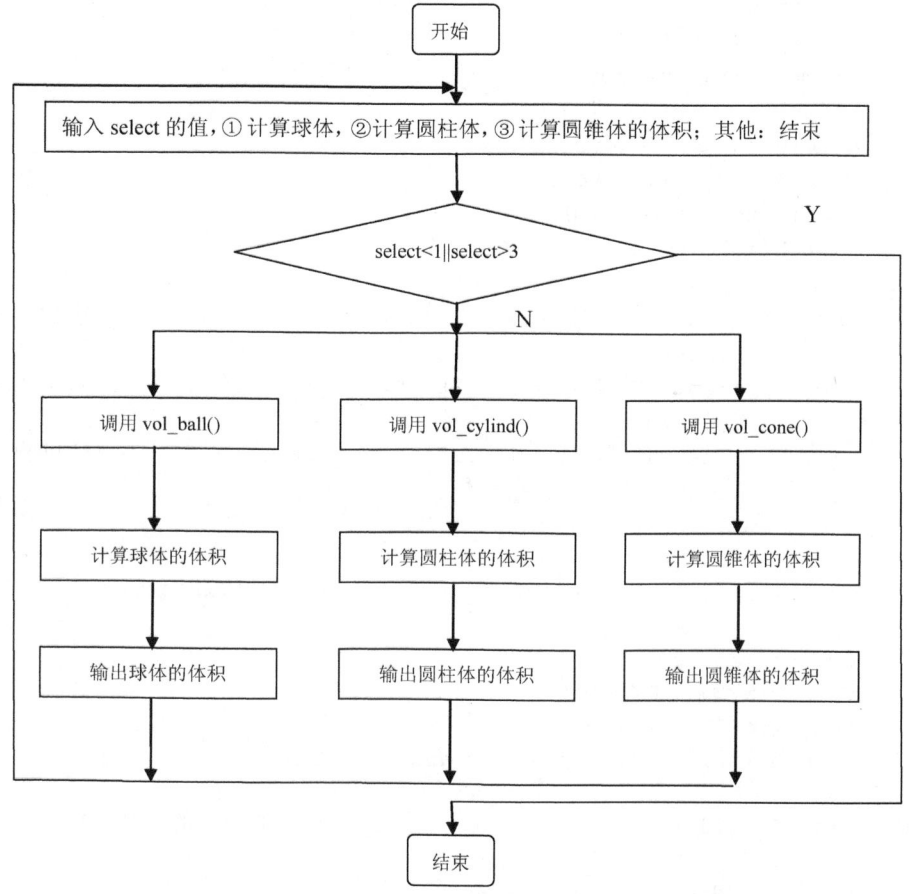

图 7.3　圆形体体积计算流程图

程序描述：

```
#include <stdio.h>
#include <math.h>
#define PI 3.141592654
void compute(int select);
int main(void)
{
    int select;
```

```c
        while(1)   /*通过break语句结束循环*/
        {
            printf("1-计算球体体积\n");
            printf("2-计算圆柱体积\n");
            printf("3-计算圆锥体积\n");
            printf("其他-退出程序运行\n");
            printf("请输入计算命令:");
            scanf("%d",&select);
            if(select<1||select>3)  break;        /*输入非1、2、3的数字，循环结束*/
            else   compute(select);               /*输入1或2或3调用compute()函数*/
        }
    return 0;
}
void compute(int select)
{
    double vol_ball(void);
    double vol_cylind(void);
    double vol_cone(void);
    switch(select)
    {
    case 1: printf("球体积为:%.2f\n",vol_ball());         /*输出球体的体积*/
            break;
    case 2: printf("圆柱体积为:%.2f\n",vol_cylind());     /*输出圆柱体的体积*/
            break;
    case 3: printf("圆锥体积为:%.2f\n",vol_cone());       /*输出圆锥体的体积*/
            break;
    }
}
double vol_ball()                          /*计算球体的体积*/
{
    double radius;
    printf("请输入球的半径:");
    scanf("%lf",&radius);
    return (4.0/3.0*PI*radius*radius*radius);
}
double vol_cylind()                        /*计算圆柱体的体积*/
{
    double radius,height;
    printf("请输入圆柱的底圆半径和高:");
    scanf("%lf,%lf",&radius,&height);
    return (PI*radius*radius*height);
}
double vol_cone()                          /*计算圆锥体的体积*/
{
    double radius,height;
    printf("请输入圆锥的底圆半径和高:");
    scanf("%lf,%lf",&radius,&height);
    return (PI*radius*radius*height/3.0);
}
```

程序运行结果如下：

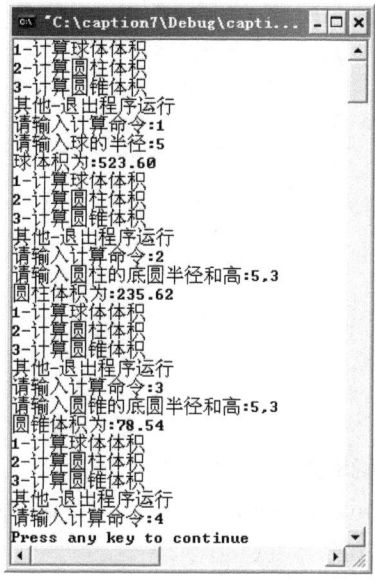

本 章 小 结

(1) C 语言是一个结构化的程序设计语言。C 语言程序可由一个或多个函数组成，每个函数完成一个特定的功能，但必须有且只能有一个主函数 main()。整个程序的运行总是从主函数开始，并结束于主函数。

(2) C 语言程序中的多个函数是平等的，通过函数之间的相互调用来实现函数之间数据的传递或联系。调用函数必须在函数开头对被调用函数进行声明(或者在所有函数前面声明)。

(3) 变量的作用域是指变量的有效范围，主要从空间角度划分，有局部变量和全局变量之分。

(4) 变量的生存周期是指变量从定义开始分配存储单元到运行结束存储单元被收回过程，主要从时间角度来考虑。C 语言将变量分为 auto、static、register 和 extern 四种存储类型。静态局部变量的生命周期起始于函数的第一次调用，但静态局部变量受变量作用范围的限制，不能作用于其他函数。

习 题 7

一、选择题

1. 下列函数能正确定义的是(   )。

　　A. int max()
　　　　{
　　　　int x,y,z;
　　　　z=x>y?x:y
　　　　}

　　B. int max(int x,int y)
　　　　{
　　　　int   z;
　　　　z=x>y?x:y
　　　　return (z);
　　　　}

C. int max(x,y)
   {
       int x,y,z;
       return (z);
   }

D. int max()
   {
   }

2. 以下函数值的类型是（　　）。
```
fun(float x)
{   float y;
    y=3*x-4;
    return y;
}
```

A. int　　　　　B. 不确定　　　　　C. void　　　　　D. float

3. 下列函数调用中，不正确的是（　　）。

A. max(a,b);　　B. max(3,a+b);　　C. max(3,6);　　D. int max(a,b);

4. 执行下列程序后，变量 a 的值为（　　）。
```
fuc1(float x)
{
    return x+1.5;
}
int main(void)
{
    float a;
    a=fuc1(2.4);
    return 0;
}
```

A. 4　　　　　B. 3.7　　　　　C. 3.0　　　　　D. 不确定

5. 以下程序的正确运行结果是（　　）。
```
#include <stdio.h>
func(int a,int b);
int main(void)
{
    int k=4,m=1,p;
    p=func(k,m);
    printf("%d ",p);
    p=func(k,m);
    printf("%d\n",p);
    return 0;
}

func(int a,int b)
{
    static int m=0,i=2;
    i+=m+1;
```

```
        m=i+a+b;
        return (m);
    }
```

    A．8,16   B．8,17   C．8,20   D．8,8

6．全局变量的有效范围是（　　）。

    A．该程序的所有文件   B．从本源文件的开始到结束

    C．该程序的主函数   D．从变量定义的位置开始到本源文件结束

7．有如下函数调用语句：

```
    fun(rec1,rec2+rec3,(rec4,rec5));
```

该函数调用语句中，含有的实参个数是（　　）。

    A．3   B．4   C．5   D．有语法错

8．有以下函数定义：

```
    void fun(int n,double x){…}
```

若以下选项中的变量都已经正确定义且赋值，则对函数 fun 的正确调用语句是（　　）。

    A．fun(int y,double m);   B．k=fun(10,12.5);

    C．fun(x,n);   D．void fun(n,x);

9．在 C 语句中，形参的默认存储类型是（　　）。

    A．auto   B．register   C．static   D．extern

10．如果一个函数位于 C 程序文件的上部，在该函数体内说明语句后的复合语句中定义了一个变量，则该变量（　　）。

    A．为全局变量，在本程序文件范围内有效

    B．为局部变量，只在该函数内有效

    C．为局部变量，只在该复合语句中有效

    D．定义无效，为非法变量

二、填空题

1．在以下程序第一行的填空处填写适当内容，使程序能正确运行。

```
    _____(double,double);
int main(void)
{
    double x,y;
    scanf("%lf%lf",&x,&y);
    printf("%lf\n",max(x,y));
    return 0;
}
double max(double a,double b)
{return(a>b?a:b);}
```

2．以下程序的输出结果是_____。

```
    fuc(int x,int y,int cp,int dp)
    {   cp=x*x+y*y;
```

```
        dp=x*x-y*y;
    }
    int main(void)
    {
        int a=4,b=3,c=5,d=6;
        fuc(a,b,c,d);
        printf("%d  %d \n",c,d);
        return 0;
    }
```

3. 下面程序段运行后的输出结果是_____。
   (假设程序运行时输入 8，3 按回车)

```
    int a, b;
    void swap()
    {
        int temp;
        temp=a; a=b; b=temp;
    }
    int main(void)
    {
        scanf("%d,%d", &a, &b);
        swap();
        printf ("a=%d,b=%d\n",a,b);
        return 0;
    }
```

4. 以下程序的输出结果是_____。

```
    int d=1;
    func(int p)
    {
        int d=5;
        d+=p++;
        printf("%d",d);
    }
    int main(void)
    {
        int a=3;
        func(a);
        d+=a++;
        printf("%d\n",d);
    }
```

5. 以下程序的输出结果是_____。

```
    int func()
    {
        static int i=0;
```

```
        int s=1;
        s+=i;
        i++;
        return s;
    }
    int main(void)
    {
        int i,a=0;
        for(i=0;i<5;i++)
            a+=func();
        printf("%d\n",a);
        return 0;
    }
```

6. 以下程序的输出结果是_____。

```
    #include <stdio.h>
    int func(int x)
    {
        static int z=3,y=0;
        y++;
        z++;
        return(x+y+z);
    }

    int main(void)
    {
        int a=1,k;
        for(k=0;k<3;k++)
            printf("%d4",func(a));
        return 0;
    }
```

三、编程题

1. 可以根据以下近似公式求 π 值：

$$\frac{\pi \times \pi}{6} = 1 + \frac{1}{2 \times 2} + \frac{1}{2 \times 3} + \cdots + \frac{1}{n \times n}$$

编写一个函数，完成求 π 的功能。

2. 编写函数，实现 1+2+3+⋯+10 功能。要求使用静态变量。

3. 编写函数，计算并显示形式如下指定行数的杨辉三角形。

```
1
1   1
1   2   1
1   3   3   1
1   4   6   4   1
1   5  10  10   5   1
```

4．编写函数，求任意两个整数 a 和 b 的最大公约数，并予以显示。

5．编写函数，设计实现判别一个数是否为素数的函数。

6．编写函数，设计输出 m～n 所有的斐波那契数。

7．编写函数，实现一个整数的逆序。例如，34567 的逆序是 76543。

8．编写一个函数，实现 s=a+aa+aaa+…+a…aa（n 个 a）之值，其中 a 是一个数字，n 表示 a 的位数，例如 2+22+222+2222（此时 a=2，n=4）。主函数输入 a 和 n，调用函数并输出所求的累加和。

第 8 章 指 针 初 步

本章导读

本章将要学习一种新的变量类型：指针。在 C 语言程序设计中，利用指针完成程序的设计能够大大提高程序运行的效率。本章将认识什么是指针变量，并且学习如何使用指针完成程序设计，通过不同特点的案例分析深入理解指针的含义，同时分析指针和内存之间的关系。

8.1 指针基本概念

指针是 C 语言程序设计中很重要的基本概念，什么是指针？我们先通过案例来引出指针的基本概念。

8.1.1 交换两个变量的值

交换两个变量的值是程序设计中一个最基础的操作，那么两个变量值的交换与指针之间具有什么样的关系呢？下面来描述这样一个过程。

【案例 8.1】 交换两个变量的值。

问题描述：给定两个变量的值，通过调用函数对两个变量的值进行交换，并输出调用前后的变量值。

问题分析：假设现有定义好的变量 A=1，B=3，如果需要交换两个变量的值，最直接的方法是引入变量 temp 作为中间变量，逻辑顺序描述为 temp=A，A=B，B=temp，则 A、B 两变量的值交换成功。

程序描述：

```c
void swap(int a,int b)
{
    int temp;
    temp=a;
    a=b;
    b=temp;
}
int main(void)
{
    int A=1,B=3;
    printf("S1: A=%d,B=%d\n",A,B);
    swap(A,B);
    printf("S2: A=%d,B=%d\n",A,B);
    return 0;
}
```

程序运行结果如下：

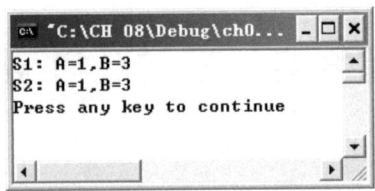

程序分析：案例 8.1 中在主程序中定义了 A、B 两个变量，并希望通过 swap 函数交换两个变量的值，并且通过 S1 和 S2 两个周期来观察这个过程，预期 S1 期应该输出 A=1，B=3，而 S2 期应该看到 A=3，B=1。但是实际运行结果却不是所希望的。

那么问题出在什么地方？如果要使案例 8.1 得到预期的结果，应该如何修改代码？这个问题和这章的主题"指针"又有什么联系？下面先看一种正确的写法，然后逐步分析指针的含义。

这里给出案例 8.1 的改进版案例 8.2。

【案例 8.2】 利用指针交换两个变量的值。

问题描述：同案例 8.1。

问题分析：略。

程序描述：

```
void swap(int *a,int *b)
{
    int temp;
    temp=*a;
    *a=*b;
    *b=temp;
}
int main(void)
{
    int A=1,B=3;
    printf("S3: A=%d,B=%d\n",A,B);
    swap(&A,&B);
    printf("S4: A=%d,B=%d\n",A,B);
    return 0;
}
```

程序运行结果如下：

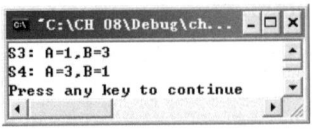

程序分析：程序的运行获得了我们预期的结果。案例 8.2 中与案例 8.1 不同的部分加粗显示，我们发现程序里面出现了新的写法&A 和*a。其中，操作符&称为取地址操作符，在之前的课程的代码中我们经常用到，到本章开始我们正式解释它的含义和用途。操作符*称为指针操作符，注意它和乘号一样，但不是一个概念。

下面用图 8.1 来解释案例 8.1 和案例 8.2 之间的区别。

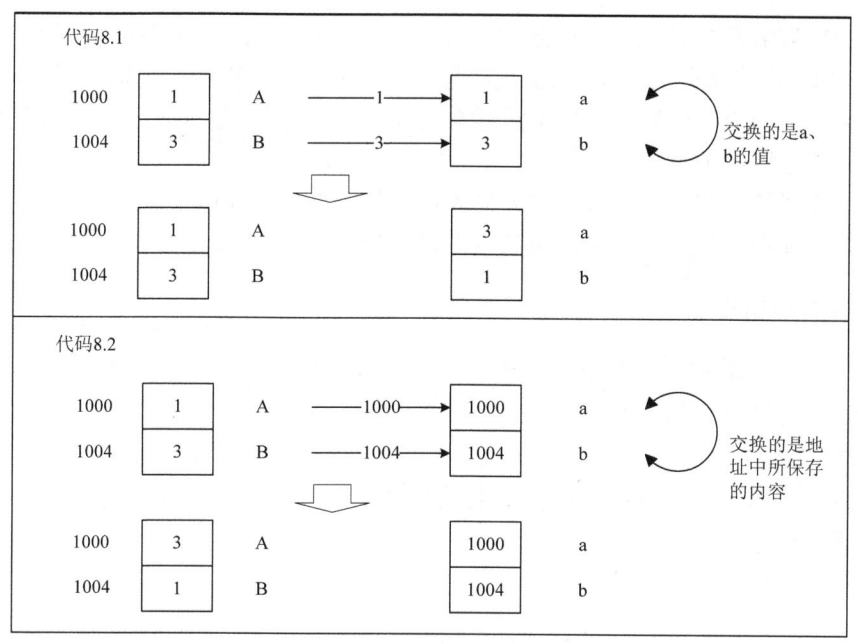

图 8.1 两种交换方式变化比较

从图中可以看到，案例 8.1 中的 swap 函数虽然在逻辑上提供了交换的功能，但是实际上交换的是函数内部的变量 a 和 b 的值，对主函数中的 A、B 并没有产生影响；而案例 8.2 中，实际上交换的是变量 A 和 B 实际地址中的内容，swap 中的指针变量 a 和 b 只是完成了一个地址寻址的功能，交换后的数据还是保存在 A 和 B 的地址中，所以交换成功了。

8.1.2 地址和指针的概念

经过对一个变量交换程序的分析，初步了解了地址和指针的概念。这一节对于这些概念给出明确的定义和解释。

地址： 所有数据实际是保存在内存中的，对内存中保存数据的基本单元进行顺序编码，这个编码就称为内存地址，简称地址。每一个内存单元在计算机内部都有一个唯一的地址，通过对地址的管理可以实现对存储数据的管理。在 C 语言中使用取地址操作符&表示对一个具体的变量进行取地址操作。

指针： 是一类特殊的变量，指针变量保存的不是实际的数据内容而是存储这个内容的单元地址。C 语言中使用指针运算操作符*来完成对一个地址取内容操作。

可以这样理解，操作符&和*是一对效果刚好相反的操作符。下面用实例解释地址和指针的概念。

假设定义了一个普通整型变量 t，并且知道 t 变量的地址编码是 1000，t 中保存的数据内容是整数 32，那么三者之间的关系可以描述为：t 等于 32，&t 等于 1000，（* &t）等于 32。

8.1.3 指针变量定义

在之前的内容中对于定义一个普通变量已经非常熟悉，如 int t、float f、char c 等。如果要定义一个相同的指针变量只需要在定义中加上指针变量操作符就可以定义，如 int *tt、float *ff、char *cc 等。

重要的是要理解两种定义之间的区别，以 int t 为例，为了方便描述，我们定义对应的指针变量为 int *tt。请大家仔细理解下面的描述：定义完成后，两者的区别在于，t 表示定义了一个具有整型特性的内存区域，并将该区域命名为 t；而 tt 表示定义了一个具有整型特征的内存区域，并将该区域的地址赋值给 tt。

那么进一步讨论，将取地址操作符&加入后怎样理解 t 和 tt 的关系呢。进一步假设 t 和 tt 指向的是同一个内存区域，则 t 和 tt 的关系可以这样表示：&t 等于 tt，*tt 等于 t。

8.1.4 指针变量的引用

引用一个指针变量时，遵循定义一个指针变量相同的原则。

【案例 8.3】 指针变量的引用。

问题描述：略。

问题分析：注意观察变量和指针变量的输出结果。

程序描述：

```
int main(void)
{
    int A=1,B=3;
    int *a,*b;
    int D;

    a=&A;
    b=&B;
    D=*a+*b;

    printf("S1: A=%d,B=%d\n",A,B);
    printf("S2: *a=%d,*b=%d\n",*a,*b);
    printf("S3: a=%d,b=%d\n",a,b);
    printf("S4: &A=%d,&B=%d\n",&A,&B);
    printf("S5: D=%d\n",D);
    return 0;
}
```

程序运行结果如下：

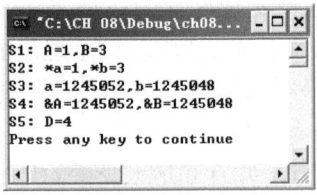

程序分析：我们来看看这段程序所提供的关于指针变量的引用操作，引用操作也可以理解为访问操作或者调用操作，程序代码中使用 a=&A 将普通变量 A 的地址值赋给了指针变量 a，在结果中看到：

S1 是对于普通变量的输出。

S2 是指针变量的输出，由于通过语句 a=&A 和 b=&B 将指针变量和普通变量联系起来，所以在 S2 中看到 a、b 的输出值和 A、B 相同。

S3 中输出的是 a、b 两个指针变量的所保存的地址的值,即数值 1 和 3 所保存的实际地址的编码。

S4 中我们是用&A 和&B 作为访问变量,获得了和 S3 相同的结果,说明其实 a、b 中保存的就是 A、B 的实际地址。

S5 结果中的 D 是使用*a、*b 进行加法计算的结果,进一步展示了如何获得指针变量所保存的内容的方法。

8.1.5 指针作为函数的参数

8.1.4 节中讨论了怎样定义指针变量,如何访问指针变量的内容,这一节讨论一个比较复杂的主题:如果将指针作为参数传递给变量时,应该如何书写代码?书写的原则是什么?先看一个例子。

现有指针变量 a、b 定义赋值如下:

```
int A=1,B=3;
int *a, *b;
a=&A;
b=&B;
```

如果有一个 swap 函数可以交换 a、b 的值,那么应该怎样传递函数参数呢?应该使用 swap(a,b) 调用方式,实际上是将指针变量中保存的内存地址传给了 swap 函数,这种形式等同于 swap(&A,&B),这种访问调用方式在案例 8.2 中已经讨论过,有兴趣的读者可以改写案例 8.2,就可看出 swap(a,b) 等同于 swap(&A,&B)。在函数参数传递中这种传递形式被称为传址调用。

下一个问题是,如果调用方式变为 swap(*a,*b) 会得到什么结果,*a 在意义上等同于 A,这个调用形式也可以写为 swap(A,B),这种调用方式其实和案例 8.1 是一样的在函数参数传递中这种形式被称为传值调用。

无论是传址和传值,计算机都认为是正确的,但是逻辑上的正确性通过编译器是无法找出其中的问题的。就如同案例 8.1 和案例 8.2,计算机认为两段代码都是正确的,但是从逻辑上知道,案例 8.1 无法完成我们交换变量值的任务。

传址和传值在函数的参数传递上都是正确的方法,在学习 C 语言初期可以直接使用传值的方法,因为这种方法直观,利于学习;但是想要获得高效、快速、安全的 C 程序,那么传址的方式几乎是必须采用的函数参数传递模式。

8.2 指针与数组

在第 6 章中学习了数组的概念,这一节结合指针变量和数组来说明指针和数组之间的内在联系。如,现要将数组中存入的杂乱无章数据进行排序,可通过案例 6.4 的冒泡排序法把这些数据按照一定顺序(大到小或者小到大)排列起来。

由于冒泡排序是排序中最简单的程序之一,案例 8.4 将通过函数调用和指针变量的使用重新对冒泡排序进行程序描述。

8.2.1 冒泡排序法

【案例 8.4】 用指针变量的引用进行冒泡排序。

问题描述：略。

问题分析：参见案例 6.4 将使用案例 8.2 中的 swap 函数进行冒泡排序，然后编写一个独立的 bubblesort 函数来完成对数组的排序过程，最后在主函数中输出排序前后对比的内容。

程序描述：

```c
swap(int *a,int *b)
{
    int temp;
    temp=*a;
    *a=*b;
    *b=temp;
}

bubblesort(int r[],int n)
{
//冒泡法排序
    int i,j,k;
    for(i=0;i<n-1;i++)
    {
        printf("第%d次排序:",i+1);
        for(j=0;j<n-i-1;j++)
            if(r[j]>r[j+1])
                swap(&r[j],&r[j+1]);

        for(k=0;k<n;k++)
            printf("%d,",r[k]);
        printf("\n");
    }
}

int main(void)
{
    int n=8;
    int A[]={4,1,6,3,1,7,9,2};
    int i;

    printf("S1:");
    for(i=0;i<n;i++)
        printf("%d,",A[i]);
    printf("\n\n");

    bubblesort(A,n);

    printf("\nS2:");
    for(i=0;i<n;i++)
        printf("%d,",A[i]);
```

```
        printf("\n");
        return 0;
}
```

程序运行结果如下：

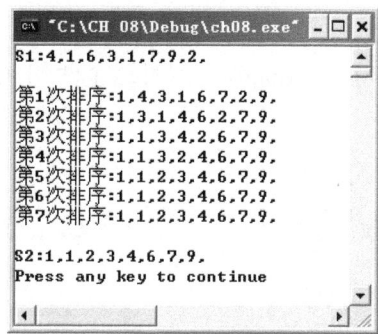

程序分析：在案例 8.4 中，除了前面已经熟悉的主函数 main 和变量交换函数 swap 外多了一个函数 bubblesort，这个函数的作用就是对数组进行排序。主程序中的数组 A 是一个大小为 8，且未排序的整型数组，bubblesort 要求传入数组 A[]和数组大小 8。

排序函数的定义形式为：bubblesort(int r[],int n)，调用形式为 bubblesort(A,n)。冒泡排序法对数组的排序过程描述如下：

(1) 从第一个元素开始顺序访问每一个元素。
(2) 每一次访问中将当前正在访问的元素与位置处于它之后的所有元素进行比较。
(3) 如果发现比它小的元素，就将小的元素值和它进行交换。这个过程一般也叫做轻泡上浮冒泡法，即把整个数组中最小的元素放到第一的位置，把次小的元素放到第二，以此类推直到完成整个数组全部元素的排列。

我们观察程序执行结果，看到 S1 是数组 A 的未排序状态，S2 是最终排序后的状态。中间的数字是每一趟排序结束后，数组所处的临时状态。

8.2.2 指针、数组和地址的关系

指针、数组和地址之间有什么样关系呢？配合案例 8.4，给出图 8.2 进行分析。数组 A 定义为：

```
int A[]={4,1,6,3,1,7,9,2};
```

图 8.2 显示了数组 A 在内存中存储的形式，看到数组在内存中是顺序连续存储的，并且数组名称就是指向数组首地址的指针 A。

1. 指针与数组

实际上当定义了一个数组之后，数组的名称就是指向这个数组的指针，指针与数组的关系，可以理解为定义数组也就相当于定义了一个指针。

比如，定义数组 int A[]={4,1,6,3,1,7,9,2}，那么这个时候认为 A 就是指向这个数组第一个元素

图 8.2 数组存储示意图

地址的指针，也叫首地址指针。如果需要访问或者使用数组的首地址，可以直接写为 A 或者 &A[0]，如代码中的 bubblesort(A,n) 函数调用，意思相当于把数组 A 的首地址传给函数。为了分析我们可以比较下面代码：

```
int *pa;
pa=A;
```

这时函数调用可以写为 bubblesort(pa,n)。同时这个两句代码也可以写为：

```
int *pa;
pa=&A[0];
```

所到达的效果完全一样，这两部分代码比较可以看出，其实数组名称 A 实际上代表的是数组 A 的首地址。

2. 数组与地址

数组可以理解为以数组首地址为起始的一段连续的内存地址，内存区域的大小由数组的类型和大小确定。

比如，定义数组 int A[]={4,1,6,3,1,7,9,2}，那么可以理解为首地址 A 中保存了整型数据 4，其后的连续 7 个地址分别保存了剩下的 7 个元素。

3. 指针与地址

对于数组的指针，如果知道了数组的首地址和数组的长度，就可以通过指针访问任何的数组地址或者数组元素。利用数组地址的连续性，指针可以非常方便地访问数组。

例如，int A[]={4,1,6,3,1,7,9,2} 数组中，知道 A 表示首地址，那么以前学过的数组只是告诉我们，A[0] 表示取数组首地址加上 0 次偏移所存储的元素值 4，A[6] 表示取数组首地址加上 6 次偏移所存储的元素值 9 等。

同样，可以这样改变访问方式

```
int *pa;
pa=A;
```

pa 指向数组 A 的首地址，同时 *pa 表示访问数组的第一个元素值 4。利用 pa 可以顺序访问数组，如 pa+1 表示访问数组的第二个地址，*(pa+6) 和刚才分析的 A[6] 获得完全一样的结果。

4. 三者关系

指针、数组和地址三者的关系，综合的描述为：数组定义了一段定长且连续的内存地址，数组的名称就是指向这个数组首地址的指针，通过指针的正负偏移可以访问数组各个元素或者保存各个元素的具体地址。

5. 指针与多维数组的关系

按照计算机对多维数组的处理方式，可以认为多维数组是一个一维数组的多次折叠。那么在理解指针与多维数组关系时，就可以简单地理解为处理一个复杂一点的一维数组。本节假设计算机的数组组织方式是行向量优先。下面看一个例子。

现有一维数组 int c[6]={2,0,8,6,5,3} 如果需要使用二维数组存储，则可以存储为 int mc[2][3]={{2,0,8},{6,5,3}}，继续分析可以看到，假设有 int *p=c,*q=mc；表示 p 指向数组 c 的首地址。

那么使用前面学过的知识我们知道,如果需要访问数组 c 中的元素 6,可以使用*(p+3)完成;同理,如果需要访问数组 mc 中的元素 6,同样可以使用*(q+3)完成。

通过这么一个简单的说明可以认识到,多维数组在内存中也是按照一维数组的方式组织的,对于访问具体的元素来说只要确定了数组元素的相对位置,就可以通过指针的相对移动来指向具体的元素。

这里仅给出指针在一维数组和多维数组中引用的一个简单区别,具体的指针与多维数组的应用将在第 12 章指针进阶中详细分析。

8.2.3 数组名作为函数参数

如果需要将数组作为函数的参数,则需要如同案例 8.4 中的调用方式 bubblesort(A,n),其中 A 是数组的名称,相当于把数组 A 作为参数传递给了 bubblesort 函数。

通过前面的分析可以知道,当需要将数组传递给一个函数时,其实际含义是将数组的首地址传递给这个函数。需要注意的问题是,函数间传递数组,一般不会把整个数组的实际内容由一个函数传递给另一个函数,除非在函数设计时做特别的定义,所以数组在进行操作时,不论在哪个函数中进行了改变,都相当于直接修改了数组的内容,同时也会对其他使用这个数组的函数产生影响。如果理解了这个问题,在进行函数定义和调用时,就能够理解应该怎么样在函数间传递数组。

8.3 指针与字符串

在 8.2 节中,讨论了指针与普通数组的关系,在 6.3 节中学习过字符串的内容,字符串是存储内容为字符的特殊数组。这一节将学习怎么样使用指针来处理字符串,基本方法与使用指针处理数组有相似的地方,在学习过程中注意比较两者的区别。

8.3.1 字符串的分类统计

【案例 8.5】 用指针处理字符串。
问题描述:设计一个能够将一个字符串中出现各个字符的次数做分类统计的程序。
问题分析:略。
程序描述:

```
stat(char r[],int s[])
{
    //统计每个字母出现多少次
    char bc[]="abcdefghijklmnopqrstuvwxyz";
    char *pbc=bc,*pr=r;
    int *ps=s;

    while(*pr!='\0')
    {
        pbc=bc;
        ps=s;
        while(*pbc!='\0')
```

```
            {
                if(*pr==*pbc)
                    (*ps)=(*ps)+1;
                pbc++;
                ps++;
            }
            pr++;
        }
    }

    int main(void)
    {
        char c[]="internet involves a number of actors with different roles
                 and goals";
        char bc[]="abcdefghijklmnopqrstuvwxyz";
        int sts[26]={0};
        int i;
        //输出 S1 期：未统计状态
        printf("S1:");
        for(i=0;i<26;i++)
            printf("%c ",bc[i]);
        printf("\nS1:");
        for(i=0;i<26;i++)
            printf("%d ",sts[i]);
        printf("\n\nstring:\n %s\n",c);
        stat(c,sts);            //调用统计函数，将待统计字符串和整型统计数组作为参数
        //输出 S2 期：完成统计状态
        printf("\n");
        printf("S2:");
        for(i=0;i<26;i++)
            printf("%c ",bc[i]);
        printf("\nS2:");
        for(i=0;i<26;i++)
            printf("%d ",sts[i]);
        printf("\n");
        return 0;
    }
```

程序运行结果如下：

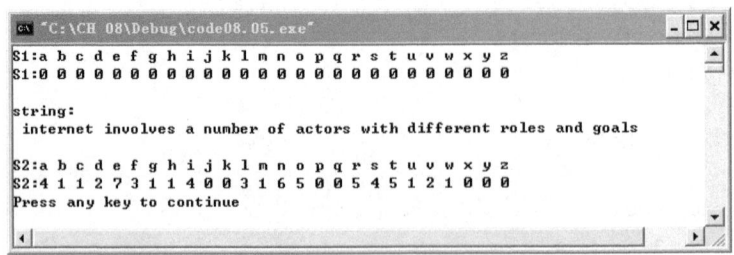

程序分析：代码中编写了一个独立的统计函数 stat(char r[],int s[])，统计的内容是将字符

数组(字符串)r[]中每一个字母出现的次数统计计算后，存放到整型数组 s[]中。统计的方法是在函数内部使用两个循环，外层循环顺序的访问 r[]中的每一个字母，然后在内层循环中将这个字母和 a-z 的字母序列比较，如果找到了是哪一个字母，则将 s[]相对的位置数字加 1。这里为了简化，假设所有字母都是小写字母，实际上只要对程序稍作改变就可以统计任意的 ASCII 码字符。

当然需要特别说明的是，实际上字符统计不一定需要案例 8.5 这样复杂的写法，这样写的目的是为了充分说明指针与字符数组之间的关系。

下面对案例 8.5 进行逐行分析

(1)由主程序 main 开始，c[]是待分析的字符串，bc[]储存待分类的字符库，可以理解为一个比较的基准，只要改变这个比较基准就可以实现对其他字符的统计，sts 是保存统计结果的整型数组，大小定义为 26，这个大小需要和 bc[]的大小一致。

(2)先输出了整个字符数组 c[]，目的是方便观察运行结果。

(3)输出整个系统中 c[]、bc[]、sts[]的初始状态，命名为 S1。

(4)调用我们设计的统计函数 stat(c,sts)，待排序串 c[]和结果存储数组 sts[]作为参数，调用结束后 sts[]中应该保存每一个字符出现的次数。

(5)输出系统运行完成的状态，命名为 S2。

以上是主程序的运行过程，下面看统计函数 stat。

(1)定义了三个指针*pbc、*pr、*ps 分别指向 bc[]、r[]、s[]，bc 的含义和主程序中一样，r[]指向来自主程序中 c[]的内容，也就是待排序串，s[]指向 sts[]的内容。

(2)while(*pr!='\0') 这个循环利用了 C 语言中字符串都以\0 结尾的特点,配合 pr++的方式，顺序逐个访问 r[]中的字符。

(3)pbc=bc 和 ps=s 是对基准数组和统计数数组做初始化，保证每一次外层循环完成后都将指针指向 bc[]和 s[]的初始位置。

(4)外循环内在构建一个内循环 while(*pbc!='\0')，并通过 if(*pr==*pbc)(*ps)=(*ps)+1 比较 r[]中的值是否等于 bc[]中的值，如果相等就将 ps 所指向数值加 1，并通过 pbc++和 ps++将指向 bc[]和 s[]的指针，将字符与基准库的下一个内容比较。

(5)当 r[]中的一个字符完成比较后，通过 pr++指向下一个待分类的字符，并再一次执行(3)和(4)两个步骤，直到所有 r[]中的内容比较完成，完成的标志是*pr 指针指向了 r[]中的'\0'字符。

8.3.2 字符串和字符指针

字符串本质上是一个类型为 char 的普通数组，唯一特殊的地方是：在 C 语言中，每一个字符串的最后会被编译器自动加入一个字符'\0'，表示一个字符串的结束。

定义一个字符串相当于获得了两个相互关联的内容：

(1)一个存储了字符串内容的连续内存区域；

(2)一个指向字符串首地址的字符指针。

在进行字符串的访问时，我们基本就是利用字符指针在整个内存区域中按照一定的规则来进行字符串内容的访问。例如，如果我们定义了一个字符串 char c[]="forward"之后，这个字符串的内存描述如图 8.3。

对比图 8.3 和图 8.2 发现，两者的区别只是存储在数组中的内容不同，图 8.2 中定义的是整型数据而图 8.3 是字符型，除了这一点区别外，两者在使用上完全相同。

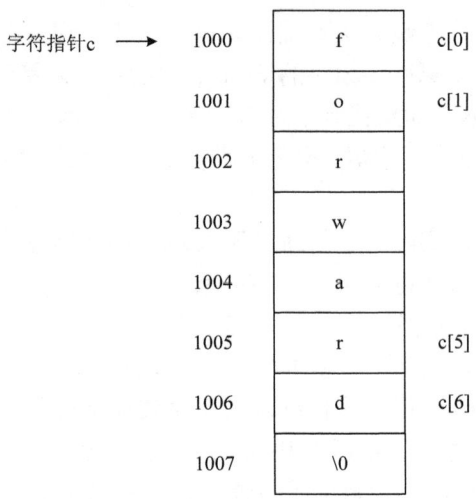

图 8.3　字符数组存储示意图

8.3.3　常用字符串处理函数

1. 串复制函数 strcpy

函数名：strcpy

功能：将源字符串的内容复制到目的字符串。

函数声明：char * strcpy(char *destination, char *source);

函数实现：

```
char * strcpy(char *destination, char *source)
{   char *p= destination;
    while(*source!='\0')
        *p++=*source++;
    *p='\0';
    return destination;
}
```

用法举例：

```
#include <stdio.h>
#include <string.h>
 int main(void)
{   char strDestin[20];
    char *strSource= "This is a string.";
    strcpy(strDestin, strSource);
    printf("%s\n", strDestin);
    return 0;
}
```

2. 串连接函数 strcat

函数名：strcat

功能：将源字符串的内容连接到目的字符串之后，并将连接后的内容存储到目的字符串中。

函数声明：char * strcat(char * destination, char *source);
函数实现：

```
char * strcat(char *destination, char *source)
{   char *p= destination;
    while(*p!='\0')
        p++;
    while(*source!='\0')
        *p++=*source++;
    return destination;
}
```

用法举例：

```
#include <string.h>
#include <stdio.h>
int main(void)
{   char strDestin [20]="This is ";
    char *strSource = "a string.";
    strcat(strDestin,strSource);
    printf("%s\n", strDestin);
    return 0;
}
```

3. strchr

函数名：strchr

功能：在一个串中查找给定字符，返回字符第一次匹配成功所在字符的指针，若查找不到则返回字符串尾部'\0'所在位置的指针。

函数声明：char * strchr(char *str, char c);
函数实现：

```
char * strchr(char *str,char c)
{   while(*str!='\0')
        if(*str++==c)
            break;
    return str;
}
```

用法举例：

```
#include <string.h>
#include <stdio.h>
int main(void)
{   char string[20];
    char *ptr, c = 'r';
    strcpy(string, "This is a string");
    ptr = strchr(string, c);
    if (ptr)
        printf("The character %c is at position: %d\n", c, ptr-string);
    else
```

```
        printf("The character was not found\n");
    return 0;
}
```

4. strcmp

函数名：strcmp

功能：比较两个字符串的大小。若两串相等，返回0；若str1>str2，返回值大于0；若str1<str2，返回值小于0。比较依据是串内逐个字符的ASCII码值的大小。

函数声明：int strcmp (char *str1, char *str2);

函数实现：

```
int strcmp(char *str1, char *str2)
{   while(*str1!='\0'&&*str2!='\0')
        if(*str1++!=*str2++)
            break;
    return *str1-*str2;
}
```

用法举例：

```
#include <string.h>
#include <stdio.h>
int main(void)
{   char *str1 = "aaa", *str2 = "abc", *str3 = "abc";
    int ptr;
    ptr = strcmp(str1, str2);
    if (ptr > 0)
        printf("string 2 > string 1\n");
    else
        printf("string 2 < string 1\n");

    ptr = strcmp(str2, str3);
    if (ptr == 0)
        printf("string 2 == string 3\n");
    else
        printf("string 2 != string 3\n");

    return 0;
}
```

5. strlen

函数名：strlen

功能：计算字符串 str 的长度，返回长度值，长度不包括串尾的'\n'在内。

函数声明：int strlen (char * str);

函数实现：

```
int strlen (char * str )
{   char *p= str;
    while(*p!='\0')
```

```
        p++;
    return p-str;
}
```

用法举例：

```
#include <string.h>
#include <stdio.h>
int main(void)
{   char *str= "This is a string.";
    int length=0;
    length=strlen(str);
    printf("Length of \"%s\" is %d\n",str,length);
    return 0;
}
```

8.4 指针与结构体

在 6.4.4 节中学习了结构体定义和使用的内容，结构体是为了表达复杂实体，将各类简单数据类型复合到一个复杂类型中的一种数据结构定义方式。

定义一个指向结构体的指针，可以理解为定义一个指针，并将这个指针指向结构体的首地址。先来构造一个结构体，然后利用前面已经学习过的指针内容分析它。

8.4.1 制造虚拟汽车

【案例 8.6】 制造虚拟汽车。

问题描述：假设要构造一辆虚拟的汽车，这辆汽车有方向盘、轮子、座位和车牌号。在程序的运行过程中，可调用函数并根据给定的参数，生产不同的汽车。

问题分析：汽车的方向盘使用浮点型数据 float steering 表示；用一个整型数 int wheel 表示轮子的个数；用 int seats 表示座位的个数；用 char n[]表示车牌照号码。

用结构体定义汽车，描述如下：

```
struct car
{
    float steering;
    int wheel;
    int seats;
    char n[20];
};
```

紧接着定义一个指向辆车的指针*pcar，定义方法和定义普通指针类似：

```
struct car *pcar;
```

那么如何通过指针使用这个结构体呢？现在尝试生产一辆 4 轮、5 座和一个拥有你喜欢的牌照的车：

```
struct car *pcar={0.0,4,5,"CN-1C234"};
```

通过定义第一辆汽车生产成功，在程序中通过结构体的定义和使用，即可大量制造指定型号的汽车了。

程序描述：

```c
struct car
{
    float steering;
    int wheel;
    int seats;
    char n[20];
};
int main(void)
{
    struct car mycar={0,4,5,"CN-1C234"};
    struct car tan[3]={
        {0,4,4,"tan-001"},
        {0,5,2,"tan-002"},
        {0,6,20,"tan-003"}
    };
    struct car *pcar=&mycar;
    int i;

    printf("my vehicle:\n %d wheels, %d seats, car number:%s\n",
        pcar->wheel, pcar->seats, pcar->n);
    for(i=0;i<3;i++)
    {
        pcar=&tan[i];
        printf("Tan's vehicle:\n %d wheels, %d seats, car number:%s\n",
            pcar->wheel, pcar->seats, pcar->n);
    }
}
```

程序运行结果如下：

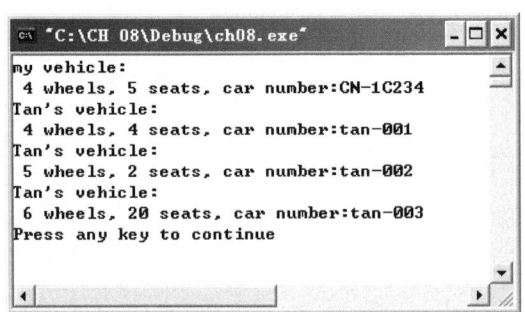

程序分析：在这段代码中，首先定义了一个汽车的结构体，然后在主程序中制造了一辆属于自己的汽车 mycar，这辆车有 4 个轮子和 5 个座位，车牌为"CN-1C234"，然后为 tan 制造了 3 辆汽车，最后将制造的汽车分别显示出来。

8.4.2 指针与结构体

在联系指针与结构体之前，先来看看结构体与数组的关系。数组是保存了相同类型数据的连续内存区域，用同样的描述方法可以这样描述结构体：结构体是保存了不同类型数据的连续内存区域。实际上结构体也是一段有一定组织结构内存区域。下面用图 8.4 来比较数组和结构体在内存中存储数据的区别。将图 8.3 中描述的数组和案例 8.6 中的 struct car mycar={0,4,5,"CN-1C234"}作为比较内容。

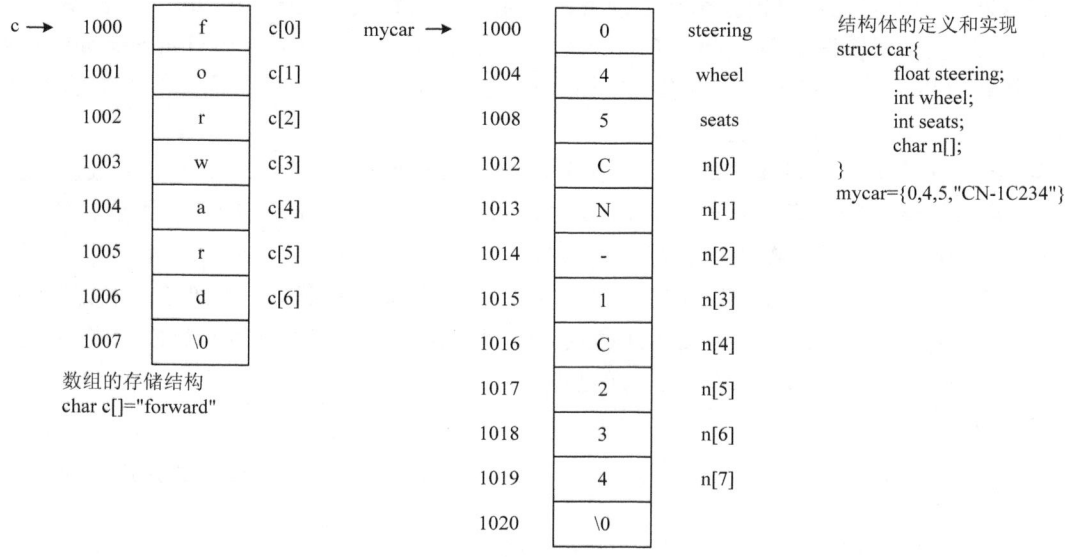

图 8.4　数组与结构体存储内存比较

现在可以进一步看到指针和结构体的关系。指向一个结构体的指针实际上是指向结构体首地址的指针，访问结构体的内容是通过首地址指针加上指向运算符(->)完成的，例如 pcar->wheel、pcar->n 等。

8.4.3　指针与结构体数组

需要建立一个结构体数组，比如案例 8.6 中为 Tan 制造的 3 辆车，这时实际上是构造了 3 个内存形式完全一致的存储内容。可以利用一个指针依次指向各个结构体，这个操作相当于依次指向这 3 个结构体的首地址，操作方法与普通结构体完全一样。

案例 8.6 中，利用 for 循环将指针*pcar 依次指向了结构体数组 tan[3]中每个结构体的首地址，并通过指向操作符->将结构体数组中的具体内容输出到屏幕。

8.5　指针与函数

这一节利用指针完成一个简单模式匹配程序。模式匹配的含义是寻找两个模式之间对应关系。

8.5.1　简单模式匹配

【案例 8.7】　简单模式匹配。

问题描述：最简单的模式匹配，就是寻找一个具体的单词在一个字符串中首次出现的位置。

首先给出关于字符串模式匹配的名称定义。如果要在一个串中寻找某一个子串首次出现的位置，那么称这个串为正文，子串为模式。

模式匹配定义为：寻找模式在正文中首次出现的位置。

例如，正文 t="the internet of things"，模式 s="inter"，那么模式匹配后的结果应该为 4，表示"inter"这个模式在正文中首次出现在第 4 个位置，即"the internet of things"，注意空格也算一个字符位置。

模式匹配的要求是可以根据需求来改变的。如果正文 t 不变，模式 s="in"，并且模式匹配的内容变为：找出模式在主串中出现了多少次，那么答案应该是 2 次，即"the internet of things"。

利用指针的方式，完成一个要求找出模式在正文中首次出现在什么位置的匹配的内容，如果模式没有出现在正文中则返回-1。

问题分析：简单模式匹配的思想是：在正文中顺序访问每一个字符，与模式字符进行比较。

(1)若当前模式的字符与正文字符不同，则进入正文的下一个字符，模式串回到初始位置。

(2)若当前正文字符与模式串字符相同，则比较模式串下面的字符，如果直到模式串的末尾，即模式串指针遇到'\0'，则表示在正文中找到首个完全符合的模式，返回当前正文的位置。

(3)若正文到达了末尾，即正文指针遇到'\0'，表示在整个正文中没有匹配模式成功，返回-1；通过这 3 步完成一个完整的模式匹配过程。

程序描述：

```
int index(char txt[],char s[])         //index 函数使用非指针方式完成模式匹配
{
    int i,j;

    for(i=0;txt[i]!='\0';i++)
        for(j=0;s[j]!='\0';j++)
        {
            //比较 txt 和 s 的当前指针所指的元素是否相等
            if(txt[i+j]!=s[j])
                break;
            //如果 s 遇到'\0'则表示模式串 s 到达结尾，本次匹配失败
            //进入下一次 txt 串比较
            if(s[j+1]=='\0')
                return i;
        }
    return -1;
}

int indexp(char txt[],char s[])        //indexp 函数使用指针方式完成模式匹配
{
    int i=0;
    char *p,*q,*t;

    p=txt;
    while(*p!='\0')
    {
        q=s;
        t=p;
        while(*q!='\0'
```

```
            {
                if(*t!=*q)
                    break;
                if(*(q+1)=='\0')
                    return i;
                q++;
                t++;
            }
            p++;
            i++;
        }
        return -1;
    }

    int main(void)
    {
        char t[]="the internet of things", s[]="inter";
        int n=-1;

        printf("正文:%s\n",t);
        printf("模式:%s\n",s);

        n=indexp(t,s);
        printf("首次出现位置(指针方式):%d\n",n);

        n=index(t,s);
        printf("首次出现位置(非指针方式):%d\n",n);
        return 0;
    }
```

程序运行结果如下：

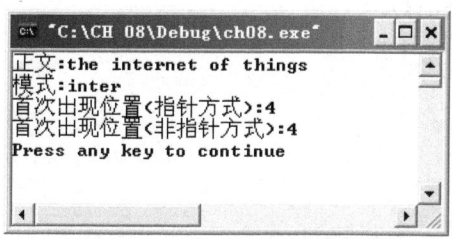

程序分析：程序中包含了运用非指针方式实现的简单模式匹配函数 index 和指针方式的函数 indexp，主函数 main 中分别调用了两个函数，并输出结果。在简单模式匹配的过程中，无论是否使用指针方式实现，模式匹配的思想是一致的，给出两个函数主要是方便比较程序实现中，使用指针和不使用指针的程序的区别。

8.5.2 定义函数返回值为指针

前面已经学习过使用指针变量作为函数的参数，那么如果要使用指针变量作为函数的返回值，应该怎样做呢？

【案例 8.8】 使用指针作为函数的返回值。

问题描述：输入月份的数字，程序能够返回这个数字所代表的月份的英文名称，如输入 8，函数返回 August。

问题分析：略。

程序描述：

```c
char * getmonth(int num)
{
    char *month[]={"January","February","March","April",
                   "May","June","July","August",
                   "September","October","November","December"
                  };
    return month[num-1];
}

int main(void)
{
    int i=0;
    char *p;
    while(1)
    {
        printf("输入月份数字,输入0退出程序:");
        scanf("%d",&i);
        if(i==0)
            break;
        if(i>12||i<0)
        {
            printf("月份错误!\n");
            continue;
        }
        p=getmonth(i);
        printf("%d 月份的名称为:%s\n",i,p);
    }
    return 0;
}
```

程序运行结果如下：

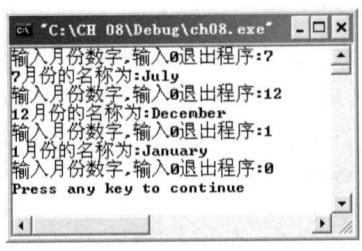

程序分析：在主程序中定义了一个指针*p，这个指针用于获取从 getmonth 函数传递回的保存了月份名称的内存地址。对于这个程序做了一个无限循环处理，通过输入数字 0 表示终止循环，退出程序。

在函数 getmonth 中保存了所有月份的名称，并根据传入的参数 i 数值来返回一个指向具体字符串的指针。需要注意的是，在子程序中所定义的字符串数组也是使用指针方式来定义的。从程序可以看到，将指针作为函数的返回值，就需要在返回的时候也返回一个指针。

8.6 指针应用程序设计

通过前面小节的学习，我们知道通过指针设计编写程序能够在很大程度上提高计算机程序的执行效率，所以运用 C 语言编写程序时应该更多地考虑使用指针来完成，发挥 C 语言程序在效率上的优势。

在编写指针应用程序时，要时刻牢记指针和地址的关系，要认识到所有的计算机数据和程序都是存储在内存中，而管理内存的方式就是通过对地址的访问完成的。因此，怎么样通过指针获取地址中保存的内容和在地址中修改内容是指针学习中两个重要的内容，如果对内存地址结构和指针控制有了相应的了解，那么就能够熟练地使用指针的方式编写程序。

本 章 小 结

在本章中通过几个实际的范例程序，分别分析了指针的定义和使用、指针作为函数参数的运用方式、指针与地址的关系、指针与数组的关系、指针与结构体等内容，这些内容都是在编写指针应用程序时必须要理解的基础问题。通过认识指针和地址的关系，将这些内容相互关联，同时也分析了如何利用指针来控制各类数据结构。

在高级语言这一个级别来理解，可以将指针认为是计算机处理程序的最小级别，只要能够清晰理解指针特点，并熟练掌握指针程序的编写方式，就能够设计出高效、可靠的高水平程序。

习 题 8

一、选择题

1. 若有语句 int a=4, *pt=&a;下面均代表地址的一组选项是（　　）。
   A. a, pt, *&a　　　B. &*a, &a, *pt　　　C. *&pt, *pt, &a　　　D. &a, &*pt, pt
2. 有以下程序

   ```
   #include<stdio.h>
   int main(void)
   {
       int m=1,n=2,*p=&m,*q=&n,*r;
       r=p; p=q; q=r;
       printf("%d,%d,%d,%d\n",m,n,*p,*q);
       return 0;
   }
   ```

   程序运行后的输出结果是（　　）。
   A. 1, 2, 1, 2　　　B. 1, 2, 2, 1　　　C. 2, 1, 2, 1　　　D. 2, 1, 1, 2

3. 若有以下定义 int a[10], *p=a;，则 p+5 表示（   ）。
   A．元素 a[5]的地址   B．元素 a[5]的值
   C．元素 a[6]的地址   D．元素 a[6]的值
4. 下面程序的运行结果是（   ）。
   ```
   #include <stdio.h>
   #include <string.h>
   int main(void)
   {
       char *s1="AbDeG";
       char *s2="AbdEg";
       s1+=2; s2+=2;
       printf("%d\n",strcmp(s1,s2));
       return 0;
   }
   ```
   A．正数   B．负数   C．零   D．不确定的值
5. 已定义以下函数 fun(int *p) { return *p; } 该函数的返回值是（   ）。
   A．不确定的值   B．p 中存放的值
   C．p 所指存储单元中的值   D．p 的地址值
6. 下面程序段的运行结果是（   ）。
   ```
   #include <stdio.h>
   int main(void)
   {
       char s[]="example!", *t;
       t=s;
       while( *t!='p' )
       {   printf("%c", *t-32);
           t++;
       }
       return 0;
   }
   ```
   A．EXAMPLE!   B．example!   C．EXAM   D．example!
7. 以下程序的输出结果是（   ）。
   ```
   #include <stdio.h>
   #include <string.h>
   int main(void)
   {
       char b1[8]="abcdefg", b2[8], *pb=b1+3;
       while( --pb>=b1)
       strcpy(b2, pb);
       printf("%d\n", strlen(b2));
       return 0;
   }
   ```
   A．8   B．3   C．1   D．7

8. 下面程序的运行后，字符串 s 的结果是（　　）。

```
#include <stdio.h>
#include <string.h>
fun( char *s)
{   char t[10];
    s=t;
    strcpy(t, "windows");
}
int main(void)
{
    char *s="linux";
    fun(s);
    return 0;
}
```

A．"linux"　　　　B．"windows"　　　　C．"linuxwindows"　　　　D．"linuxwindo"

二、填空题

1．指针是一类特殊的_____，指针保存的不是实际的数据而是存储这个数据的_____。

2．定义了一个变量 t，并且知道 t 变量的地址编码是 1000，t 中保存的数据内容是整数 32，那么当指针变量*p 指向 t 后，p=_____，*p=_____，&t=_____。

3．定义一个指针变量 char *p 指向内存单元 1000，现知道内存单元 1000～1004 保存的内容为分别为'a'、'A'、'd'、'D'，则*(p+1)=_____，(*p)+1=_____，测试条件(*p)+3==*(p+2)的运行结果为_____，如果需要将存储'D'的内存单元改写为'd'，你决定使用的语句是_____。

4．现有数组 char c[]="international"，希望交换其中字母 e 和字母 o 的位置，最后形成"intornatienal"，给出两种语句写法：
(1)_____
(2)_____

5．给出字符串 char c[]="internet"，有 int x，执行 x=strlen(c)，则 x=_____，继续执行*(c+5)='\0'，然后再次执行 x=strlen(c)，则 x=_____。

6．给出字符串 char ch1[20]="internet"和 char ch2[20]="things"。若执行 strcat(ch1,ch2)，则 ch1[]=_____，ch2[]=_____；若执行 strcpy(ch1,ch2)，则 ch1[]=_____，ch2[]=_____；若执行 int n=strchr(strcat(ch2,ch1),'e')，则 n=_____。

三、程序设计

1．在 8.2 节中描述了一个冒泡排序法，其中的方法一般称为轻者上浮冒泡法。尝试编写程序，获得一个重者下沉冒泡法，并画出程序流程图。要求使用指针实现。

2．改写案例 8.5，设计一个能够统计一个字符串中的大小写字母分别有多少个的程序。为了方便测试，给出如下的字符串"The eXpressive Internet Architecture (XIA) addresses the growing diversity of network"，得出的结果应该是：大写字母 uppercase=7，小写字母 lowcase=66。要求使用指针实现。

3．改写案例 8.7，完成程序：统计模式串在正文中一共出现了多少次。要求使用指针实现。

4．编写一个利用指针变量完成的程序，能够返回一个字符串的子串。举例说明：主串 s="This is a string."，假设运行程序 t=mystrsub(s,2,3)，应该获得 t="his"。

提高篇

第 9 章　函数与程序结构

本章导读

在第 7 章介绍了函数的基本使用方法,在解决复杂问题时,一般采用的方法是:把问题分成几个子问题,每个子问题又可分成更细的若干子问题,逐步细化,直至分解成很容易求解的小问题。这样的话,原来问题的解就可以用这些小问题来表示。主函数可以调用子函数,当然子函数还可以继续调用更下层的子函数,层层往下调用,这就是函数的嵌套调用。层层往下调用可以把大问题化为小问题来解决。

在本章将学习如何使用函数嵌套求解复杂的问题和用函数递归解决问题,学习编译预处理命令的使用和函数模块间通信。

9.1　嵌套调用求组合数

【案例 9.1】　函数的嵌套调用。

问题描述:计算组合数 $C_m^n = \dfrac{m!}{n!(m-n)!}$

问题分析:定义计算组合数的函数,需要计算阶乘,可通过前面案例 7.1 定义计算阶乘的函数 factorial() 进行计算。在 main 函数中直接调用 combination() 计算组合数。

程序描述:

```c
//计算阶乘函数
#include <stdio.h>
long factorial(int k)                   //定义计算 k! 的函数
{
    long fac=1;
    int i;
    for(i=1;i<=k;i++)
        fac=fac*i;
    return fac;
}
long combination(int n ,int m)          //定义求组合数的函数
{
    long c;
    c=factorial(m)/(factorial(n)*factorial(m-n) );
    return  c;
}
int main(void)
{
    int n,m;
    long c;
```

```
    scanf("%d,%d", &n,&m);
    c=combination (n,m);
    printf("%ld\n", c);
    return 0;
}
```

程序运行结果如下：

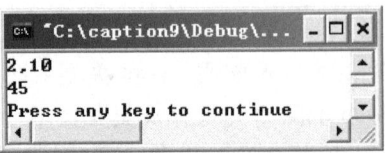

C 语言中不允许作嵌套的函数定义。因此各函数之间是平行的，不存在上一级函数和下一级函数的问题。但 C 语言允许在一个函数的定义中又调用另一个函数，即函数的嵌套调用。

图 9.1 表示函数两层嵌套调用及执行过程。执行 main 函数中调用 combination 函数的语句时，即转去执行 combination 函数，在 combination 函数中调用 factorial 函数时，又转去执行 factorial 函数，factorial 函数执行完毕返回 combination 函数的断点继续执行，combination 函数执行完毕返回 main 函数的断点继续执行。

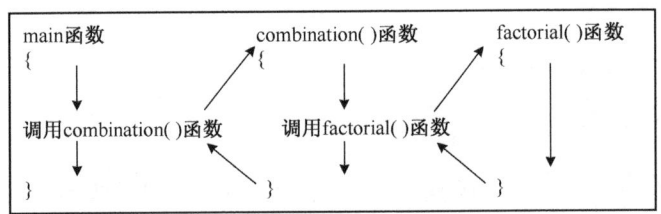

图 9.1　函数嵌套调用及执行过程

【案例 9.2】　函数的嵌套调用。

问题描述：计算 $s = 2^2! + 3^2!$

问题分析：本题可编写两个函数，函数 fac1 先计算平方值，再计算其阶乘值，函数 fac2 计算阶乘值。主函数先调用 fac1 计算出平方值，再在 fac1 中以平方值为实参，调用 fac2 计算其阶乘值，然后返回 fac1，再返回主函数，在循环程序中计算累加和。

程序描述：

```
#include<stdio.h>
long fac1(int p)                    //先计算平方值，再计算其阶乘值
{
int k;
    long r;
    long fac2(int);
    k=p*p;
    r=fac2(k);
    return r;
}
longfac2(intq)                      //计算阶乘值
{
long c=1;
```

```
        inti;
        for(i=1;i<=q;i++)
            c=c*i;
        return c;
}
int main(void)
{
int i;
        long s=0;
        for (i=2;i<=3;i++)
            s=s+fac1(i);
        printf("s=%ld\n",s);
}
```

程序运行结果如下：

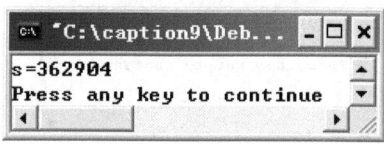

程序分析：在程序中，函数 fac1 和 fac2 均为长整型，都在主函数之前定义，故不必再在主函数中对 fac1 和 fac2 加以说明。在主程序中，执行循环程序依次把 i 值作为实参调用函数 fac1 求 i^2 值。在 fac1 中又发生对函数 fac2 的调用，这时是把 i^2 的值作为实参去调 fac2，在 fac2 中完成求 $i^2!$ 的计算。f2 执行完毕把 C 值（即 $i^2!$）返回给 fac1，再由 fac1 返回主函数实现累加。至此，由函数的嵌套调用实现了题目的要求。由于数值很大，所以函数和一些变量的类型都说明为长整型，否则会造成计算错误。

【案例 9.3】 函数的嵌套调用。

问题描述：利用公式 $e = 1 + \dfrac{1}{1!} + \dfrac{1}{2!} + \dfrac{1}{3!} + \dfrac{1}{4!} + \cdots$ 近似计算自然数 e。

问题分析：算法按两层进行：

函数 fac_v() 计算 $\dfrac{1}{m!}$ (m=1,2,3,…,n)。

函数 cai_e() 计算整个公式右边之和，作为 e 的近似值。

函数 cai_e() 调用函数 fac_v() 以获得 1/m! 的值，而主函数则调用 cai_e 得到 e 的近似值。

程序描述：

```
#include<stdio.h>
int main(void)
{
    double cai_e(int);
    int n;
    printf("请输入一个正整数：");
    scanf("%d",&n);
    printf("自然数e的近似值为%lf\n",cai_e(n));
    return 0;
}
```

```
double cai_e(int n)
{
    double fac_v(int);
    double e=1.00;
    while(n)  e+=fac_v(n--);
    return(e);
}
double fac_v(intm)
{
    double v=1.0;
    while(m)   v/=m--;
    return(v);
}
```

程序运行结果如下：

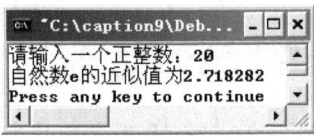

程序调用及执行过程如图 9.2 所示。

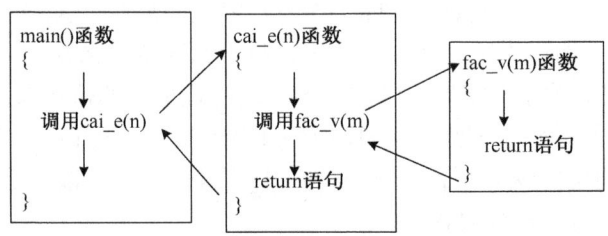

图 9.2　案例 9.3 程序调用及执行过程

9.2　函数递归调用

9.2.1　函数递归调用基本概念

递归是函数嵌套调用的一种特殊情况。函数的递归调用：是在调用一个函数的过程中出现直接的或间接的调用该函数的自身。例如，调用 A 函数的过程中又调用了 A 函数这种叫直接递归调用，如图 9.3(a)所示。在调用 A 函数的过程中调用了 B 函数，又在调用 B 函数的过程中调用了 A 函数这种叫间接递归调用，如图 9.3(b)所示。一般要用 if 语句来控制某一条件满足时结束终止递归调用。

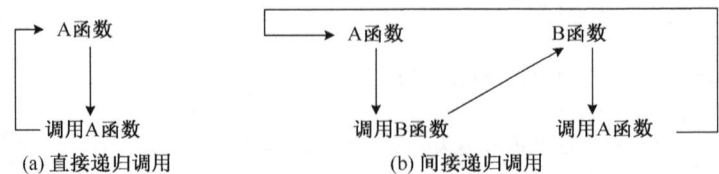

图 9.3　函数递归调用的两种形式

【案例 9.4】

问题描述：用递归方法求解 n！

问题分析：通常 n！= 1*2*…*n，也可以描述为 n！= n*(n–1)*…*2*1=n*(n–1)！故对 n！求解有递推法和递归法两种方法，如表 9.1 所示。

表 9.1 求解 n！递推法和递归法

递推法		递归法	
0!=1	$S_n = \begin{cases} 1, & n=1,0 \\ S_{n-1}*n, & n>1 \end{cases}$	n!=(n–1)*n	$f(n) = \begin{cases} 1, & n=1,0 \\ f(n-1)*n, & n>1 \end{cases}$
1!=1*0!		(n–1)!=(n–2)*(n–1)	
2!=2*1!		(n–2)!=(n–3)*(n–2)	
3!=3*2!		(n–3)!=(n–4)*(n–3)	
⋮	其中 S_{n-1} 先求出	⋮	其中 f(n–1) 未求出
n!=n*(n–1)!		2!=1!*2	

(1) 用递推法求解 n！的算法实现：

```
fac=1;
for(i=1;i<=n;i++)  fac=fac*i;
```

(2) 用递归法求解 n！的算法实现：

递归通项公式 $f(n) = \begin{cases} 1 & n=1,0 \\ f(n-1)*n & n>1 \end{cases}$

求解 n！，递归程序分两个阶段执行：

① **回推**：求 n！→先求 (n–1)！→(n–2)！→ … → 1！，若 1！已知，回推结束。

② **递推**：知道 1！→2！可求出→3！→ … → n！

程序描述：

```c
#include<stdio.h>
long factorial(int n);
int main(void)
{
    int n;
    printf ("Input n:=");
    scanf ("%d", &n);
    printf ("%ld\n", factorial(n) );
    return 0;
}
long factorial(int n)
{
    long fact;
    if (n==1 || n == 0)
        fact = 1;
    else
        fact = n * factorial(n-1);
    return fact;
}
```

程序运行结果如下：

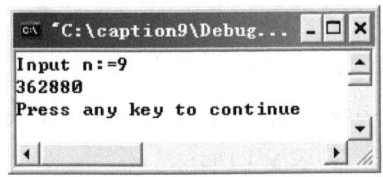

显然，递归调用不能是无限的，在设计递归函数时一定要有一个明确的结束递归的条件。在本例中，使递归终止的条件是

```
if (n==1 || n == 0) fact = 1;
```

其次还要归纳出递归公式，特点是解决问题的方法相同，调用函数的参数每次不同(有规律的递增或递减)，如果没有规律也就不能适用递归调用。递归是一种非常有用的程序设计技术，可以解决一些用其他的办法比较麻烦或很难解决，而使用递归的方法可以很好地解决问题。但递归程序设计的技巧性要求较高。

9.2.2 汉诺塔问题

古代印度寺庙僧侣玩的游戏，据说游戏结束就标志着世界末日的到来。梵塔(汉诺塔)上面有三根金刚石柱子 a、b、c。其中 a 柱上放着 64 个大小不等呈塔形的金盘，大盘在下，小盘在上，如图 9.4 所示。游戏要求把 a 柱上的金盘借助 c 柱全部移到 b 柱，条件是一次只能够动一个金盘，并且不允许大盘在小盘上面。这是递归程序设计的经典例子。

【案例 9.5】 汉诺塔(Tower of Hanoi)问题。

问题描述：设计一个算法模拟僧侣移动金盘的过程，并输出移动步骤。

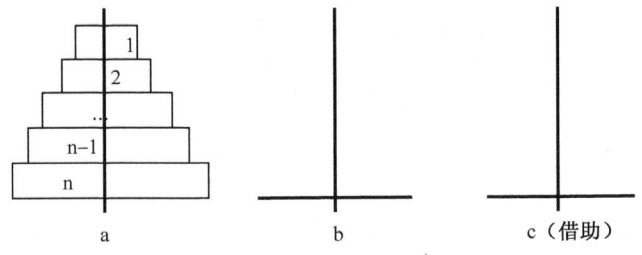

图 9.4 汉诺塔问题

问题分析：设只有一个金盘，那么可以直接移动 a→b，问题解决。

有二个金盘，那么可以把上面的金盘借助 b 柱放到 c 柱 a→c，下面的金盘直接移动到 b 柱 a→b，再把 c 柱上的金盘移动到 b 柱 c→b，问题解决。

归纳：对于大于一个金盘的情况，可分为两部分：第 n 个金盘和除 n 以外的 n–1 个金盘。如果将除 n 以外的 n–1 个金盘看成一个整体，则解决本问题，可按以下步骤：

a．将 a 柱上 n–1 个金盘借助于 b 先移到 c 柱，即 a→c　(n–1,a,c,b)

b．将 a 柱上第 n 个金盘从 a 移到 b 柱，即 a→b

c．将 c 柱上 n–1 个金盘借助 a 移到 b 柱，即 c→b(n–1,c,b,a)

假定模拟此过程的算法为 hanoi(n,a,b,c)，实现把 n 个金盘由 a 柱借助 c 柱移到 b 柱。

第一步：把 a 柱上的 n–1 个金盘借助 b 柱移到 c 柱，记为 hanoi(n–1, a,c,b)。

第二步：把第 n 个金盘从 a 柱直接移到 b 柱。记做 a→b。

第三步：把 c 柱上的 n–1 个金盘借助 a 柱移到 b 柱，记为 hanoi(n–1,c,b,a)。

程序描述：

```c
#include<stdio.h>
void hanoi(int n, char a, char b,char c);
int main(void)
{
    int n;
    printf ("Please enter the number of disks to be moved:");
    scanf ("%d", &n);
    hanoi (n,'a','b','c');
    return 0;
}

void hanoi (int n, char a, char b, char c)   //汉诺塔问题
{
    if (n==1)  printf ("%c→ %c\n", a,b);
                                        //n=1 时，直接将金盘从 a 柱移动到 b 柱
    else
    {
        hanoi (n-1, a,c,b);            //n-1 个金盘从 a 柱借助于 b 移到 c 柱
        printf ("%c→ %c\n", a,b);      //金盘直接从 a 柱移动到 b 柱
        hanoi (n-1, c,b,a);            //n-1 个金盘从 c 柱借助于 a 移到 b 柱
    }
}
```

程序运行结果如下：

n=1 时的运行结果：

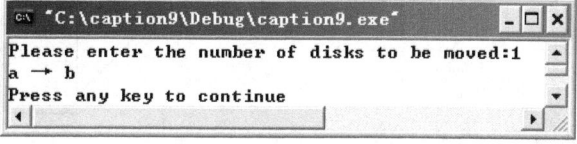

n=2 时的运行结果：

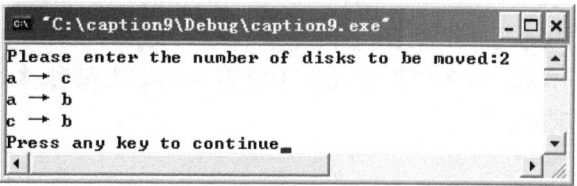

n=3 时的运行结果：

当 n=3，hanoi(3,a,b,c)的递归过程如图 9.5 所示。

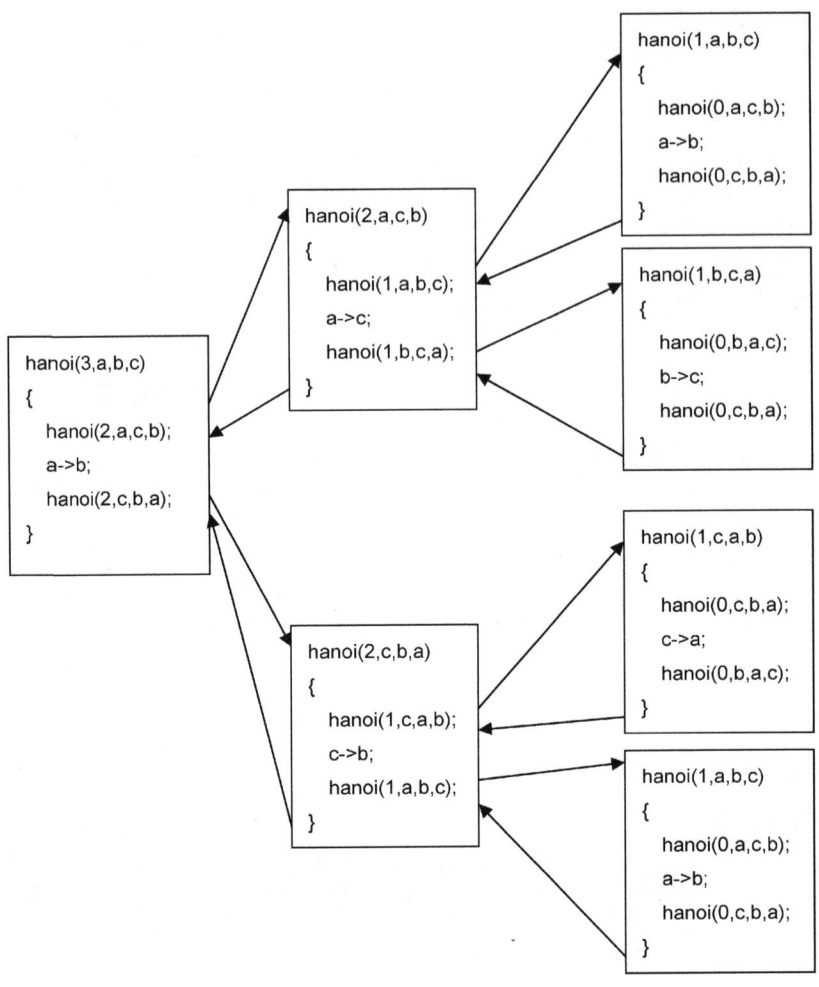

图 9.5　hanoi(3,a,b,c)的递归过程

程序分析：容易推出，n 个盘从一根柱移到另一根柱需要 2^n-1 次，所以 64 个金盘的移动次数为：$2^{64}-1=18\ 446\ 744\ 073\ 709\ 511\ 615$，这是一个天文数字，即使用现代计算机来解汉诺塔问题，每一微秒移动一次，那么也需要几乎 100 万年。如果每秒移动一次，则需近 5800 亿年，意味着世界末日的到来。

9.3　编译预处理

编译预处理通知编译系统在进行正式编译前先进行一些前期工作。C 提供的预处理功能主要有以下三种。

(1) 宏定义。
(2) 文件包含。
(3) 条件编译。

分别用宏定义命令，文件包含定义，条件编译命令来实现。为了与一般 C 语言相区别，这些命令以符号#开头。

9.3.1 宏定义

用一个指定的标识符(宏名)来代表一个字符串，它的一般形式为

    #define 标识符 字符串

例如：#define   PI   3.1415926

#define 是宏定义命令，它的作用是指定用标识符 PI 来代替"3.1415926"这个字符串，编译预处理时，预处理程序将程序中在该命令以后出现的所有的 PI 都用"3.1415926"代替。这种方法使用户能以一个简单的名字代替一个长的字符串，这个标识符称为"宏名"，在预编译时将宏名替换成字符串的过程为"宏展开"。

【案例 9.6】 简单的带参数的宏定义。

问题描述：用带参数的宏定义实现两个数相减。

问题分析：用带参数的宏定义#define SUB(a,b) a−b;
　　　　　　SUB(x+2, y−1)则被替换为：x+2−y−1;

程序描述：

```
#include <stdio.h>
#define SUB(a,b) a-b
int main (void)
{
    int x=2,y=3,result;
    result=SUB(x+2,y-1);
    printf("result=%d\n",result);
    return 0;
}
```

程序运行结果如下：

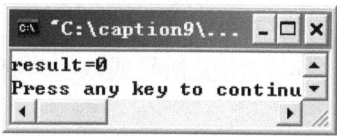

虽然带参数的宏定义和带参数的函数很相似，但它们还是有本质上的区别。

在带参的宏定义中，形式参数不是变量，只是一个符号，不分配内存单元，不必定义其形式参数的类型。发生宏"调用"时，只是将实参替换形参。而在函数中，形参和实参是完全独立的变量，它们均有自己的作用域。当调用发生时，实参传递给形参的过程(值传递或引用传递)完全不同于简单的宏替换。

使用宏定义的好处是：

① 提高程序的可读性。

② 易于修改。

③ 给程序设计带来便利。

使用宏需注意的问题：

① 在#define 命令中，宏名与字符串之间用一个或多个空格分隔。

② 宏名不能用括号括起来，不能含有空格。

③ 一般习惯用大写字母定义宏名，这样使得宏名与变量不容易混淆，提高了程序的可读性。

9.3.2 文件包含

在前面章节里，在程序开头遇到#include<stdio.h>，这就是文件包含。文件包含的作用是把一个或多个指定的文件模块内容嵌入到现行的源程序文件中，再对嵌入后的源程序文件进行编译处理，这样可以有效地减少重复编程。

C 语言提供了#include 命令用来实现"文件包含"的操作。其一般形式为：

   #include "文件名"

或 #include <文件名>

其中，被包含的文件可以是需要提供的头文件，一般扩展名是.h；也可以是用户自行编制的程序文件。

文件包含的含意如图 9.6 所示。从图中可以看出，预处理前 file1.c 和 file2.c 各为一个单独的文件，文件 file1.c 中有#include<file2.c>命令和其他内容(用 A 表示)。文件 file2.c 中有内容(用 B 表示)。在编译预处理时，要对#include 命令进行"文件包含"处理：将文件 file2.c 的全部内容插入到 #include<file2.c>命令处，即 file2.c 被包含到 file1.c 中。在编译中，将"包含"以后的新的 file1.c 作为一个源文件单位进行编译。

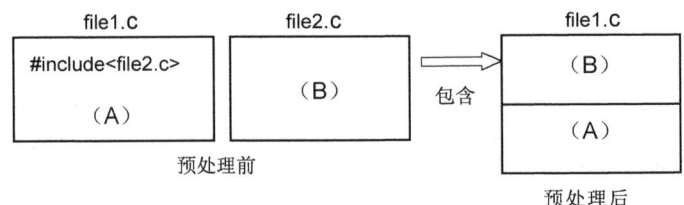

图 9.6 文件包含的含义

说明：

(1)一条#include 命令只能包含一个文件，如果要包含 n 个文件，要用 n 条#include 命令。

(2)文件包含可以嵌套，即被包含文件中又可以包含另一个文件，如 a 包含 b，b 包含 c。

(3)在# include 命令中，文件名可以用尖括号或双引号括起来，如可以在 file1.c 中用

   #include <file2.c>

或 #indude "file2.c"

都是合法的。

两者的区别在于用尖括号形式时，编译系统将仅在系统设定的标准目录中查找所包含的文件。用双引号形式时，编译系统先在源文件所在目录中查找要包含的文件，若找不到，再到系统设定的标准目录中查找。一般，如果需调用库函数时，用#include 命令来包含相关的头文件，则用尖括号，以节省查找时间。如果要包含的是用户自己编写的文件(这种文件一般都在当前目录中)，一般用双引号。

(4)被包含文件(file2.c)与其所在的文件（即用# include 命令的源文件 file1.c），在预编译后已成为同一个文件(而不是两个文件)。因此，如果 file2.c 中有全局静态变量，它也在 file1.c 文件中有效，不必用 extern 声明。

9.3.3 条件编译

条件编译能够让程序员控制预处理命令的执行和程序代码的编译，即条件编译预处理命令告诉编译器：根据编译时的条件接收或者忽略代码块。

条件编译命令有三种形式：

(1) #ifdef 标识符
        程序段 1
    #else
        程序段 2
    #endif

它的作用是当所指定的标识符已经被 #define 命令定义过，则在程序编译阶段只编译程序段 1，否则编译程序段 2。其中 else 部分可以没有，即

    #ifdef 标识符
        程序段 1
    #endif

【案例 9.7】 利用条件编译预处理命令，计算圆周长或圆面积。

问题描述：根据是否定义宏 P，决定计算圆周长或圆面积。

问题分析：第一种情形宏定义#define P(r) 2*PI*(r)，因此系统编译求圆周长的程序，而求面积的程序就不编译。

程序描述：

```c
#include <stdio.h>
#define  PI  3.14
#define  P(r)  2*PI*( r)
int main(void)
{
    double r,p,a;
    printf("Input the radius:\n");
    scanf("%lf",& r);
    #ifdef  P
        p =P(r);
        printf("The perimeter=%lf\n",p);
    #else
        a =PI*  r*  r;
        printf("The Area=%lf\n", a);
    #endif
    return 0;
}
```

程序运行结果如下：

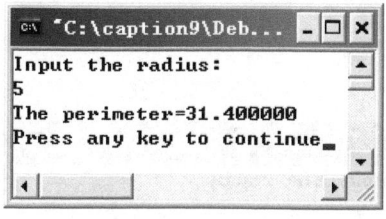

程序分析：因为存在第 2 行宏定义#define P(r) 2*PI*(r)，因此系统编译求圆周长的程序，而求面积的程序就不编译。读者可以根据此思路设计出其他的条件编译。

(2) #ifndef 标识符
　　　　程序段 1
　#else
　　　　程序段 2
　#endif

只是第一行与第一种形式不同：将 ifdef 改为 ifndef，它的作用是若标识符未被定义过则编译程序段 1，否则编译程序段 2。这种形式与第一种形式的作用相反。

以上两种形式用法差不多，根据需要任选一种，视方便而定。

(3) #if 表达式
　　　　程序段 1
　# else
　　　　程序段 2
　# endif

它的作用是，当指定的表达式值为真(非 0)时就编译程序段 1，否则编译程序段 2。可以事先给定一定条件，使程序在不同的条件下执行不同的功能。

【案例 9.8】 使用条件编译第三种形式编程。

问题描述：使用条件编译第三种形式改写案例 9.7。

问题分析：略。

程序描述：

```
#include <stdio.h>
#define PI  3.14
#define P   1
int main(void)
{
    double r,a,p;
    printf("Input the radius:\n");
    scanf("%lf",&r);
    #if  P
      p=2*PI*r;
      printf("The perimeter=%lf\n",p);
    #else
      a=PI*r*r;
      printf("The Area=%lf\n",a);
    #endif
    return 0;
}
```

程序运行结果如下：

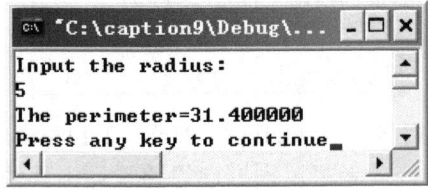

程序分析：第2行宏定义中，定义P为1，在条件编译时，常量表达式的值为真，所以计算并输出圆周长。

通过上面的例子可以看出：不用条件编译而直接用条件语句也能达到要求，这样用条件编译有什么好处呢？用条件编译可以减少被编译的语句，从而减少目标代码的长度。当条件编译段较多时，目标代码的长度可以大大减少。

9.4 学生成绩管理系统设计

C语言允许将一个大型程序分成多个程序文件分别编译，其好处在于：当程序的局部存在错误或修改后，只需要重新编译该局部。保存一部分程序的文件称为程序文件模块。当一个大型程序分成几个程序文件后，可对各文件模块分别编译。然后通过链接，把编译好的文件模块再合起来，生成可执行文件。

9.4.1 分模块设计学生成绩管理系统

【案例 9.9】 分模块设计学生成绩管理系统。该系统可以求每个学生的平均成绩，每门课的平均成绩、成绩的最大值、最小值等，并保存在数组中；通过主函数输入每个学生的学号及各科成绩并调用各个函数。

9.4.2 程序文件模块图

学生成绩管理系统程序文件模块图，如图9.7所示。

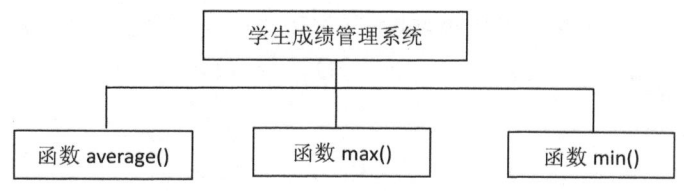

图 9.7 学生成绩管理系统程序文件模块图

主函数()：输入每个学生的学号及各科成绩，并输出学生学号与各科成绩和每个学生的平均成绩，输出每门课程的平均成绩及每门课的最大值与最小值。

函数 average()：计算每个学生的平均成绩和每门课程的平均成绩。

函数 max()：找出每门课的最高分。

函数 min()：找出每门课的最低分。

9.4.3 文件模块间的通信

一个大的应用程序需要划分成不同的模块，分配给不同的程序员去完成。因此，在实用软件的开发中，往往需要采用多模块编程技术。

1. 程序文件模块组织

(1) 将一个大的源程序根据其功能合理地划分成若干个小的源程序，每个小源程序均以程序文件(.C)的形式保存在磁盘上。并建立一个包括各个源程序模块文件名的工程文件(.prj)。

(2) 将工程文件中指定的多个源程序文件进行编译，生成多个目标文件和一个可执行文件。注意，在分模块单独编译处理的各个程序模块中，必须有且只有一个主函数 main()。

2. 文件模块之间的通信

在第 7 章介绍了局部变量和全局变量的概念，局部变量仅在函数内部有效，而全局变量可在整个程序起作用。如果程序中包含多个程序文件模块，可以通过外部变量的声明，使全局变量的作用范围扩展到其他文件模块。即一个程序文件 file1.c 中定义一个外部变量，另一个 file2.c 中的函数可以通过外部变量说明后使用这个变量，以实现模块间的通信。

1) 使用外部变量

即一个程序文件中定义一个外部变量，另一个程序文件中的函数可以通过外部变量说明后来使用这个变量，以实现模块间的通信。

说明形式：

```
extern  类型说明符  外部变量名 ;
```

注意，只是进行了外部变量说明，并不是变量定义。

2) 使用外部函数

如果程序中包含多个程序文件模块，要实现一个模块调用另一个模块中的函数，需要对函数进行外部声明，声明的格式为：

```
extern  函数类型  函数名(参数列表);
```

extern 表示所声明的函数是外部函数，其定义体在其他文件模块中。

在学生成绩管理系统程序文件模块中，考虑对函数 max()、min() 和 average() 分别进行编译，为此建立 7 个文件。

(1) 文件 average.h 包含关于函数 average 原型说明。

```
extern float average(float array[],int N);
```

(2) 文件 average.c。

```
#include "average.h"          //编译函数 average()时,需要用到包含文件 average.h
float average(float array[],int N)   //求平均值的函数
{
    int i;
    float aver,sum=0;
    for(i=0;i<N;i++)
        sum=sum+array[i];
    aver=sum/N;
    return(aver);
}
```

(3) 文件 max.h 包含关于函数 max 原型说明。

```
extern float max(float mmax[],int N);
```

(4) 文件 max.c。

```
#include "max.h"                       //编译函数 max()时,需要用到包含文件 max.h
float max(float mmax[],int N)          //求最大值的函数
{
    int i;
```

```
        float m;
        m=mmax[0];
        for(i=0;i<N;i++)
            if(mmax[i]>m) m=mmax[i];
        return(m);
    }
```

(5) 文件 min.h 包含关于函数 min 原型说明。

```
    extern float min(float mmin[], int N);
```

(6) min.c

```
    #include "min.h"                    //编译函数min()时,需要用到包含文件min.h
    float min(float mmin[], int N)      //求最小值的函数
    {
        int i;
        float n;
        n=mmin[0];
        for(i=0;i<N;i++)
            if(mmin[i]<n) n=mmin[i];
        return(n);
    }
```

(7) 文件 stu_main.c。

```
    #include <stdio.h>
    #include "average.h"
    #include "max.h"
    #include "min.h"
    #define N 3
    int main(void)
    {
      float stu_mathAver,stu_englishAver,stu_cprogAver;
      int i,student[N];
      float math[N],english[N],C_programming[N],stu_average[N];
      printf("请对应输入3个学生的学号 三门课程成绩:\n");
      printf("学号 高数成绩 英语成绩 c语言成绩\n");
      for(i=0;i<N;i++)                                       //输入数据
         scanf("%d %f %f %f",&student[i],&math[i],&english[i],&C_programming[i]);
      stu_mathAver=average(math,N);                          //求高等数学平均成绩
      stu_englishAver=average(english,N);                    //求大学英语平均成绩
      stu_cprogAver=average(C_programming,N);                //求c程序设计平均成绩
      printf("\n");
      printf(" _____\n"); //输出表格
      printf("| 学号 | 高等数学 | 大学英语 | c程序设计 | 平均成绩 |\n");
      printf("|_____|_____|_____|_____|_____|\n");
      for(i=0;i<N;i++)                                       //求每个学生的平均成绩
         stu_average[i]=(math[i]+english[i]+C_programming[i])/N;
      for(i=0;i<N;i++)                                       //输出表格和每科成绩的平均分及最大、最小值
         {
```

```
        printf("|  %d    |  %4.0f  |  %4.0f  |   %4.0f   |  %4.0f   |\n",
            student[i],math[i],english[i],C_programming[i],stu_average[i]);
        printf("|_____|_____|_____|_____|_____|\n");
    }
    printf("\n");
    printf(" _____ \n");
    printf("|          |平均成绩|最高分|最低分|\n");
    printf("|_____|_____|_____|_____|\n");
    printf("|高等数学|  %4.2f  |%4.2f |%4.2f |\n",
        stu_mathAver,max(math,N),min(math,N));
    printf("|_____|_____|_____|_____|\n");
    printf("|大学英语|  %4.2f  |%4.2f |%4.2f |\n",
        stu_englishAver,max(english,N),min(english,N));
    printf("|_____|_____|_____|_____|\n");
    printf("|c程序设计|  %4.2f  |%4.2f |%4.2f |\n",
        stu_cprogAver,max(C_programming,N),min(C_programming,N));
    printf("|_____|_____|_____|_____|\n");
    return 0;
}
```

经过编译预处理，有关代码被包含在 average.c、max.c、min.c 和 stu_main.c 4 个源程序文件中。对这 4 个程序的代码分别进行编译，得到 4 个目标代码文件：average.obj、max.obj、min.obj 和 stu_main.obj，链接器将这 4 个目标文件以及它们所需要的标准库函数目标代码进行链接，形成可执行文件。

程序运行结果如下：

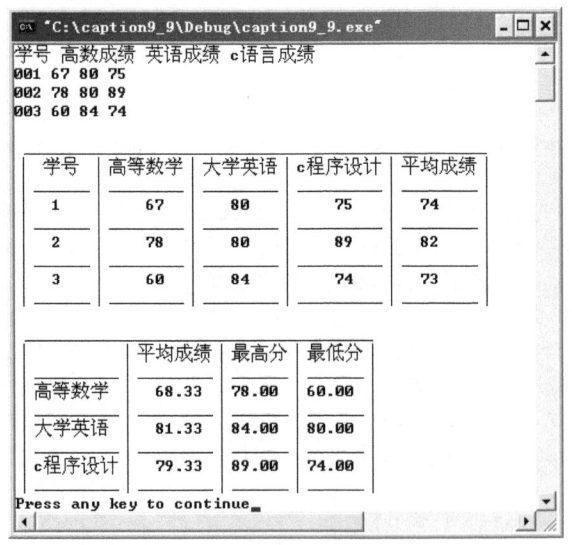

本 章 小 结

本章主要介绍函数的嵌套调用与递归调用，编译预处理和函数模块间通信。

在结构化程序设计中,函数是将任务进行模块划分的基本单位。C 语言不允许函数嵌套定义,但允许嵌套调用。

递归调用指一个函数可直接或间接地调用自身,设计时要有递推调用的过程和回归过程。

编译预处理有宏定义、文件包含、条件编译三种。

介绍了多个程序文件的编译、链接方法。

习 题 9

一、选择题

1. 在 C 语言中,有关函数的说法,以下正确的是(　　)。
   A. 函数可嵌套定义,也可嵌套调用 B. 函数可嵌套定义,但不可嵌套调用
   C. 函数不可嵌套定义,但可嵌套调用 D. 函数不可嵌套定义,也不可嵌套调用
2. C 语言规定,程序中各函数之间(　　)。
   A. 既允许直接递归调用也允许间接递归调用
   B. 不允许直接递归调用也不允许间接递归调用
   C. 允许直接递归调用不允许间接递归调用
   D. 不允许直接递归调用允许间接递归调用
3. 下列程序的输出的结果是(　　)。

   ```c
   #include <stdio.h>
   int func(int a,int b)
   {
       return(a+b);
   }
   int main(void)
   {
       int  x=2,y=5,z=8,r;
       r=func(func(x,y),z);
       printf("%d\n",r);
       return 0;
   }
   ```

   A. 12   B. 13   C. 14   D. 15
4. 下列程序的输出的结果是(　　)。

   ```c
   #include <stdio.h>
   fun(int h);
   int main(void)
   {
       int t=1;
       fun(fun(t));
       return 0;
   }
   fun(int h)
   {
   ```

```
        static int a[3]={1,2,3};
        int k;
        for(k=0;k<3;k++)
            a[k]+=a[k]-h;
        for(k=0;k<3;k++)
            printf("%d ",a[k]);
        printf("\n"); return(a[h]);
    }
```

  A. 1,2,3,   B. 1,3,5,   C. 1,3,5,   D. 1,3,5,
    1,5,9,   1,3,5,   0,4,8,   −1,3,7,

5. 下面程序的输出是(　　)。

```
    #include <stdio.h>
    int w=3;
    fun(int k);
    int main(void)
    {
        int w=10;
        printf("%d\n",fun(5)*w);
        return 0;
    }
    fun(int k)
    {
        if(k==0)
            return w;
        return(fun(k-1)*k);
    }
```

  A. 360   B. 3600   C. 1080   D. 1200

6. 以下程序的输出结果是(　　)。

```
    #include <stdio.h>
    fun(int k);
    int main(void)
    {
        int w=5;
        fun(w);
        printf("\n");
        return 0;
    }
    fun (int k)
    {
        if(k>0) fun(k-1);
        printf("%d ",k);
    }
```

  A. 5 4 3 2 1   B. 0 1 2 3 4 5   C. 1 2 3 4 5   D. 5 4 3 2 1 0

7. 以下程序的输出结果是(　　)。

```
    #include <stdio.h>
```

```
    fun(int k);
    int main(void)
    {
        int w=5;
        printf("fun=%d\n", fun(w));
        return 0;
    }
    fun (int k)
    {
        int n=5;
        if(k>0)
        {
            n=n+fun(k-1);
            printf("n=%d\n", n);
        }
        else n=0;
        return n;
    }
```

A. 5 4 3 2 1 0   B. 0 1 2 3 4 5   C. 15   D. 25

8. 下面叙述中正确的是( )。

　A. 带参数的宏定义中参数是没有类型的

　B. 宏展开将占用程序的运行时间

　C. 宏定义命令是 C 语言中的一种特殊语句

　D. 使用#include 命令包含的头文件必须以".h"为后缀

9. 程序中头文件 type1.h 的内容是：

```
#define  N    5
#define  M1   N*3
```

程序如下：

```
#include "type1.h"
#define  M2   N*2
int main(void)
{
    int i;
    i=M1+M2;
    printf("%d\n",i);
    return 0;
}
```

程序编译后运行的输出结果是( )。

A. 10   B. 20   C. 25   D. 30

10. 以下程序的输出结果是( )。

```
#include<stdio.h>
#define SUB(X,Y) (X)*Y
int main(void)
```

```
{
    int a=3, b=4;
    printf("%d", SUB(a++, b++));
    return 0;
}
```

  A. 15   B. 12   C. 16   D. 20

二、填空题

1. 下列程序运行后的输出结果是_____。

```
#include <stdio.h>
int i;
int func(int x)
{
    static int k = 10;
    x += k++;
    return x;
}
int main(void)
{
    printf("%d\n",func(func(1)));
    return 0;
}
```

2. 下列程序运行后的输出结果是_____。

```
#include <stdio.h>
int fuc(int n)
{   if(n==1) return 1;
    else return fuc(n-1)+1;
}
int main(void)
{
    int i,j=0;
    for(i=1;i<3;i++)
        j+=fuc(i);
    printf("%d\n",j);
    return 0;
}
```

3. 设有如下宏定义

```
#define SWAP(z,x,y)    {z=x; x=y; y=z;}
```

以下程序段通过宏调用实现变量 a、b 内容交换,请填空。

```
float a=5,b=16,t;
SWAP( _____ ,a,b);
```

4. 以下程序执行的输出结果是_____。

```
#include <stdio.h>
```

```
#define MIN(x,y) (x)<(y)?(x):(y)
int main(void)
{
    int i,j,k;
    i=10;j=15;
    k=10*MIN(i,j);
    printf("%d\n",k);
    return 0;
}
```

三、编程题

1. 定义函数求 F=(n+m)!+n!，m、n 均为任意正整数。要求使用递归调用。

2. 已知 Fibonacci 数列：

$$\text{Fib}(n) = \begin{cases} 0 & (n = 0) \\ 1 & (n = 1) \\ \text{Fib}(n-1) + \text{Fib}(n-2) & (n > 1) \end{cases}$$

用递归方法编写程序，求 Fib(n)。

3. 定义一个宏，实现将两个数互换，并写出程序，输入两个数作为使用参数，并显示结果。

4. 分别用函数和带参宏实现从 3 个数中找出最大数，请比较两者在形式上和使用上的区别。

5. 用递归方法编写程序，求 n 阶勒让德多项式的值，递归公式为

$$P_n(x) = \begin{cases} 1 & (n = 0) \\ x & (n = 1) \\ ((2n-1)xP_{n-1}(x) - (n-1)P_{n-2}x))/n & (n > 1) \end{cases}$$

6. 设计程序完成下列计算。

已知：

$$y = \frac{f(x,n)}{f(x+2.3,n) + f(x-3.2,n+3)}$$

其中 $$f(x,n) = 1 - \frac{x^2}{2!} + \frac{x^4}{4!} - \cdots + (-1)^n \frac{x^{2n}}{(2n)!} \qquad (n \geq 0)$$

当 x=5.6，n=7 时，求 y 的值。

7. 输入 10 个学生的成绩，分别用函数实现：
(1) 求平均成绩。
(2) 按分数高低进行排序并输出。

第 10 章　动态组织数据

本章导读

通过第 6 章对数组的学习我们知道，如果用数组存储数据，事先要确定数组的长度。数组长度只能是常量或常量表达式，不能是变量。这就使得数组的大小不能在程序运行过程中动态地改变。在实际应用中，有时对内存的需求事先是不能确定的，要根据问题的需要在程序中动态地分配内存空间，在不需要时释放不用的内存空间，这就是动态组织数据。在第 8 章中学习了指针的相关知识，为实现动态组织数据奠定了基础。

在本章将学习如何使用指针变量来动态组织数据，包括链表的创建、链表的遍历、链表的插入、链表的删除等操作。使用链表组织数据，链表的长度没有限制，链表结点的插入、删除操作简单。

10.1　用链表构造学生信息

【**案例 10.1**】　构造单链表。

问题描述：建立一个有 3 名学生数据组成的单向动态链表，然后输出所有学生的信息。每个学生信息如表 10.1 所示。

表 10.1　学生信息

学号(num)	成绩(score)
201411021101	89
201411021103	90
201411021110	85

问题分析：题目要求用单向动态链表的方式存储 3 名学生的学号和成绩信息，而不是用第 6 章所学习的数组存储学生信息。

(1) 分析每个学生的信息：从表 10.1 知道，每个学生有学号和成绩，学号可以用字符数组来存储，成绩可以用整型变量存储。

(2) 分析数据在内存中的组织方式：对于每个学生来说，学号与成绩是相关联的，因此使用结构体类型来组织每个学生的信息。但每个学生之间的数据在内存中存放的地址不连续，那么如何使学生间的数据能够在逻辑上相连续，以便能依次找到每个学生信息呢？单向链表结构就可以实现这种功能。3 名学生信息构成的单向链表如图 10.1 所示。图中每个结点上方显示的数值是该每个学生数据在内存中存放的起始地址。head 下的矩形框中的数值是 head 的值。

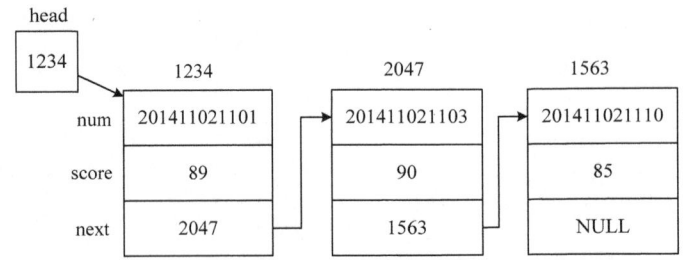

图 10.1　3 个结点构成的不带头结点单向链表示意图

程序描述：

```c
#include <stdio.h>
#include <stdlib.h>                    //调用malloc()需包含的头文件
#include <string.h>
#define LEN sizeof(struct student)     //定义常量标识LEN,计算结构类型占字节数
struct student *creat() ;              //声明create函数
void output(struct student*);          //声明output函数

struct student                         //定义每个学生结点的数据结构
{
    char num[13];                      //学号成员
    int score;                         //成绩成员
    struct student *next;              //指针成员
};

struct student *creat()                //创建动态单向链表
{
    struct student *head;              //指向链表头结点
    struct student *p1;                //指向新产生的结点
    struct student *p2;                //指向已建立链表的尾结点
    int n;                             //链表结点个数
    char num[13];
    int score;
    printf("Input 3 students data\n");
    for(n=1;n<=3;n++)
    {
        printf("Input NO%d num,score:\n",n);
        scanf("%s%d",&num,&score);            //输入结点数据成员的值
        p1=( struct student *) malloc(LEN);   //申请一个结点所需的存储空间
                                              //p1指向该段存储空间首址
        strcpy(p1->num,num);                  //为p1所指结点的num成员赋值
        p1->score = score;                    //为p1所指结点的socre成员赋值
        p1->next=NULL;                        //初始化p1所指结点的指针成员
        if(n==1)                       //如果n=1则p1所指结点为第一个结点,即头结点
            head=p1;                   //head指针指向第一个结点,称head为头指针
        else
            p2->next=p1;               //否则将p1所指结点链到已建立的链表尾部
        p2=p1;                         //将p2指向已建立的链表尾结点
    }
    return(head);                      //返回链表的头指针
}

void output(struct student *p)
{
    while(p != NULL)
    {
        printf("%s %d->",p->num,p->score);
```

```
            p = p->next;
        }
        printf("NULL\n");
    }
    int main(void)
    {
        struct student *head;          //定义所需创建链表的头指针
        head =creat();                 //调用创建链表函数,并将返回链表
        printf("\nOutput List :\n");
        output(head);
        return 0;
    }
```

程序运行结果如下:

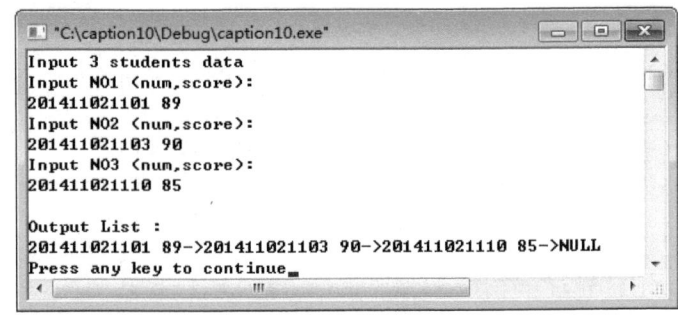

10.1.1 链表的概念

链表是一种常见且重要的数据结构。它是对内存空间进行动态分配的结构。

一个链表由一个及以上结点链接而成,每个结点类型相同,各结点地址可以不连续。没有结点的链表称为空链表。链表结点中只有一个指针成员的链表称为单向链表,单向链表是最简单的链表结构。图 10.1 所示为由 3 个结点构成的单向链表示意图。

从图 10.1 可以看到:链表有一个头指针变量,图中以 head 表示,head 中存放一个地址值,该地址是链表中第一个元素的起始地址,指向链表中第一个元素。链表中每一个元素称为"结点",每个结点是一个结构体类型,结构体类型由两个部分组成:一部分是数据成员(num、score),另一部分是指针成员(next)。数据成员用于存储该结点需要存储的数据,指针成员用于存储下一个结点的地址。这里,head 指向链表第一个结点,第一个结点的指针成员指向第二个结点,第二个结点的指针成员指向第三个结点,依此类推,直到最后一个结点。最后一个结点的指针成员不再指向任何结点,称该结点为"表尾",它的指针成员存放 NULL(ASCII 值 0),作为链表的结束标志。

注意:在程序中要使用 NULL 标识符必须包含 stdio.h 头文件。

链表所具有的这种结构,必须通过指针变量才能实现对链表的操作。通过第一个结点的指针成员可以访问链表中的每二个结点,通过第二个结点的指针成员访问第三个结点,依此类推,直到链表的表尾。因此,对于链表来说,第一个结点是非常重要的,一定要保存好,否则整个链表将被丢失。图 10.1 中的指针变量 head 是用于保存第一个结点的起始地址,称 head 为头指针,通过头指针可访问链表的每一个结点。

还有一种单向链表称为带头结点的单向链表,如图 10.2 所示。它与图 10.1 的区别在于链

表中第一个结点不存放数据。在操作上，带头结点的单链表在初始化时申请一个头结点，插入或删除链表结点时，无论是插入结点的位置或是删除结点的位置都不会是头结点，因此算法步骤要简单一点。不带头结点的单向链表，在算法上要考虑插入结点或删除结点的位置是第一个结点还是其他结点。两种情况的操作方法是不同的。本章所述问题涉及的单向链表均指不带头结点的单向链表。带头结点的单向链表的操作，读者可以用作练习。

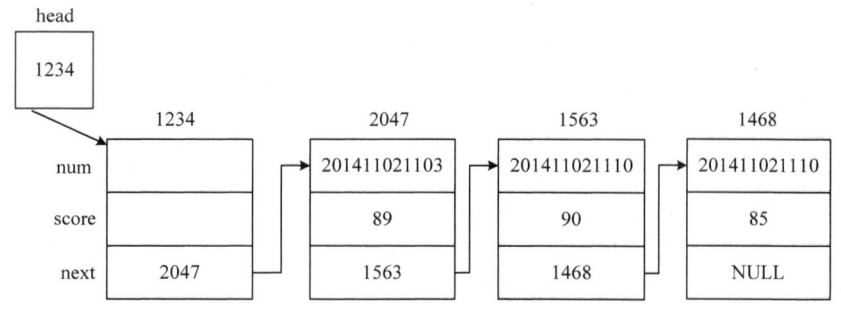

图 10.2　3 个结点构成的带头结点的单向链表

链表的每一个结点在内存中的地址可以是连续的，也可以是不连续的。如果是连续的，则该链表可视为动态数组，具有数组的特点。

单向链表结点的数据类型使用结构体类型来实现，案例 10.1 中每个学生结点定义为：

```
struct student
{
    char num[13];                //学号成员
    int score;                   //成绩成员
    struct student *next;        //指针成员
};
```

num 和 score 成员是结点的数据部分，分别存储学生的学号和成绩，next 成员是指针部分，next 指向的数据类型与其本身所在结点的数据类型一样，所以采用了结构的递归定义。希望读者能够很好地理解。

10.1.2　处理动态链表所需的函数

建立动态链表是指在程序执行过程中依次申请内存结点单元，为结点数据成员赋值，并建立起前后结点相链接的关系。动态链表中每一个结点所需的存储空间是在程序运行时通过调用库函数进行分配的，不需要时也是通过库函数来释放的。申请内存空间用函数 malloc 实现，释放内存空间用函数 free 实现。函数的原型在头文件 stdlib.h 或 malloc.h 中声明。

1. malloc() 函数

函数原型：void *malloc(unsigned size)

函数功能：分配大小为 size 的连续内存区域，返回分配区域的起始地址，若函数调用失败返回 NULL。

函数的返回值类型为 void *类型，在使用时要将 void *类型强制类型转换为指定的指针类型。对于参数 size，一般不使用常数，而是利用 sizeof 运算符来计算内存区域的大小。

如果要申请大小为 struct student 结构类型的动态内存区域，并得到内存区域的起始地址，那么要将 malloc 函数的返回值类型 void*转换为 struct student *。

例如：申请一段内存区域，其大小为 struct student 类型所占字节数，正确的表示方式为：

```
struct student *ptr;
ptr=( struct student *) malloc(sizeof(struct student));
```

其中，**ptr** 为指向所申请的内存区域首址。

如果有宏定义：

```
#define LEN sizeof(struct student)
```

则申请内存区域的语句可简化为：

```
ptr=( struct student *) malloc(LEN);
```

2. free()函数

函数原型：void *free(void *ptr)

函数功能：释放由 ptr 指向的内存区域。

由 malloc 申请的内存区域是在堆内存中进行分配的,这样的内存区域系统不会自动释放。为保证堆区的有效利用，在动态分配的内存区域不再使用时，应及时进行释放，否则可能引起内存泄漏。

10.1.3 建立动态链表

根据输入数据建立单向动态链表的方法有两种：头插法和尾插法。

头插法是指新增结点插入当前链表的表头；尾插法是指将新结点插入到当前链表的表尾。

头插法建立单链表的算法虽然简单，但生成链表结点的次序和输入数据的顺序不一致。尾插法生成的链表结点的次序和输入数据的顺序是一致的，但要多用一个指针，该指针始终指向当前链表的尾结点。

下面我们以尾插法进行讲解，对于头插法，读者可以自己进行练习。

采用尾插法建立单向链表，新增结点添加到表尾后成为新链表的表尾，而表尾结点的指针成员总是指向 NULL，所以在申请新结点时，可以将新结点的指针成员初始化为 NULL。由三个结点构成的动态链表算法描述如图 10.3 所示。

对图 10.3 算法进行说明：

(1)初始状态时，链表未建立，无任何结点，所以头指针 head 初值为 NULL，结点数 n 为 0。

(2)申请一个结点所需的存储空间，指针 p1 指向该结点所在存储区域的首地址，输入相应的数据给结点 p1 的数据成员，并将结点 p1 的指针成员设置为 NULL。

(3)增加一个结点后，结点数 n 的值加 1。

(4)如果 n 的值为 1，则表示结点 p1 是第一个结点，也就是头结点，头指针 head 指针指向它；否则，将结点 p1 链到刚建立的链表末尾。

一个新结点链到链表后，它将变为新链表的尾结点，为了链接下一个新结点，所以要保留链表的尾结点。因此引入指针变量 p2 指向已建立的链表的尾结点。

(5)如果还有新结点未建立完，转 S2 继续执行；否则，建立链表结束。

为了以便于读者更容易理解，用图 10.4 演示了链表的建立过程。

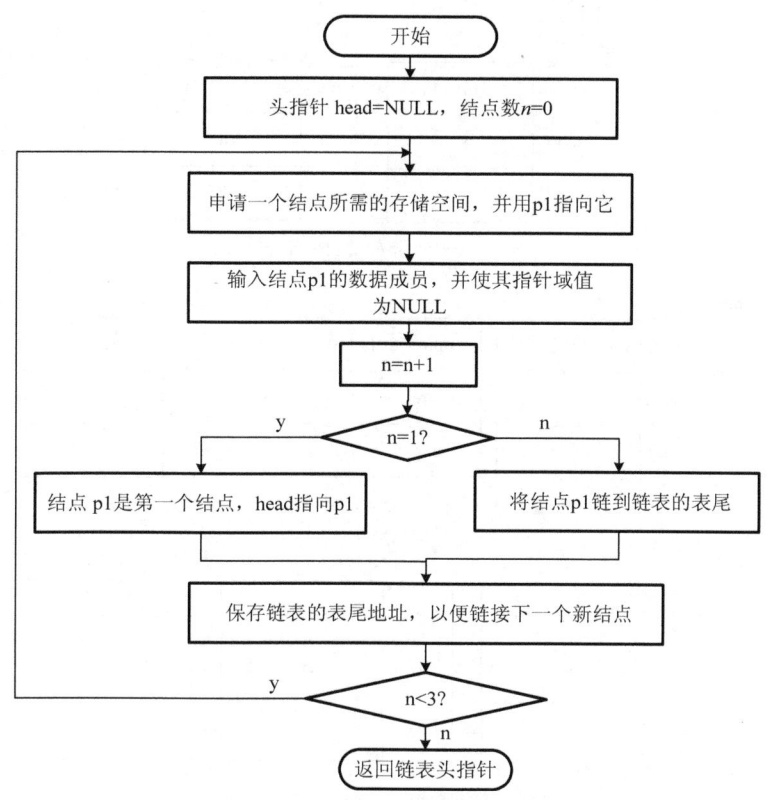

图 10.3　建立单向动态链表的算法

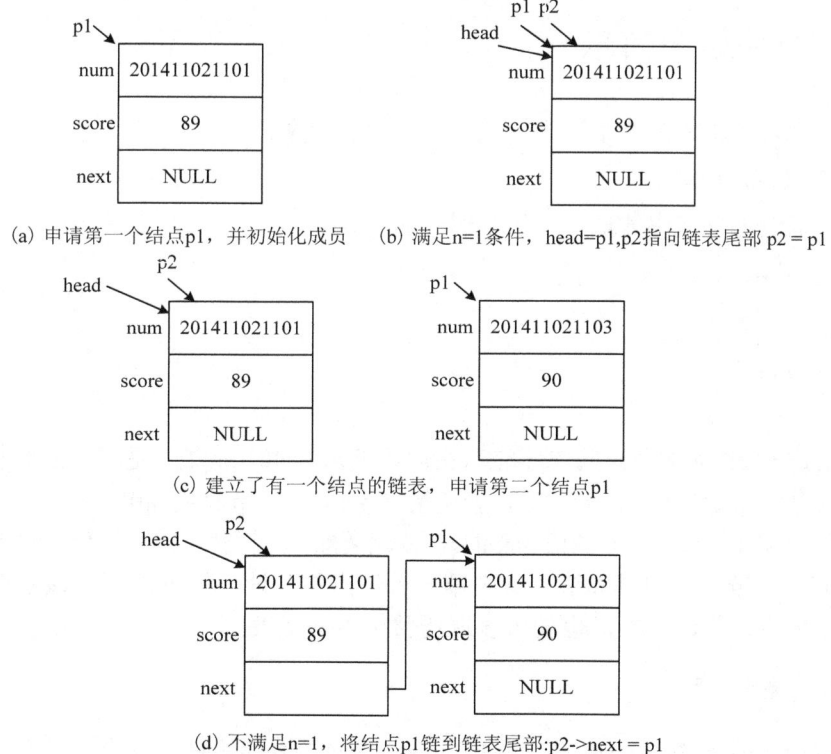

图 10.4　有三个结点的链表建立过程

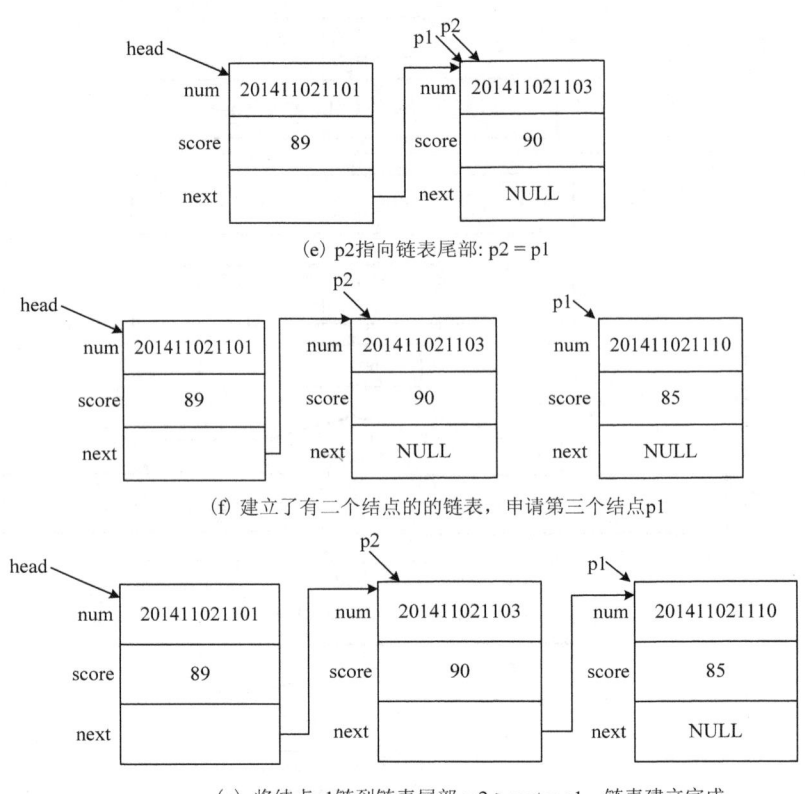

(e) p2指向链表尾部: p2 = p1

(f) 建立了有二个结点的的链表，申请第三个结点p1

(g) 将结点p1链到链表尾部 :p2->next = p1，链表建立完成

图 10.4 有三个结点的链表建立过程(续)

10.2 输出学生链表信息

在第 8 章学习了指针与一维数组的关系，如果有定义：

```
int a[3],*p=a;
```

那么可以通过如下代码能遍历一维数组 a 的元素：

```
while( p < a + 3)
{
    printf("%d",*p );
    p++;
}
```

可以使用 p++ 来移动指针变量，使 p 依次指向数组元素 a[0]～a[2]，是因为数组中的元素 a[0]、a[1]、a[2]在内存区域中的地址是连续的，若初始化 p=a，表示 p 指向 a[0]，p 的值为&a[0]，当进行 p++ 运算后，p 将指向 a[1]，p 的值为&a[1]，依此类推，这样就可以遍历整个数组了。

对于单向动态链表，如果知道了链表第一个结点的地址，就可以通过该结点的指针成员找到其下一个结点，依此类推，也就可以遍历整个单向链表。

10.2.1 链表的遍历

图 10.5 表示一个已建好的单向链表 L，head 指向链表的第一个结点，可通过以下的操作步骤，把链表 L 中的各个结点都能访问一遍，这一操作过程称为"遍历"。

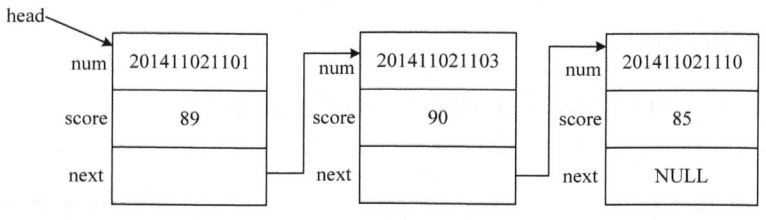

图 10.5 单向链表 L

在 10.1.1 节中讲过，头指针 head 非常重要，它始终指向链表的第一个结点，除非头结点变化，否则 head 的值不能随意改变。定义一个指针变量 p，开始时 p 也指向头结点，然后逐渐移动指针变量 p 到后续结点，直至 p 指向链表结束符为止。遍历单向链表的算法如图 10.6 所示。

图 10.7 和图 10.8 演示了输出链表结点算法：

图 10.7 指示指针变量 p 指向链表头结点，输出指针变量 p 所指的结点数据。

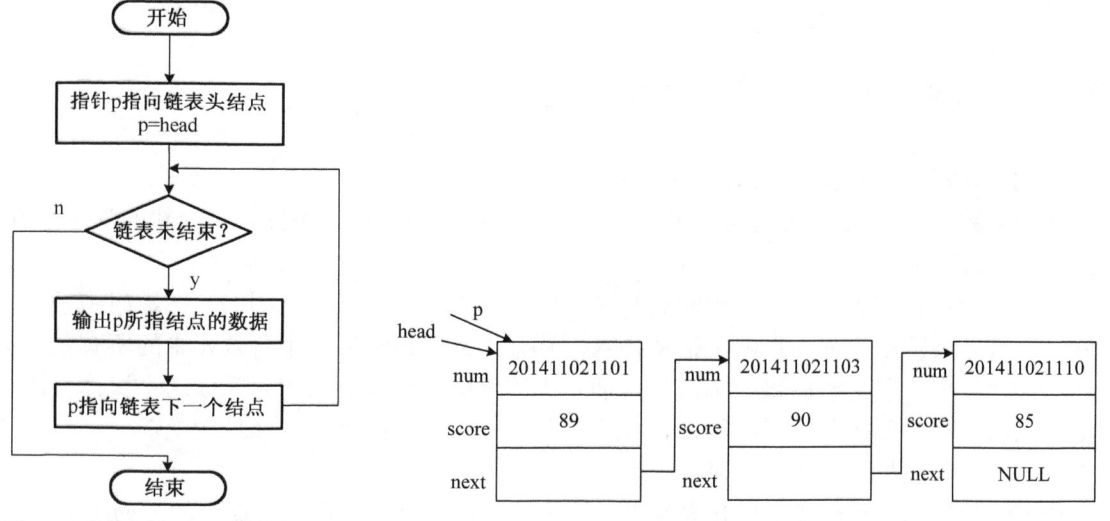

图 10.6 输出链表结点算法描述　　　　图 10.7 用指针变量 p 指向链表头结点 p=head

执行 p=p->next 操作后，指针变量 p 指向链表下一个结点，如图 10.8 所示。

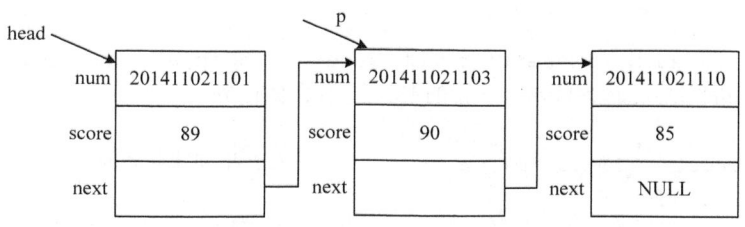

图 10.8　p 指向其下一个结点 p=p->next

由于链表逻辑上相邻的两个结点在内存中的物理地址不相邻，不能用 p=p+1 或 p++ 来实现将 p 移至下一个结点，而只能通过 p 所指结点的 next 成员所存储的下一个结点的地址来得到，即用 p= p->next 来实现指针变量指向下一个结点。

当 p 指向最后一个结点时，链表并未结束，如果再执行 p=p->next 操作，由于最后一个结点的 next 成员值为 NULL，所以 p 的值为 NULL，此时链表结点访问完毕，链表遍历结束。

10.2.2 链表遍历的简单应用

例如：输出如图 10.8 所示的单向链表中的各结点信息。

程序描述：

```c
void output(struct student *head)            //形参为链表的头指针
{
    struct student *p;                       //增加指针变量 p
    p = head;                                //p 指向头结点
    while( p != NULL )                       //当链表结点未访问完成就执行循环体
    {
        printf("%s %d->",p->num,p->score);   //输出结点 p 的数据成员
        p = p->next;                         //将 p 指向后续结点
    }
    printf("NULL\n");
}
```

10.3 在链表中插入一个新学生信息

【案例 10.2】 在单链表中插入数据。

问题描述： 在一个已按学生学号由小到大顺序排列的单向链表中插入一个新的学生信息，使插入后的链表仍有序。

问题分析： 在链表中插入一个元素与在数组中插入一个元素是不同的。在数组中插入一个元素，首先要腾出位置，也就是把从插入位置开始到数组最后一个有效元素的所有元素依次向后移动一个位置，然后将一个新元素插入到数组中。但在链表中要完成这个操作就比较简单。只需要找到要插入位置的结点，并记录其前一个结点的地址，然后改变前一结点和新插入结点的指针成员的值就可实现。

说明： 执行本例程序需要的包含文件、宏定义、结构体类型声明、调用的 creat() 函数、output() 函数等均与案例 10.1 相同，在此例中未列出。如果同学们上机验证本案例，需参考案例 10.1 中的相关内容。

程序描述：

```c
struct student *insert(struct student *head,struct student *q)
//将 q 所指结点插入到 head 所指的链表中,并保持有序
{
    struct student *p1,*p2;          //p2 指向待判断的结点,p1 为 p2 前的结点
    p2=head;
    if(p2 == NULL)                   //如果 head 链表是空链表
    {
        head = q;                    //新结点 q 为第一结点
        return head;                 //返回头结点指针
    }
    //如果结点 p2 不是要插入的位置且 p2 不是尾结点就继续判断下一个结点
    while(strcmp(p2->num,q->num) <= 0  && p2->next!=NULL)
    {
```

```c
            p1=p2;
            p2=p2->next;
        }
        if(strcmp(p2->num, q->num)>0)        //结点q插入位置在结点p2前
        {
            if(p2 == head)                   //结点p2是头结点,结点q就为新的头结点
            {
                q->next = head;
                head = q;
            }
            else                             //结点p2不是头结点,将结点q插入到结点p2前
            {
                p1->next=q;
                q->next = p2;
            }
        }
        else
            p2->next=q;
        return head;
}

int main(void)
{
    struct student *head,*s;            //定义所需创建链表的头指针
    int i,score;
    char num[13];
    head =creat();                      //调用案例10.1creat函数,返回链表的头指针
    printf("\nOutput List :\n");
    output(head);                       //调用10.2.2节中output函数,输出链表结点
    printf("\n在链表插入三个结点：\n");
    for(i = 1;i <= 3;i++)
    {
        printf("\n 输入第%i 个新结点的 num,score：\n",i);
        s = (struct student *)malloc(LEN);   //申请建立结点s
        scanf("%s%d",num,&score);
        strcpy(s->num ,num);                 //为结点s各成员赋值
        s->score = score;
        s->next = NULL;
        head = insert(head,s);               //调用insert函数，插入结点s
        output(head);
    }
    return 0;
}
```

程序运行结果如下：

链表插入结点分析:

图 10.9 表示一个已建好的单向链表和待插入链表的结点 q,head 指向链表的第 1 个结点,结点 q 的 num 成员暂未给定,用"?"号表示,根据插入位置给定其值。

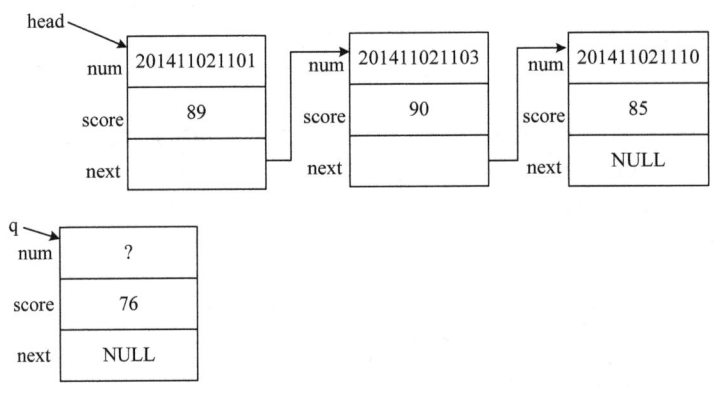

图 10.9 将结点 q 插入链表

在一个链表中插入一个结点的算法如图 10.10 所示。

将结点 q 插入到 head 链表,插入位置可能会有以下三种情况:

(1)在链表头结点前插入结点 q;
(2)在链表中间某一位置插入结点 q;
(3)在链表尾部插入结点 q。

首先,分析第 1 种情况,在链表头结点前插入一个结点。

如果将结点 q 插入到链表的头结点前,则结点 q 就成为新链表的头结点,head 就必须指向 q,而结点 q 的 next 成员将指向原来的头结点。这一操作过程可通过以下语句实现: q->next=head;head=q;。注意指针赋值的先后顺序(先右后左),不要丢失结点。图 10.11 显示了操作完成后的情况。

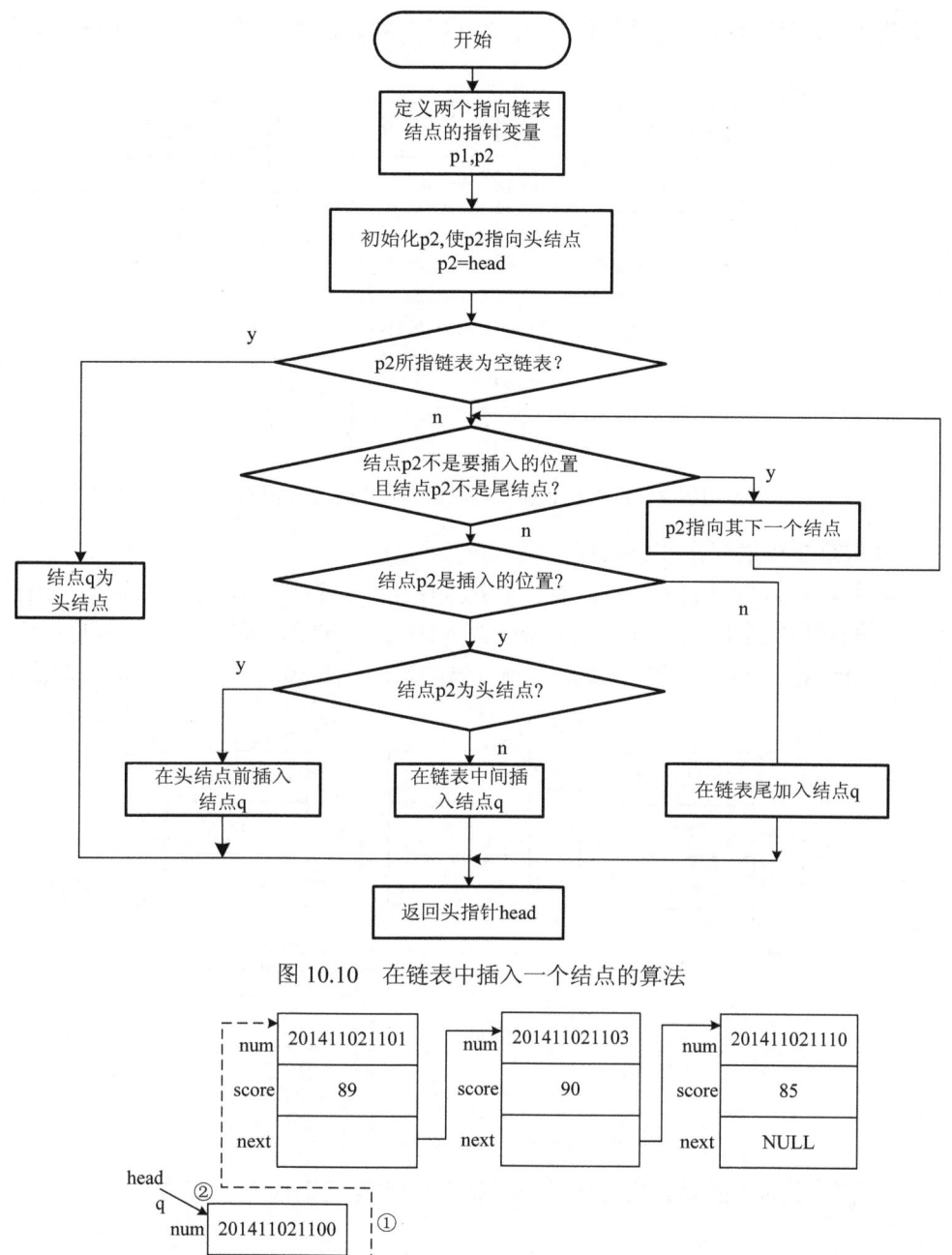

图 10.10 在链表中插入一个结点的算法

图 10.11 结点 q 插入到链表头结点前

然后，分析第 2 种情况，在链表中间某一位置插入一个结点。

如果将结点 q 插入到链表的第 i 个结点之前，首先要找到第 i 个结点的地址，同时还需要记住第 i-1 个结点的地址，此处用指针变量 p1 和 p2 分别指向第 i-1 个结点和第 i 个结点。然后顺序执行语句 q->next=p2; p1->next = q;，就可以将结点 q 插入链表第 i 个结点之前。图 10.12 显示了操作完成后的情况。

· 205 ·

请读者思考,是否还有别的执行语句可以将 q 所指结点插入到链表的第 i 个结点之前呢?

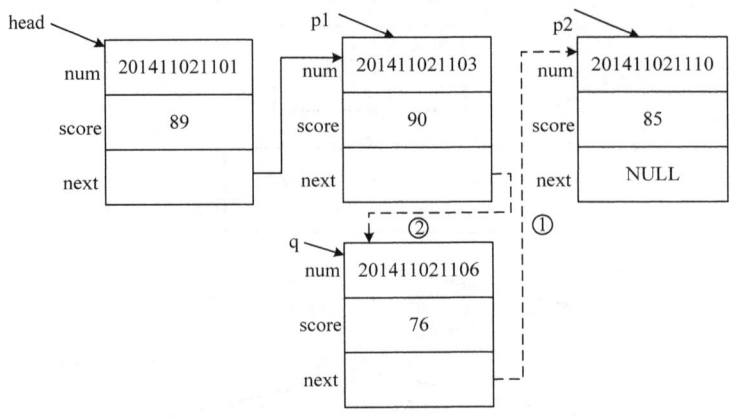

图 10.12　将结点 q 插入链表第 i 个结点之前(i=3)

最后,分析第 3 种情况,在链表尾部插入一个结点。

如果将结点 q 插入到链表的尾部,首先要找到尾结点。查找尾结点的过程是:指针 p1 和 p2 在链表中不断后移所指结点,直到 p2->next 为 NULL 时 p2 所指的结点就是最后一个结点。然后执行 p2->next=q;,就可以将结点 q 插入到链表的尾部。图 10.13 显示了操作完成后的情况。

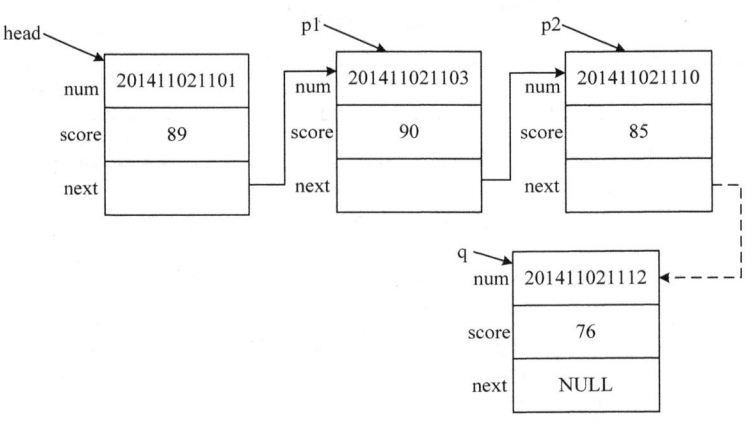

图 10.13　将结点 q 插入链表的尾部

链表结点的顺序插入需要分析上述的三种情况,才能正确插入一个结点。

10.4　在链表中删除一个指定学生信息

【**案例 10.3**】 在单链表中删除数据。

问题描述:在如图 10.13 所示的单向链表中,删除第 i 个结点。i 由键盘输入。

问题分析:在链表中删除第 i 个位置的结点,首先要从链表的第 1 个结点开始,顺序找到第 i 个结点的位置,然后删除该结点。在链表中删除一个结点与在数组中删除一个元素不同。

在数组中删除第 i 个位置的元素,其实是用第 i+1 位置的元素覆盖第 i 位置的元素,i+2 位置元素覆盖第 i+1 位置的元素,依此类推,直到数组最后的一个元素覆盖其前一位置元素为止,然后将有效元素的个数减 1。

在单向链表中要删除第 i 个结点,则只需要将第 i-1 个结点的指针成员指向第 i+1 个结点,就可完成删除第 i 个结点的操作。因此需要找到第 i 个结点,并记住其前一个结点的地址。

说明:执行本例程序需要的包含文件、宏定义、结构体类型声明、调用的 creat() 函数、output() 函数等均与案例 10.1 相同,在此例中未列出。如果同学们希望上机验证本案例,需参考案例 10.1 中的相关内容。

程序描述:

```c
//从链表 head 中删除与第 i 个结点
struct student* delno(struct student *head ,int i )
{
    struct student *q,*p;           //p 指向第 i 个结点,q 指向第 i-1 个结点
    int j;
    if(head == NULL)                //如果是空表,未有删除的结点
    {
        printf("Empty list!");
        return head;
    }
//从头结点开始,找到第 i 结点
    for(j = 1,p = head; j != i && p != NULL; q = p,p = p->next, j++);
    if(p == NULL)                   //链表已找完,未有 i 个结点
    {
        printf("%d not been found!\n",i);
    }
    else                            //找到第 i 个结点,删除该结点
    {
        if(p == head)               //删除结点是第一个结点,修改链表头指针
            head = head->next;
        else
            q->next = p->next;      //删除非头结点
        free(p);                    //释放 p 所指空间
    }
    return head;
}
int main(void)
{
    struct student *head;           //定义所需创建链表的头指针
    int i;
    head =creat();                  //调用案例 10.1 创建链表函数
    printf("\nOutput List :\n");
    output(head);                   //调用 10.2.2 节中 output 函数,输出链表结点
    printf("\n 要删除的结点号为: ");
    scanf("%d",&i);
    head =delno(head,i);            //调用函数删除第 i 个结点
    printf("\n Output List :\n");
    output(head);
    return 0;
}
```

程序运行结果如下：

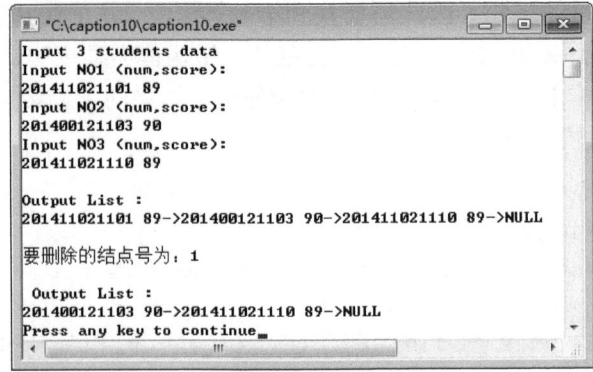

链表中删除结点分析：

图 10.13 表示一个已建好的单向链表，head 指向链表的第 1 个结点，删除链表中第 i 个结点。在链表中删除第 i 个结点的算法如图 10.14 所示。

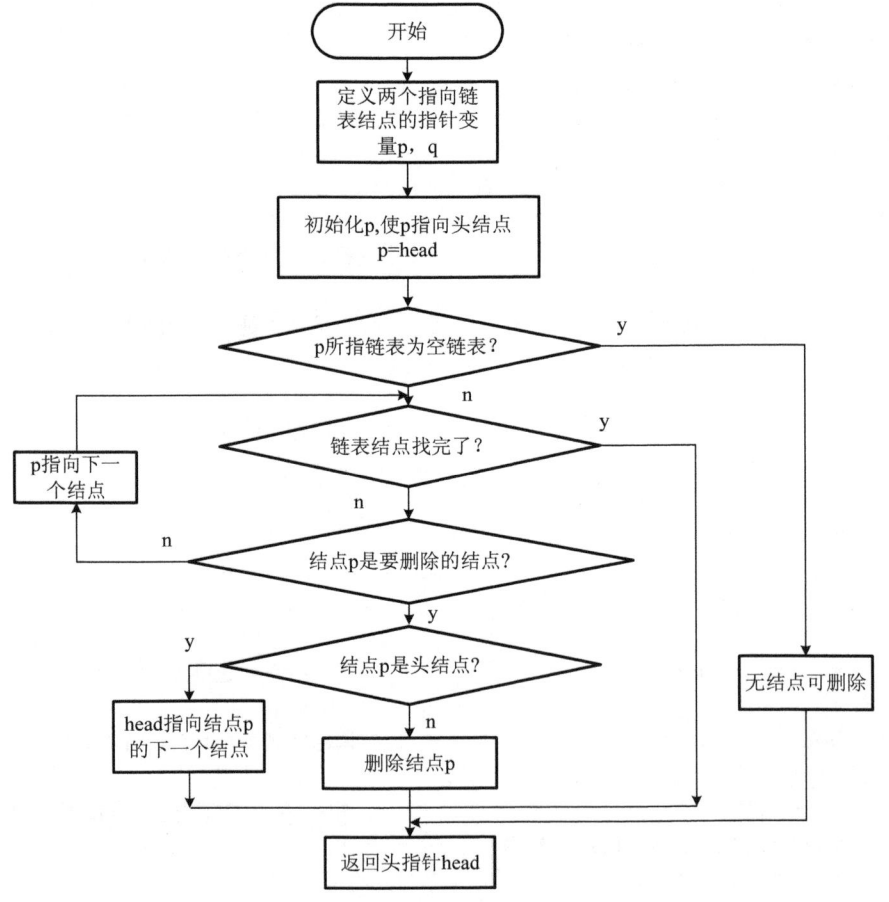

图 10.14　删除链表中指定结点的算法

在链表中删除一个结点，可能会有以下两种情况：
（1）删除的结点是链表头结点。
（2）删除的结点是非头结点。

首先，分析第 1 种情况，删除的结点是链表头结点。

如果要删除的第 i 个结点是头结点，则头结点的下一个结点将为新的头结点，指针 head 的值就要指向新的头结点。执行语句 head = head->next;。图 10.15 显示了删除头结点的情况。

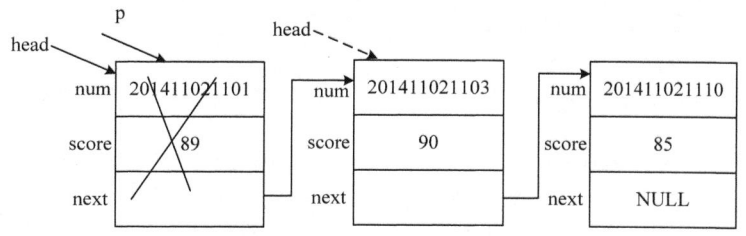

图 10.15　删除链表第 1 个结点

然后，分析第 2 种情况，删除链表中非头结点。

如果要删除的第 i 个结点不是头结点，则在删除该结点前，需要记住第 i-1 个结点的地址，此处用指针变量 p 和 q 分别指向第 i 个结点和第 i-1 个结点，执行语句 q->next= p->next;，就可以将第 i 个结点 p 删除。图 10.16 显示了删除非头结点的情况。

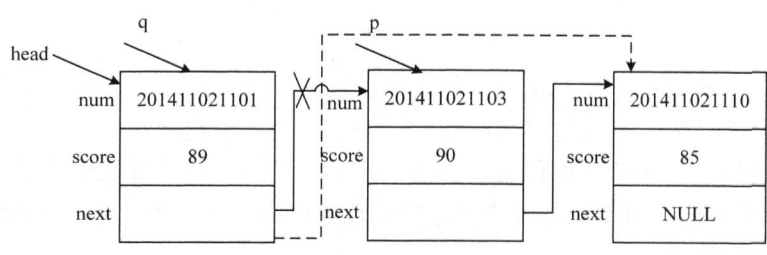

图 10.16　删除链表非头结点

【案例 10.4】 实现的功能是删除第 i 个结点，也可以删除与指定结点的数据成员（如学号）相同的结点。例如：删除链表中学号与指定学号相同的结点。

主函数调用删除函数给定的实际参数为链表头结点指针和学号信息，删除函数的形式参数为指向结点的指针变量和指向字符的指针变量。函数定义为下：

```
struct student *dele(struct student *head,char *s)
{
    struct student *p,*q;
    int flag = 0;                        //删除标志,初值为 0
    p=head;
    if (p == NULL)
    {
        printf("空链表，无结点可删除!\n");
        return head;
    }

    while(p!=NULL)
    {
        if( !strcmp(p->num,s))           //结点 p 是要删除的结点
        {
            if(p==head)                  //结点 p 是头结点,head 指向 p 所指结点的下一个结点
```

```
                    head=p->next;
                else                        //删除非头结点
                {
                    q->next=p->next;
                    free(p);
                    p = q;
                    flag = 1;               //删除了结点,修改删除标志
                }
                break;                      //因为学号不能重复,删除的结点最多只有一个
            }
            q=p;
            p=p->next;
        }
        if( !flag)                          //如果 flag=0 则未找到删除的结点
            printf("没有找到要删除的结点!\n");
        else
            printf("删除结点成功!\n");
        return head;
    }
```

若要删除的结点只有一个,操作相对简单。例如,删除链表中学号为 201411021103 的学生信息,学号是唯一的,因此最多只可能有一个学生结点被删除。

若要删除的结点有多个,操作可能会复杂一点。例如,删除链表中成绩为 95 学生信息。成绩为 95 的学生可能会有多个,因此删除的结点数可能不止一个,请读者思考应如何修改程序呢?

10.5 动态组织数据综合应用

10.5.1 用 typedef 命名已有类型

C 语言除了提供标准类型名(如 int,char 等)和编程人员自己声明的自己定义类型(如结构体等)外,还提供了用 typedef 产生新的数据类型名代替已有的数据类型名的机制。

例如:用 typedef 声明一个新的类型名

1. 代替原有的类型名

```
typedef int LENGTH;              //指定 LENGTH 代表 int 类型
LENGTH len,*p;                   //等价于 int len,*p;
```

2. 命名一个新的类型名代表一个指针类型

```
typedef char *STRING;
STRING p,s[10];                  //等价于 char *p, *s[10];
```

p 为字符指针变量,s 为具有 10 个字符指针构成的数组。

3. 命名一个新的类型名代表结构体类型

```
typedef struct node
```

```
{
    int data;
    struct node *link;
}NODE;
```

NODE　*head;　等价于　struct node *head;

类型定义的一般格式为

  typedef 类型名 标识符

"类型名"必须是此语句之前已有定义的类型标识符，"标识符"是用户定义标识符，用作新类型名。

为了便于读者掌握一个新类型名的命名方法，我们把命名一个新类型名的具体步骤列出如下：

(1)按定义变量的方法写出定义的主体。

例如：int i;

(2)将变量名换成新类型名。

例如：将 i 换成 INTEGER

(3)在最前面加 typedef。

例如：typedef int INTEGER

(4)可以用新类型名去定义变量了。

例如：INTEGER　i,j;

【练习1】命名一个新的类型名代表具有 10 个整型数据元素的数组类型。

【练习2】命名一个新的类型名代表指向返回值为 int 类型，且有两个整型形参的函数的指针类型。

说明：

(1)用 typedef 只是对已经存在的类型指定一个新的类型名，而没有创造新的类型。

(2)用 typedef 声明数组类型、指针类型、结构体类型等，使得编程更加方便。

(3)当不同源文件中用到同一类型数据时，常用 typedef 声明一些数据类型。可以把所有 typedef 声明的类型名单独放在一个头文件中，然后在需要用到它们的文件中用#include 指令把它们包含到文件中。这样编程者就不需要在自己的中文件用 typefef 声明类型名了。

(4)使用 typedef 声明类型名有利于程序的通用与移植。有时程序会依赖于硬件特性，用 typedef 类型就便于移植。

10.5.2　综合应用

【案例 10.5】　一个小游戏——猴子选大王。

问题描述：n 只猴子围坐成一个圈，按顺时针方向从 1 到 n 编号。然后从 1 号猴子开始沿顺时针方向从 1 开始报数，报到 m 的猴子出局，再从刚出局猴子的下一个位置重新开始报数，如此重复，直至剩下一个猴子，它就是大王。

问题分析：以 n=8，m=5 为例，猴子选大王的过程如图 10.17 所示。

从 1 号开始报数，数到 5 时，5 出圈；6 号接着从 1 开始

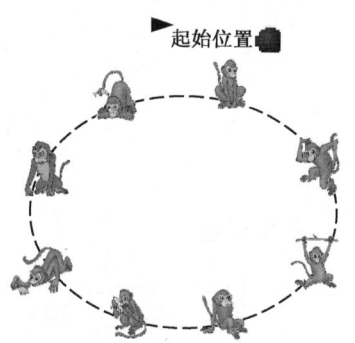

猴子出圈顺序：5 2 8 7 1 4 6 3

图 10.17　猴子选大王

报数，7号数2，8号数3，由于是一个圈，1号接着数4，数到5时2号出圈……依此类推，直到圈中只剩下一只猴子3号，3号就是要找的大王。

猴子选大王的过程中，需要不断地将数到 m 的猴子从圈中删除，频繁删除数据的操作采用单向链表容易实现。再者，在报数的过程中，当数到 8 号猴子后，下一个是 1 号猴子。如果 1 号猴子是单向链表的第 1 个结点，8 号猴子是单向链表中的最后一个结点，此时，8 号猴子的下一个结点就不再是 NULL，而应该是 1 号结点。这样首尾相连的单向链表就是循环单向链表，如图 10.18 所示。

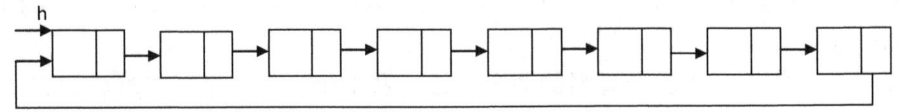

图 10.18 循环链表模拟猴子围成一个圈

图 10.19(a)～(c)模拟了用循环链表实现猴子选大王的过程。在循环链表中指针变量 p 指向报数的猴子，q 则始终指向 p 的前一个结点。刚开始时，p 和 q 可指向开始的第 1 个结点，然后，通过执行 q=p;p=p->next；达到 q 指向 p 的前一个结点，如图 10.19(a)所示。每次开始新一轮报数时，p 总是从 q->next 开始。当报数计到 m 时即找到了要出圈的猴子 p，输出 p 的信息，并将 p 从链表中删除，如图 10.19(b)所示。如此循环，直到链表只剩下最后一个猴子为止结束游戏，最后这只猴子就是大王。圈中只剩下最后一个猴子的条件是 q->next= = q，如图 10.19(c)所示。因此选大王的最外层循环条件应为 while(q->next! = q){…}。

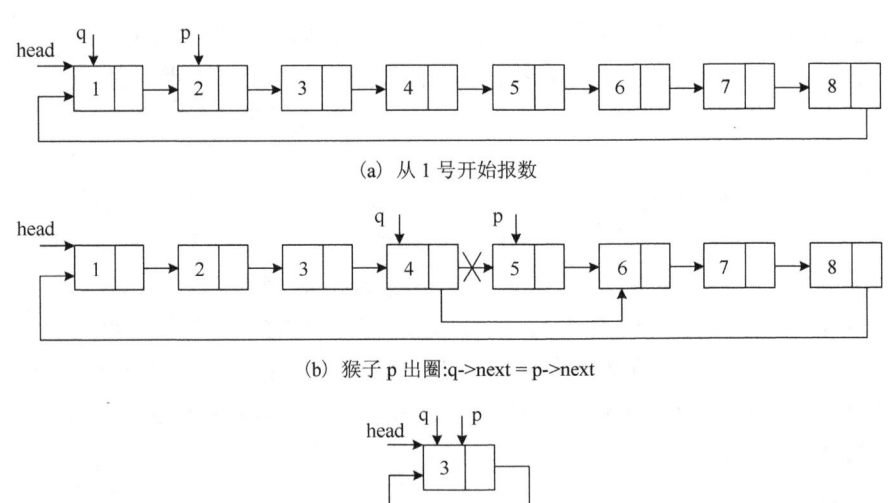

(a) 从 1 号开始报数

(b) 猴子 p 出圈:q->next = p->next

(c) 链表中结点只有一个 q->next = q 时，q 是大王

图 10.19 循环链表模拟猴子选大王

程序描述：

```
#include <stdio.h>
#include <stdlib.h>
#define LEN sizeof(NODE)
#define N 8                    //N:参选大王的猴子数
#define M 5                    //M:报数到出圈的数
```

```c
typedef struct person
{
    int num;
    struct person *next;
}NODE;

void traverse(NODE *head)
{
    NODE *p;
    p=head;
    do
    {
        printf("%d ",p->num);
        p=p->next;
    }while(p!=head);
    printf("\n");
}

NODE *create()                      //用尾插法创建由 N 个结点构成的链表
{
    NODE *head,*p,*q;
    int i;
    head=NULL;
    if(N<=0)                        //如果参选大王的猴子数不正确，返回 NULL
        return NULL;
    for(i=1;i<=N;i++)
    {
        p = (struct person *)malloc(LEN);
        p->num = i;
        p->next= NULL;
        if(head == NULL)
            head = p;
        else
            q->next =p;
        q=p;
    }
    q->next = head;                 //将链表尾结点链到头结点，构成循环链表
    return head;
}

int play(NODE *head)
{
    NODE *p,*q;
    int i;

    p=q=head;                       //初始状态时 p.q 均指向头结点
    printf("依次出局的是：");
    while(q->next != q)             //当链表中剩下的结点不止一个时继续选大王
```

```c
        {
            for(i=1;i<M;i++)            //开始从1报数到m时结束
            {
                q=p;                    //p为报数猴子,q为的前一个结点
                p=p->next;
            }
            printf("%d ", p->num );     //报数到M时,输出出圈p
            q->next = p->next;          //p出圈
            p = q->next;                //p指向下一次从1开始报数的结点
        }
        return q->num;
    }

    int  main(void)
    {
        NODE *head;
        int i;
        printf("\n猴子数为:%d\n",N);
        head = create();
        if (head != NULL)
        {
            printf("猴子编号:");
            traverse(head);
            printf("报数到出圈的数为:%d\n",M);
            i = play(head);
            printf("\n最后剩下的结点是:%d\n",i);
        }
        else
        {
            printf("链表为空!\n");
        }
        return 0;
    }
```

程序运行结果如下：

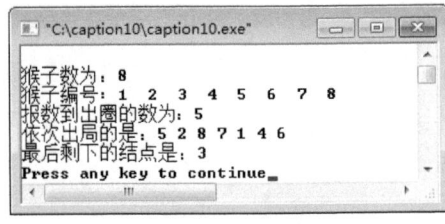

本 章 小 结

动态组织数据就是程序在运行的过程中，根据需要动态地分配内存存储区域，并在不需要的时候释放所申请的内存区域。

链表是常用的数据结构，它是动态组织数据的典范。在链表中，在物理上不相邻的两个结点，通过在每个结点中增加一个指针成员，指针成员的值为下一个结点的地址以实现逻辑上的相邻。

链表中每个结点是一个结构体类型，结构体类型由两个部分组成：一个部分是数据成员，另一个部分是指针成员。数据成员存放数据信息，指针成员指向下一个结点。

对于单向链表来说，最重要的是链表的头指针，如果不知道链表的头指针，就无法找到链表，也就不可能对链表进行任何的操作。如果大量的动态结点都处于失联状态，还会引起内存泄露。

循环链表是一种首尾相接的链表。在循环链表中，从任一结点出发都可访问到表的所有结点。

链表中链表建立、元素的插入、删除、查找等基本操作需要熟练掌握。

表10.2 给出了常见的链表操作。链表中涉及的结点和变量如下：

```
typedef struct node{
char c;
struct node * next;
}NODE;
NODE  *p,*q;
```

表 10.2　链表中常见的指针操作

操作	操作前	操作后
q=p	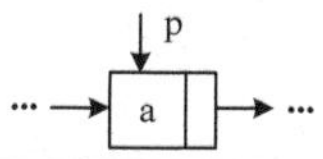	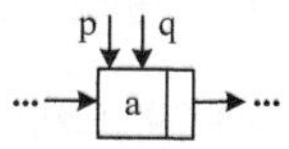
q=p->next	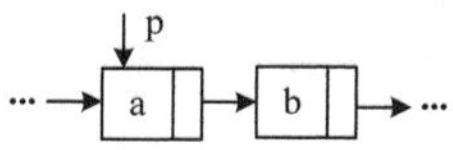	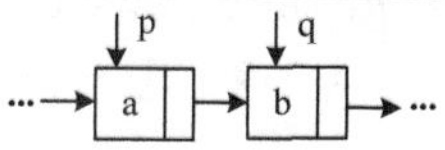
p=p->next	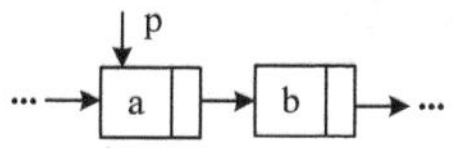	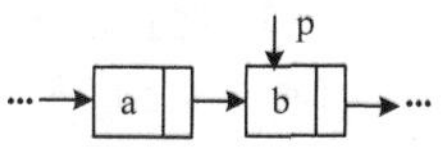
p->next=q->next	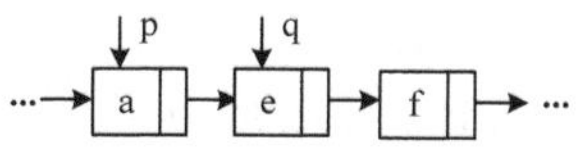	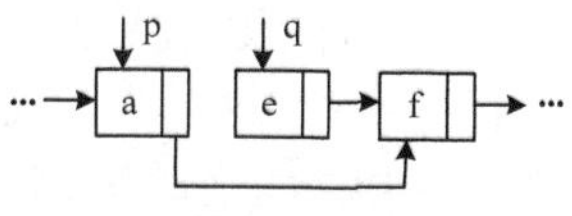 结点 e 丢失
	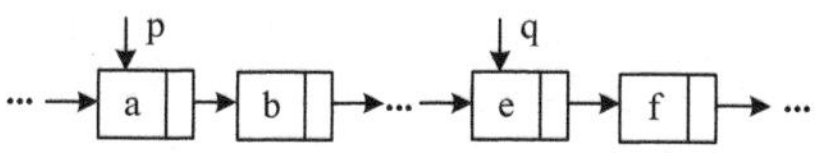	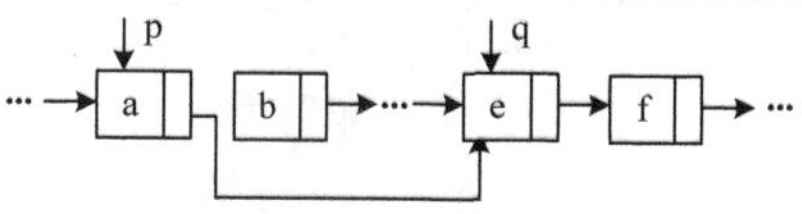 p，q 间的多个结点可能会丢失

习　题　10

一、选择题

1. 设有以下定义的链表，则 num 值为 104 的表达式是（　　）。

　　struct st{

```
        int num;
        struct st *next;
    };
    struct st s[4] = {101,&s[1],104,&s[2],109,&s[3],110,NULL},*p=s;
```

A. p->num   B. (p->num)++   C. ++p->num   D. p->next->num

2. 以下程序的输出结果是(　　)。

```
#include <stdio.h>
#include <stdlib.h>
void fun(int *s , int p[2][3])
{
    *s = p[1][1];
}
int main(void)
{
    int a[2][3] = {{1,2,3},{4,5,7}}, *p;
    p = (int*)malloc(sizeof(int));
    fun(p,a);
    printf("%d",*p);
    return 0;
}
```

A. 1   B. 5   C. 4   D. 7

3. 以下程序的输出结果是(　　)。

```
#include <stdio.h>
#include <stdlib.h>
void fun(float *p1,float *p2,float *s)
{
    s = (float*)malloc(sizeof(float));
    *s = *p1 + *(p2++);
}
int main(void)
{
    float a[2]={2.3,4.5},b[2] = {12.3,15.1};
    float *s = a;
    fun(a,b,s);
    printf("%f",*s);

    return 0;
}
```

A. 14.600000   B. 16.800000   C. 17.400000   D. 2.300000

4. 以下程序的输出结果是(　　)。

```
struct st{
    int x;
    int *y;
}*p;
int s[4] = {10,20,30,40};
```

```
int main(void)
{
    struct st d[4]={50,&s[0],60,&s[0],60,&s[0],60,0};
    p=d;

    printf("%d\n", ++p->x);
    printf("%d\n", (++p)->x);
    printf("%d\n",++(*p->y) );
    return 0;
}
```

A. 10　　　　　　B. 50　　　　　　C. 51　　　　　　D. 60
　　20　　　　　　　　60　　　　　　　　60　　　　　　　　70
　　20　　　　　　　　21　　　　　　　　11　　　　　　　　31

5. 若已建立如下链表结构,指针 p 和 s 分别指向题图 10.1 所示结点,则能够将 s 指针指向结点从链表中删除并释放该结点的语句组是(　　)。

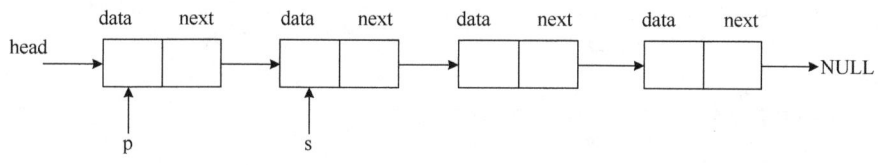

题图 10.1

A. free(s);
　 p->next = s->next

B. s = s->next;
　 p->next = s;
　 free(s);

C. p->next = s->next
　 free(s);

D. s = s->next;
　 p->next = s;
　 p=p->next;
　 free(s);

6. 以下叙述中错误的是(　　)。
　 A. 可以通过 typedef 增加新的类型
　 B. 可以用 typedef 将已存在的类型用一个新的名字来代表
　 C. 用 typedef 定义新的类型名后,原有类型名仍有效
　 D. 用 typedef 可以为各种类型起别名,但不能为变量起别名

7. 若要说明一个类型名 STP,使得定义语句 STP s 等价于 char *s,以下选项中正确的是(　　)。
　 A. typedef STP char *s;　　　　　B. typedef *char STP;
　 C. typedef stp *char;　　　　　　D. typedef char* STP;

8. 以下各选项企图说明一种新的类型名,其中正确的是(　　)。
　 A. typedef v1 int;　　　　　　　B. typedef v2=int;
　 C. typedef int v3;　　　　　　　D. typedef v4: int;

二、填空题

1. 为了建立如题图 10.2 所示的存储结构（即每个结点含两个域，是数据域，是指向结点的指针域）。请填空。

```
struct link
{
    char data;
    _____
}node;
```

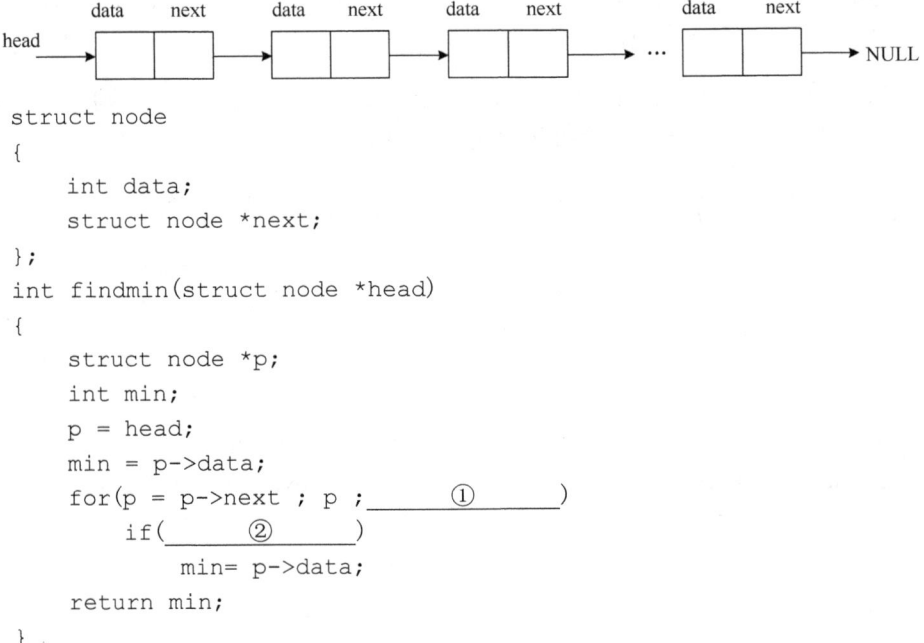

题图 10.2

2. 以下 findmin 函数的功能是：查找不带头结点的单向链表中结点数据域最小的值，并将该值作为函数值返回。请填空。

```
struct node
{
    int data;
    struct node *next;
};
int findmin(struct node *head)
{
    struct node *p;
    int min;
    p = head;
    min = p->data;
    for(p = p->next ; p ;_____①_____)
        if(_____②_____)
            min= p->data;
    return min;
}
```

3. 以下函数 create 用来建立一个带头结点的单向链表，新产生的结点总是插在链表的末尾，单向链表的头指针作为函数返回。请填空。

```
#include <stdio.h>
#include <stdlib.h>
struct node{
    char data;
    struct node *link;
};
struct node *create()
{
    struct node *h,*p,*q;
    char ch;
    h =_____①_____malloc(sizeof(_____②_____));
    q = p = h;
    ch=getchar();
```

```
        while(ch != '#')
        {
            p =_____③_____malloc(sizeof(____④____)); ;
            p->data = ch;
            q->link = p;
            q = p;
            ch=getchar();
        }
        p->link =0;
        _____⑤_____;
    }

    int main(void)
    {
        struct node *head,*p;
        head = create();
        p=head->link;
        while(p)
        {
            printf("%c ",p->data );
            p = p->link;
        }
        return 0;
    }
```

4. link_len 函数的功能是求 head 所指链表的长度（结点个数），请补充完成程序。

```
    struct node
    {
        int a;
        struct node *link;
    };
    link_len(struct node *head)
    {
        struct node *p;
        int n =0;
        ____①____
        while(p)
        {
            _____②_____ ;
            _____③_____ ;
        }
        return n;
    }
```

5. 函数 create 按输入元素次序建立一个链表并返回表头指针，输入元素个数不定，如果输入的值为–1 是结束的标志。请填空。

```
    #include <stdio.h>
```

```
#include <stdlib.h>
typedef struct node{
    int data;
    struct node *link;
}NODE;

NODE *create()
{
    int begin=1;
    struct node *head,*newnode,*endnode;
    while(1)
    {
        newnode =(NODE *) malloc(sizeof( NODE));
        scanf("%d",&newnode->data);
        if(_____①_____)
            break;
        newnode->link = NULL;
        if(_____②_____)
        {
            head = endnode =newnode;
            begin = 0;
        }
        else
        {
            endnode->link = newnode;
            _____③_____;
        }
    }
    free(_____④_____);
    return head;
}

int main(void)
{
    struct node *head,*p;
    head = create();
    p=head;
    while(p)
    {
        printf("%d ",p->data );
        p = p->link;
    }
    return 0;
}
```

6. 函数 del 删除数据域的值为 data 的结点，释放其占用的空间，并返回表头指针。请填空。

```
#include <stdio.h>
#include <stdlib.h>
```

```
typedef struct node{
    int data;
    struct node *link;
}NODE;

NODE *del(NODE *head,int data)
{
    NODE *dele,*link;
    if(head == NULL)
        printf("\nEmpty!\n");
    else
    {
        dele =_____①_____;
        while(data != dele->data  && dele->link != NULL)
        {
            link = ___②___;
            dele = dele->link;
        }
        if (data == dele->data)
        {
            if (dele == head)
                head =_____③_____;
            else
                link->link = dele->link;
            free(_____④_____);
        }
        else
            printf("\n Not found!");
    }
    return head;
}
```

三、程序设计

1. 建立一个链表，每个结点包括学号、姓名、性别、年龄。学号是字符串，具有唯一性。

2. 在第 1 题的基础上，编写一个函数，查找指定的学号是否存在，如果存在，则输出相关学生信息；如果不存在，则显示"该学号不存在!"。

3. 在第 1 题的基础上，输入一个年龄，如果链表中的结点所包含的年龄等于此年龄，将结点删去。

4. 将一个链表按逆序排列，即将链头当链尾，链尾当链头。

5. 有两个链表 a 和 b，设结点中包含学号、姓名、性别、年龄，从 a 链表中删去与 b 链表中有相同学号的结点。

第 11 章 文 件

本章导读

文件对于计算机用户来说并不陌生，因为大量的程序、文档、数据、信件、表格、图片，以及其他很多种类的信息，平时总是以文件的形式存放在外部介质(磁盘、磁带、光盘等)中，需要时再将它们调入内存。因此，文件在今天的计算机系统中的作用是非常重要的。而作为一个程序员，如果在程序中需要对文件进行写入信息或读取其中的内容等操作，那么就应该了解有关文件的基本概念和相关的操作。

11.1 C 文件的概念

文件(file)是指由创建者所定义的，具有文件名的一组相关数据的有序集合。这里所说的文件名也称为文件标识，一个文件要有唯一的文件标识，以便用户识别和引用，这就是操作系统所说的"按名存取"。实际上在前面的各章中已经多次使用了文件，如源程序文件、目标文件、可执行文件、库文件(头文件)等。而对于文件的创建者而言，则可以是计算机用户或者是正在运行的某个程序。

文件有不同的类型，从不同的角度可对文件作不同的分类。从用户的角度看，文件可分为普通文件和设备文件两种。

普通文件是指驻留在磁盘或其他外部介质上的一个有序数据集，可以是源文件、目标文件、可执行程序；也可以是一组待输入处理的原始数据，或者是一组输出的结果。对于源文件、目标文件、可执行程序可以称为**程序文件**。而对输入输出数据，文件的内容不是程序代码，而是供程序运行时读写的数据，如一批学生的成绩数据、导航软件中的地图数据等，可以称为**数据文件**。对这类文件的操作通常是将内存的信息放到磁盘上保存，需要时再从磁盘上装入内存。

设备文件是指与主机相连的各种外部设备，如显示器、打印机、键盘等。在操作系统中，把外部设备也看作是一个文件来进行管理，把它们的输入、输出等同于对磁盘文件的读和写。通常把显示器定义为标准输出文件，一般情况下在屏幕上显示有关信息就是向标准输出文件输出。如前面经常使用的 printf、putchar 函数就是这类输出。键盘通常被指定为标准的输入文件，从键盘上输入就意味着从标准输入文件上输入数据。scanf、getchar 函数就属于这类输入。

而 C 语言把每个文件看作一个字节序列，即由一连串的字节组成，称为**流**(stream)，流提供了文件和程序的通信通道。输入输出字符流的开始和结束只由程序控制而不受物理符号(如回车符)的控制。因此也把这种文件称作"**流式文件**"。其特点是不分记录或块，将文件看成是信息"流"或看成是一个字符流(文本文件)，或看成是一个二进制流(二进制文件)。文件的存取是以字符(字节)为单位的，读写数据流的开始和结束受程序控制。任何一个文件都是以 EOF 结束，最简单的文件是只有结束符的空文件。C 语言对文件的存取以字节为单位。图 11.1 给出了 C 文件的表示方法。

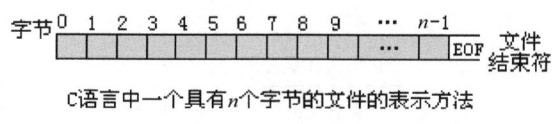

图 11.1　C 文件的表示

11.1.1 文本文件和二进制文件

根据数据的组织形式来看，文件可分为 ASCII 文件和二进制文件两种。二进制文件是基于值编码的文件，数据在内存中是以二进制形式存储的，如果不加转换地输出到外存，就是二进制文件，可以认为它就是存储在内存的数据的映像，所以称为**映像文件**(image file)。如果要求在外存上以 ASCII 编码方式存储，则需要再存储前进行转换。ASCII 文件也称为**文本文件**(text file)，是基于字符编码的文件。这种文件在磁盘中存放时每个字符对应一个字节，用于存放对应的 ASCII 码。

那么文件中的一个数据在磁盘中是如何存储的呢？字符一律以 ASCII 形式存储，数值型数据既可以用 ASCII 形式存储，也可以用二进制形式存储。如有整数 10000，如果用 ASCII 码形式输出到磁盘，则在磁盘中占 5 字节(每一个字符占 1 字节，分别为 31H，30H，30H，30H，30H)，而用二进制形式输出，如果使用的是 Visual C++6.0 时，则在磁盘上只占 4 字节，如图 11.2 所示。

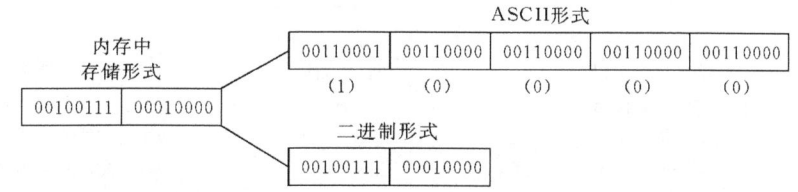

图 11.2　整数 10000 在磁盘存储的 ASCII 形式和二进制形式

文本文件一般占用的存储空间较多，而且在输出时需要花费转换的时间(二进制形式与 ASCII 码间的转换)。例如：文本文件用记事本等文本编辑器打开，可以看懂上面的信息。通常一个文本文件储存在硬盘或其他介质上，文件内容有行和列的概念。列是用空格或 Tab 间隔，行是用回车和换行符间隔。

用二进制形式输出数值，由于内存中参加计算的数据都是用二进制的形式储存起来的，因此使用二进制储存到文件更快捷。如果储存为文本文件，则需要一个转换的过程。在数据量很大的时候，两者就会有明显的速度差别了。如果程序在运行过程中有的中间数据需要保存在外部介质上，以便在需要时再输入到内存，一般用二进制文件比较方便。

11.1.2 文件缓冲区

ANSI C 标准采用"缓冲文件系统"处理数据文件，缓冲文件系统是指系统在内存区域中自动地为打开的文件开辟一个缓冲区。对文件数据的读写都要经过缓冲区。具体操作是当从内存中输出数据时，先将数据送到内存缓冲区，装满缓冲区后一起送到磁盘；当从磁盘向内存装入数据时，则是从磁盘文件中一次将一批数据送到内存装满缓冲区，然后再从缓冲区逐个地将数据送到程序数据区，赋给程序变量。如图 11.3 所示，内存"缓冲区"的大小，影响着实际操作外存的次数，内存"缓冲区"越大，则操作外存的次数就少，执行速度就快、效率高。一般来说，缓冲区的大小由各个具体的 C 编译系统所决定。

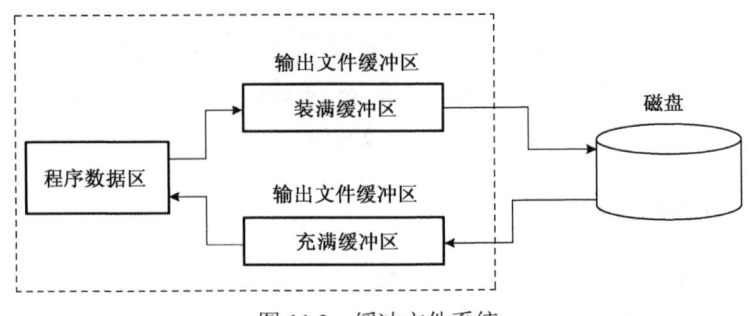

图 11.3 缓冲文件系统

11.1.3 文件类型指针

缓冲文件系统中，关键的概念是"文件类型指针"，简称"**文件指针**"。文件指针是一种用来指向某个文件的指针。如果说某个文件指针指向某个文件，则是该文件指针指向某个文件存放在内存中的缓冲区的首地址。每一个被使用的文件都要在内存中开辟一个区域，用来存放的有关信息，包括文件名字、文件状态和文件当前位置等。这些信息被保存在一个结构变量中，该结构变量所对应结构模式被系统定义为 FILE。不同的编译环境所提供的文件类型声明不同。例如 TC 和 VC6.0 编译器提供的 stdio.h 头文件中有以下的文件类型声明，如图 11.4 所示。

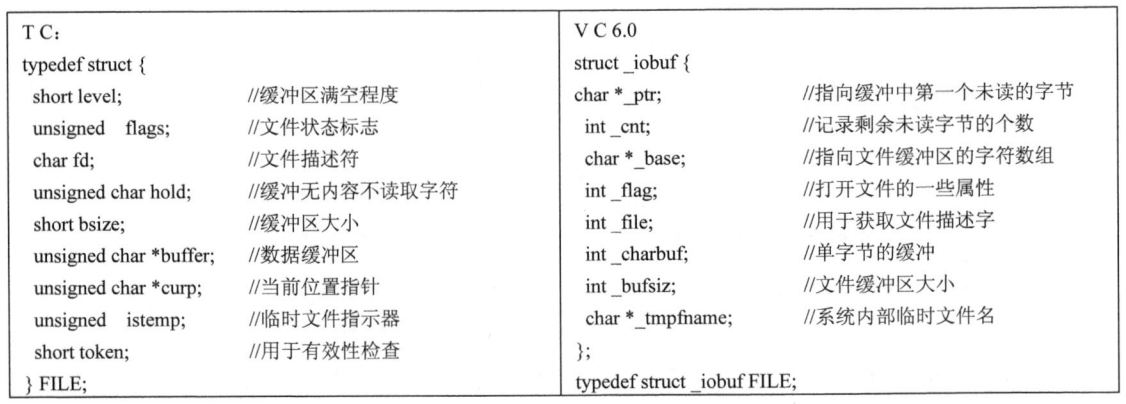

图 11.4 stdio.h 头文件中文件类型的声明

从图 11.4 中可以看出，不同的 C 编译系统的 FILE 类型包含的内容不完全相同，但大同小异。对以上结构体中的成员及其含义不需要深究，只须知道其中存放文件的有关信息即可。

声明 FILE 结构体类型的信息包含在头文件 stdio.h 中(如 VC6.0 编译系统，stdio.h 文件是在 visual studio 安装目录下的 include 文件夹下)。声明了头文件，在程序中就可以直接用 FILE 类型名定义变量。每一个 FILE 类型变量对应一个文件的信息区，在其中存放该文件的有关信息。这些信息是在打开文件时由系统根据文件的情况自动放入的，用户不必过问。

在程序中对文件的操作过程中，一般不对 FILE 类型变量命名，也就是不通过变量的名字来引用这些变量，而是设置一个指向 FILE 类型变量的指针变量，然后通过它来引用这些 FILE 类型变量。也即使用 FILE 来定义文件指针，并且将打开的文件缓冲区的首地址赋给文件指针，让它指向该文件。例如：

```
FILE *fp;
```

定义 fp 是一个指针变量，使得 fp 指向某一个文件的文件信息区(是一个结构体变量)，通过该文件结构体中的信息就能够访问该文件。也就实现了通过文件指针变量能够找到与它关联的文件，从而使 fp 指向内存中文件信息区的开头。

11.1.2 节介绍的缓冲文件系统就是借助文件结构体指针来对文件进行管理，通过文件指针来对文件进行访问，既可以读写字符、字符串、格式化数据，也可以读写二进制数据。除此之外，还有一种是非缓冲文件系统，它主要是依赖于操作系统，通过操作系统的功能对文件进行读写，是系统级的输入输出，它不设文件指针，只能读写二进制文件，但效率高、速度快，在此不再赘述。

11.2 文件的打开与关闭

文件在进行读写操作之前要先打开，使用完毕要关闭。所谓打开文件，实际上是建立文件的各种有关信息，并使文件指针指向该文件，以便进行其他操作。关闭文件则断开指针与文件之间的联系，也就禁止再对该文件进行操作。

但是 C 语言中规定了 3 个标准流文件，它们分别是标准输入文件（键盘）、标准输出文件（显示屏幕）和标准出错信息文件，规定错误信息显示在屏幕上。这三个文件的文件指针分别为 stdin、stdout 和 stderr。标准文件的特点是这类文件使用前不必打开，使用后不必关闭。因为系统将它在启动系统时自动打开。在退出系统时自动关闭，并且自动为这三个标准文件分配缓冲区，指定文件指针。因此，在前面所讲述的章节中所使用的读写函数（即输入、输出函数）都是对标准文件的，而对于一般文件（即非标准文件）的操作在本节中讲述。在 C 语言中，文件操作都是由库函数来完成的。

11.2.1 文件的打开（fopen 函数）

ANSI C 规定了用标准输入输出函数 fopen 来实现打开文件。
fopen 函数的函数原型：
```
FILE *fopen(char *filename, char *mode);
```
fopen 函数调用的一般形式为：

文件指针名=fopen(文件名,使用文件方式);

其中，"文件指针名"必须是被说明为 FILE 类型的指针变量；"文件名"（filename）是被打开文件的文件名，也就是准备访问文件的名字；"使用文件方式"（mode）是指文件的类型和操作要求。

函数的返回值若成功，返回指向被打开文件的指针；若出错，返回空指针 NULL(0)。例如：
```
FILE *fp1;              //定义一个指向文件的指针变量 fp
fp1=fopen("a1","r");    //将此函数的返回值赋给指针变量 fp
```
其意义是在当前目录下打开文件 a1，只允许进行"读"操作，并使 fp1 指向该文件。又如：
```
FILE *fp2
fp2=fopen("c:\\file1.dat","rb")
```
其意义是打开 C 驱动器磁盘的根目录下的文件 file1.dat，这是一个二进制文件，只允许按二进制方式进行读操作。两个反斜线"\\"中的第一个表示转义字符，第二个表示根目录。

使用文件的方式共有 12 种，下面给出了它们的符号和意义，如表 11.1 所示。

表 11.1 文件的打开方式及其意义

文件使用方式	意义
rt	只读打开一个文本文件，只允许读数据
wt	只写打开或建立一个文本文件，只允许写数据
at	追加打开一个文本文件，并在文件末尾写数据
rb	只读打开一个二进制文件，只允许读数据
wb	只写打开或建立一个二进制文件，只允许写数据
ab	追加打开一个二进制文件，并在文件末尾写数据
rt+	读写打开一个文本文件，允许读和写
wt+	读写打开或建立一个文本文件，允许读写
at+	读写打开一个文本文件，允许读，或在文件末追加数据
rb+	读写打开一个二进制文件，允许读和写
wb+	读写打开或建立一个二进制文件，允许读和写
ab+	读写打开一个二进制文件，允许读，或在文件末追加数据

对于文件使用方式有以下几点说明：

文件使用方式由 r、w、a、t、b、+六个字符拼成，各字符的含义是：

```
r(read):        读
w(write):       写
a(append):      追加
t(text):        文本文件，可省略不写
b(banary):      二进制文件
+:              读和写
```

目前，使用的有些 C 编译系统可能不完全提供所有这些功能，有的 C 版本不用 r+、w+、a+，而用 rw、wr、ar 等，本书的所有字符 VC6.0 均提供支持。

凡用 r 打开一个文件时，该文件必须已经存在，且只能从该文件读出。

用 w 打开的文件只能向该文件写入。若打开的文件不存在，则以指定的文件名建立该文件，若打开的文件已经存在，则将该文件删去，重建一个新文件。

若要向一个已存在的文件追加新的信息，只能用 "a" 方式打开文件。但此时该文件必须是存在的，否则将会出错。

在打开一个文件时，如果出错，fopen 将返回一个空指针值 NULL。在程序中可以用这一信息来判别是否完成打开文件的工作，并作相应的处理。因此常用以下程序段打开文件：

```
if((fp=fopen("c:\\file1.dat","rb")==NULL)
    {
        printf("cannot open this file\n");
        exit(0);
    }
```

这段程序的意义是，如果返回的指针为空，表示不能打开 C 盘根目录下的 **file1.dat** 文件，则给出提示信息"cannot open this file"。下一行 exit(0) 的含义是关闭所有文件，正常退出程序，返回 0；如果使用的是 exit(1)，则表示表示异常退出，这个 1 是返回给操作系统的；并且在使用此函数时需要加上所属的头文件 stdlib.h。

把一个文本文件读入内存时，要将 ASCII 码转换成二进制码，而把文件以文本方式写入

磁盘时，也要把二进制码转换成 ASCII 码，因此文本文件的读写要花费较多的转换时间。对二进制文件的读写不存在这种转换。

11.2.2 文件的关闭（fclose 函数）

文件一旦使用完毕，应用关闭文件函数把文件关闭，以避免文件的数据丢失等错误。fclose 函数的函数原型为：

```
int fclose(FILE *fp);
```

fclose 函数调用的一般形式是：

```
int fclose(文件指针);
```

例如：

```
fclose(fp);
```

正常完成关闭文件操作时，fclose 函数返回值为 0。如返回非零值则表示有错误发生，返回 EOF(-1)。如果不关闭文件将会丢失数据。因为，在向文件写数据时，是先将数据输出到缓冲区，待缓冲区充满后正式输出给文件。如果当数据未充满缓冲区而程序结束运行，就可能使缓冲区中的数据丢失。要用 fclose 函数关闭文件，先把缓冲区中的数据输出到磁盘文件，然后才撤销文件指针。

11.3 C 文件的读写

对文件的读和写是最常用的文件操作。文件打开以后，就可以进行读写操作了。这里所谓的读写是指顺序读写文件而言的。在顺序写时，先写入的数据存放在文件中前面的位置，后写入的数据则存放在文件后面的位置。在顺序读时，也是先读取文件中前面的数据，后读文件中后面的数据。所以，对文件中数据的读写顺序和数据在文件的物理顺序是一致的。在 C 语言中提供了多种文件读写的函数：

(1) 字符读写函数：fgetc 和 fputc。
(2) 字符串读写函数：fgets 和 fputs。
(3) 数据块读写函数：fread 和 fwrite。
(4) 格式化读写函数：fscanf 和 fprinf。

表 11.2 给出了函数的函数原型和功能，下面将分别予以介绍。另外，使用以上函数都要求包含头文件 stdio.h。

表 11.2　文件读写函数的原型及其功能

顺序读写函数	函数原型	功能	返回值
字符读写函数	int fgetc(FILE *fp);	从 fp 所指向的文件中取得下一个字符	返回所得到的字符，若读入错误，返回 EOF
	int fputc(char ch, FILE *fp);	将字符 ch 输出到 fp 所指向的文件中	成功，则返回该字符；否则返回非 0
字符串读写函数	char *fgets(char *buf, int n, FILE *fp);	从 fp 指向的文件读取一个长度为 (n-1) 的字符串，存入起始地址为 buf 的空间	返回地址 buf，若遇文件结束或出错，返回 NULL

续表

顺序读写函数	函数原型	功能	返回值
字符串读写函数	int fputs(char *str, FILE *fp);	将 str 指向的字符串输出到 fp 指向的文件中	成功,返回 0;若出错返回非 0
数据块读写函数	int fread(char *ptr, unsigned size, unsigned n, FILE *fp);	从 fp 所指定的文件中读取长度为 size 的 n 个数据项,存到 ptr 所指向的内存区	返回所读得数据项个数,如遇到文件结束或出错返回 0
数据块读写函数	int fwrite(char *ptr, unsigned size, unsigned n, FILE *fp);	把 ptr 所指向的 n*size 个字节输出到 fp 所指向的文件中	写到 fp 文件中的数据项的个数
格式化读写函数	int fscanf(FILE *fp, char format, args, ...);	从 fp 指定的文件中按 format 给定的格式将输入数据送到 args 所指向的内存单元	已输入的数据个数
格式化读写函数	int fprint(FILE *fp, char *format, args, ...);	把 args 的值以 format 指定的格式输出到 fp 所指定的文件	实际输出的字符数

11.3.1 字符读写函数 fgetc 和 fput

字符读写函数是以字符(字节)为单位的读写函数。每次可从文件读出或向文件写入一个字符。

1. 读字符函数 fgetc

fgetc 函数的功能是从指定的文件中读一个字符,根据 fgetc 的函数原型,其函数调用的形式为:

  字符变量=fgetc(文件指针);

例如:

  ch=fgetc(fp);

其意义是从打开的文件 fp 中读取一个字符并送入 ch 中。

对于 fgetc 函数的使用有以下几点说明:

(1) 在 fgetc 函数调用中,读取的文件必须是以读或读写方式打开的。

(2) 读取字符的结果也可以不向字符变量赋值。

例如:

  fgetc(fp);

但是读出的字符不能保存。

在文件内部有一个位置指针。用来指向文件的当前读写字节。在文件打开时,该指针总是指向文件的第 1 个字节。使用 fgetc 函数后,该位置指针将向后移动一个字节。因此可连续多次使用 fgetc 函数,读取多个字符。应注意文件指针和文件内部的位置指针不是一回事。文件指针是指向整个文件的,须在程序中定义说明,只要不重新赋值,文件指针的值是不变的。文件内部的位置指针用以指示文件内部的当前读写位置,每读写一次,该指针均向后移动,它不需在程序中定义说明,而是由系统自动设置的。

【案例 11.1】 从文件中读出字符。

问题描述:从指定文件中读取所有内容,如果读取成功则在屏幕上显示。

问题分析:使用 fgetc 函数从文件中逐个读入字符,然后用 putchar 函数依次显示在屏幕上即可。

程序描述：

```c
#include<stdio.h>
#include<stdlib.h>
int main(void)
{
  FILE *fp;
  char ch;
  if((fp=fopen("d:\\temp\\example\\file11_1.txt","r"))==NULL)
                                          //以只读方式打开文本文件
   {
    printf("\nCannot open file!\n");
    exit(0);                              //关闭所有文件，终止正在执行的程序
   }
  ch=fgetc(fp);                           //读取文件，文件指针指向文件起始位置
  while(ch!=EOF)                          //循环读取并将字符依次显示在屏幕上
  {
    putchar(ch);
    ch=fgetc(fp);
  }
  fclose(fp);
  return 0;
}
```

程序运行结果如下：

程序分析： 本例程序的功能是从文件中逐个读取字符，在屏幕上显示。程序定义了文件指针 fp，以读文本文件方式打开文件"d:\temp\example\file11_1.txt"，并使 fp 指向该文件。如打开文件出错，给出提示并退出程序。程序使用 fgetc(fp) 函数先读出一个字符，然后进入循环，只要读出的字符不是文件结束标志(每个文件末有一结束标志 EOF)就把该字符显示在屏幕上，再读入下一字符。每读一次，文件内部的位置指针向后移动一个字符，文件结束时，该指针指向 EOF。执行本程序将显示整个文件的内容。

说明：exit 是一个库函数，在 stdlib.h 中 exit 函数定义为：

```c
void exit(int status);
```

exit()用来正常结束当前进程的执行，并把参数 status 返回给父进程，而进程所有的缓冲区数据会自动写回并关闭未关闭的文件。exit(1)表示发生错误后退出程序，exit(0)表示正常退出。

2. 写字符函数 fputc

fputc 函数的功能是把一个字符写入指定的文件中，函数调用的形式为：

fputc(字符量，文件指针);

其中，待写入的字符量可以是字符常量或变量，例如：

```
            fputc('a',fp);
```
其意义是把字符 a 写入 fp 所指向的文件中。

对于 fputc 函数的使用也要说明几点：

(1)被写入的文件可以用写、读写、追加方式打开，用写或读写方式打开一个已存在的文件时将清除原有的文件内容，写入字符从文件首开始。如需保留原有文件内容，希望写入的字符以文件末开始存放，必须以追加方式打开文件。被写入的文件若不存在，则创建该文件。

(2)每写入一个字符，文件内部位置指针向后移动一个字节。

fputc 函数有一个返回值，如写入成功则返回写入的字符，否则返回一个 EOF。可用此来判断写入是否成功。

【案例 11.2】 向文件中写入字符。

问题描述：从键盘输入一行字符，写入一个文件，再把该文件内容读出显示在屏幕上。

问题分析：将键盘输入的字符使用 fputc 函数写入文件，然后用 fgetc 函数读取文件中的内容后，用 putchar 函数依次显示在屏幕上即可。

程序描述：

```c
#include<stdio.h>
#include<stdlib.h>
int main(void)
{
    FILE *fp;
    char ch;
    if((fp=fopen("d:\\temp\\example\\file11_2.dat","wt+"))==NULL)
    {
        printf("Cannot open file press any key exit!");
        exit(1);
    }
    printf("input a string:\n");
    ch=getchar();
    while (ch!='\n')
    {
        fputc(ch,fp);                    //将输入的一个字符顺序写入文件
        ch=getchar();
    }
    /*  循环结束，文件指针的位置为指向文件尾    */
    rewind(fp);                          //文件指针返回至文件起始位置
    printf("\n output from file11_2.dat:\n");
    ch=fgetc(fp);
    while(ch!=EOF)                       //循环读取并将字符依次显示在屏幕上
    {
        putchar(ch);
        ch=fgetc(fp);                    //顺序读入一个字符
    }
    printf("\n");
    fclose(fp);
    return 0;
}
```

程序运行结果如下：

程序分析：程序以读写文本文件方式打开文件 file11_2.dat。程序利用 getchar 函数从键盘读入一个字符后进入循环，当读入字符不为回车符时，则把该字符写入文件之中，然后继续从键盘读入下一字符。每输入一个字符，文件内部位置指针向后移动一个字节。写入完毕，该指针已指向文件末。如要把文件从头读出，须把指针移向文件头，程序 rewind 函数（在后续的章节中阐述）用于把 fp 所指文件的内部位置指针移到文件头。

图 11.5　文件 file11_2.dat 的内容

文件 file11_2.dat 的内容如图 11.5 所示。

【**案例 11.3**】　文件的读写操作。

问题描述：把命令行参数中的前一个文件名标识的文件，复制到后一个文件名标识的文件中，如命令行中只有一个文件名则把该文件写到标准输出文件（显示器）中。

问题分析：处理此问题的算法是，如果命令行参数的个数超出 2 个，则从第 1 个文件逐个读入字符，然后逐个输出到第 2 个文件中。如果命令行的参数只有 2 个，则将读入的文件内容输出到标准输出文件中。

程序描述：

```
#include<stdio.h>
#include<stdlib.h>
int main(int argc,char *argv[])
{
    FILE *fp1,*fp2;
    char ch;
    if(argc==1)
    {
        printf("please enter file name!!\n");
        exit(0);
    }
    if((fp1=fopen(argv[1],"r"))==NULL)      //当命令行参数大于1时，以只读方式打开文件
    {
        printf("Cannot open %s\n",argv[1]);
        exit(1);
    }
    if(argc==2) fp2=stdout;                 //当命令行参数为2时，文件指针指向标准输出
    else if((fp2=fopen(argv[2],"w+"))==NULL)
    {
        printf("Cannot open %s\n",argv[1]);
```

```
        exit(1);
    }
    while((ch=fgetc(fp1))!=EOF)      //从 fp1 指向的文件中读取出数据,并将其输出
                                     //到 fp2 所指向的文件
        fputc(ch,fp2);
    if (argc==2) printf("\noutput done from stdout!!\n");
    else if(argc>2) printf("\noutput done from file!!\n");
    fclose(fp1);
    fclose(fp2);
    return 0;
}
```

程序运行结果如下:

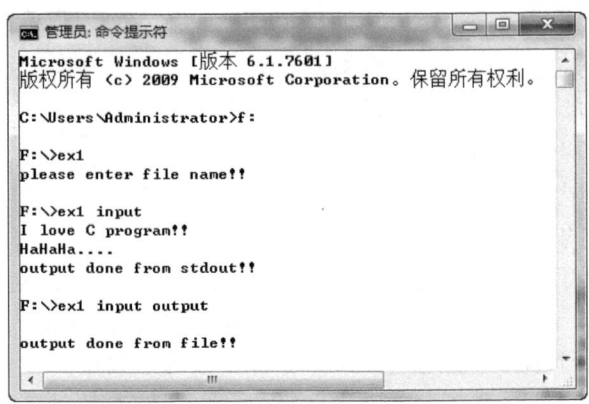

程序分析：本程序为带参数的 main 函数。程序中定义了两个文件指针 fp1 和 fp2，分别指向命令行参数中给出的文件。如命令行参数中没有给出文件名，则给出提示信息。程序如果只给出一个文件名(前提是文件已经存在于当期目录之下)，则使 fp2 指向标准输出文件(即显示器) stdout，即在显示器上显示文件内容。如果参数大于 2 个，则程序用循环语句逐个读出文件 1 中的字符再送到文件 2 中，可用 DOS 命令 type 显示出 input 文件和 output 文件的内容，如图 11.6 所示。

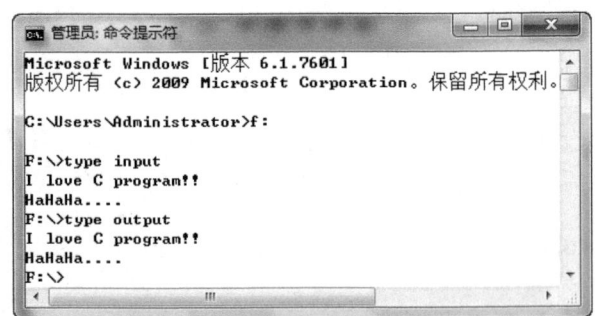

图 11.6　利用 type 命令显示出 input 文件和 output 文件的内容

11.3.2　字符读写函数 fgets 和 fputs

1. 读字符串函数 fgets

函数的功能是从指定的文件中读一个字符串到字符数组中，函数调用的形式为：

```
fgets(字符数组名,n,文件指针);
```

其中，n 是一个正整数。表示从文件中读出的字符串不超过 n-1 个字符。在读入的最后一个字符后加上串结束标志'\0'，这样得到的字符串共有 n 个字符，把它们放到字符数组中。

例如：fgets(str,n,fp);的意义是从 fp 所指的文件中读出 n-1 个字符送入字符数组 str 中。如果在读完 n-1 个字符之前遇到换行符"\n"或文件结束符 EOF，读入即结束，但将所遇到的换行符"\n"也作为一个字符读入。若执行 fgets 函数成功，则返回值为 str 数组首元素的地址，如果一开始就遇到文件尾或读数据出错，则返回 NULL。

【案例 11.4】 从文件中读取字符串。

问题描述：从文件 string.dat 中读取字符串，并在屏幕上显示(假设文件中存放了 3 个字符串，每个字符串的个数不超过 10 个字符)。

问题分析：首先打开相应的文件，然后使用 fgets 函数读取字符串，指定一次读入 10 个字符。最后显示在屏幕上.

程序描述：

```c
#include<stdio.h>
#include<stdlib.h>
int main(void)
{
    FILE *fp;
    int i=0;
    char str[3][10];
    if((fp=fopen("d:\\temp\\example\\string.dat","r"))==NULL)  //打开磁盘文件
      {
        printf("\nCannot open file!\n");
        exit(0);
      }
    while(fgets(str[i],10,fp)!=NULL)                           //读取文件中的内容
      { printf("%s",str[i]);                                   //显示在屏幕上
        i++;
      }
    fclose(fp);
    printf("\n");
    return 0;
}
```

程序运行结果如下：

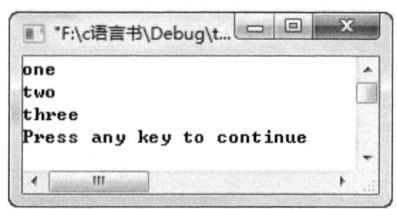

程序分析：本案例定义了一个二维字符数组 str，每一个一维数组存放一个字符串。在以读文本文件方式打开文件 string.dat 后，使用 fgets 函数，并指定一次读入 10 个字符。按照函数规定，如果遇到"\n"就结束字符串的输入，"\n"作为最后一个字符也读入到字符数组中。

由于读入字符数组中的每个字符串后都有一个"\n"，因此在向屏幕输出使用 printf 时不必再加"\n"。

注意：fgets 函数也有返回值，其返回值是字符数组的首地址。

2. 写字符串函数 fputs

fputs 函数的功能是向指定的文件写入一个字符串，其调用形式为：

  fputs(字符串,文件指针);

其中，字符串可以是字符串常量，也可以是字符数组名，或指针变量，例如：

  fputs("abcd",fp);

其意义是把字符串 "abcd" 写入 fp 所指的文件之中。

【案例 11.5】 向文件中追加一个字符串。

问题描述：在建立的文件中追加一个字符串。

问题分析：为了向文件尾部添加数据，以追加的方式打开文件，这时文件的读写位置标记将移到文件末尾，可以添加，也可以读。

程序描述：

```c
#include<stdio.h>
#include<stdlib.h>
int main(void)
{
  FILE *fp;
  char ch,str[20];
  if((fp=fopen("d:\\temp\\example\\string.dat ","a+"))==NULL)
                                                //以追加的方式打开文件
  {
    printf("Cannot open file!\n");
    exit(1);
  }
  printf("input a string:\n");
  scanf("%s",str);
  fputs(str,fp);
  rewind(fp);                                   //将文件定位于起始位置
  printf("\nread data from file:\n");
  ch=fgetc(fp);
  while(ch!=EOF)
  {
    putchar(ch);
    ch=fgetc(fp);
  }
  printf("\n");
  fclose(fp);
  return 0;
}
```

程序运行结果如下：

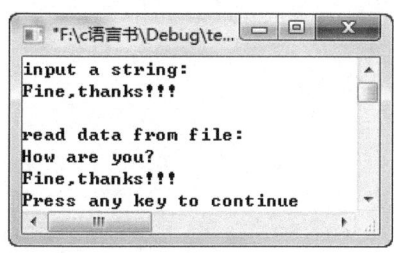

程序分析：本例要求在string.dat文件末加写字符串，因此在程序中以追加读写文本文件的方式打开文件string.dat。然后输入字符串，并用fputs函数把该串写入文件string.dat。在程序中用rewind函数把文件内部位置指针移到文件首，再进入循环逐个显示当前文件中的全部内容。

11.3.3 数据块读写函数fread和fwrite

C语言还提供了用于整块数据的读写函数。可用来读写一组数据，如一个数组元素，一个结构变量的值等。fread函数从文件中读一个数据块，用fwrite函数向文件写一个数据块。在读写时是以二进制形式进行的。在向磁盘写数据时，直接将内存中一组数据原封不动、不加转换地复制到磁盘文件上，在读入时也是将磁盘文件中若干字节的内容一批读入内存。

读数据块函数调用的一般形式为：

```
fread(buffer,size,count,fp);
```

写数据块函数调用的一般形式为：

```
fwrite(buffer,size,count,fp);
```

其中，buffer是一个指针，在fread函数中，它表示存放输入数据的首地址。在fwrite函数中，它表示存放输出数据的首地址。

size表示数据块的字节数，count表示要读写的数据块块数，fp表示文件指针。

例如：

```
fread(buf,4,5,fp);
```

其意义是从fp所指的文件中，每次读4字节（一个实数）送入实数组buf中，连续读5次，即读5个实数到buf中。

【案例11.6】 数据块读写函数使用。

问题描述：从键盘输入10个学生数据，写入一个文件中，再读出这两个学生的数据显示在屏幕上。

问题分析：定义一个包含有4个元素的结构体数组用来存放学生的数据。从main函数输入10个学生的数据。用save函数实现向磁盘文件输出学生数据。用print函数实现从文件读取并显示在屏幕上。程序中使用了fwrite函数和fread函数。

程序描述：

```
#include<stdio.h>
#include<stdlib.h>

struct stu
{
```

```c
    char name[10];
    int num;
    int age;
    char addr[15];
}stud[10];

void save()
{
    FILE *fp;
    if((fp=fopen("stu.dat","wb"))==NULL)
    { printf("cannot open file!\n");
      exit(0);
    }
    for(int i=0; i<10; i++)
        if(fwrite(&stud[i],sizeof(struct stu),1,fp)!=1)
            printf("file write error!\n");
    fclose(fp);
}

void print()
{ FILE *fp;
    if((fp=fopen("stu.dat","rb"))==NULL)
    { printf("cannot open file!\n");
      exit(0);
    }
    for(int i=0;i<10;i++)
      {
        fread(&stud[i], sizeof(struct stu), 1,fp);
        printf("%-10s %4d %4d %-15s\n", stud[i].name, stud[i].num,
                stud[i].age, stud[i].addr);
      }
    fclose(fp);
}

int main(void)
{
    printf("\n Please enter data of student!\n");
    for(int i=0;i<10;i++)
        scanf("%s%d%d%s",stud[i].name,&stud[i].num,&stud[i].age,stud[i].addr);
    save();
    print();
    return 0;
}
```

程序运行结果如下:

```
*F:\c语言书\Debug\test...
Please enter data of student!
Zhao 1001 18 No.101
Qian 1002 19 No.102
Sun 1003 20 No.103
Li 1004 19 No.104
Zhou 1005 19 No.201
Wu 1006 18 No.202
Zhen 1007 20 No.203
Wang 1008 19 No.204
Chen 1009 20 No.301
Liu 1010 18 No.302
Zhao          1001     18 No.101
Qian          1002     19 No.102
Sun           1003     20 No.103
Li            1004     19 No.104
Zhou          1005     19 No.201
Wu            1006     18 No.202
Zhen          1007     20 No.203
Wang          1008     19 No.204
Chen          1009     20 No.301
Liu           1010     18 No.302
Press any key to continue
```

程序分析：

(1) fopen 函数中指定读写方式为"wb"，即二进制写方式。自定义 save 函数中的 fwrite 函数将一个结构体变量长度的数据块送到磁盘文件中。在向磁盘文件写的时候，将内存中存放 stud 数组元素 stud[i]的内存单元中的内容原样复制到磁盘文件，所建立的文件时一个二进制文件。

(2) 在本程序中，用 fopen 函数打开文件时没有指定路径，那么系统默认其路径为当前用户所使用的子目录，在此目录下建立一个新文件 student.dat，输出的数据存放在此文件中。

(3) 为了验证写入文件的内容，在 print 函数中采用 fread 函数从文件向内存读入数据，这时，用"rb"方式打开文件，数据按原样输入，也不发生字符转换，最后用到格式输出函数 fprintf，输出 ASCII 码，在屏幕上显示字符。换行符又转换为回车加换行符。

(4) 数据块读写函数一般用于二进制文件的输入输出，因为它们是按数据块的长度来处理输入输出的，不出现字符转换。

11.3.4 格式化读写函数 fprintf 和 fscanf

fscanf、fprintf 函数与前面使用的 scanf 和 printf 函数的功能相似，都是格式化读写函数。两者的区别在于 fscanf 函数和 fprintf 函数的读写对象不是键盘和显示器，而是磁盘文件。

这两个函数的调用形式为：

```
fscanf(文件指针,格式字符串,输入表列);
fprintf(文件指针,格式字符串,输出表列);
```

例如：

```
fscanf(fp,"%d%s",&i,s);
fprintf(fp,"%d%c",j,ch);
```

【案例 11.7】 格式化读写函数使用。

问题描述： 从键盘输入 2 个学生的有关数据，把它们转存到磁盘文件中去,然后在屏幕上显示。

问题分析：首先，依次从键盘输入学生相关的数据，存放在一个结构体中。其次，使用 fprintf 将结构体中的学生数据写入到已经打开的文本文件 infile.txt 中，循环结束。最后，使用 fscanf 将文件内容重新读出并显示在屏幕上。

程序描述：

```c
#include<stdio.h>
#include<stdlib.h>
struct rec{  //定义结构体类型
    char name[15];
    float score;
    char department[15];
}record;

int main(void)
{
    FILE *fp;
    int i;
    if((fp=fopen("d:\\infile.txt","w"))==NULL)   //以文本只写方式打开文件
    {
        printf("cannot open file");
        exit(1);
    }
    printf("please input data:\n");
    for( i=0;i<2;i++)
    {
        printf("Please input name:\n");
        scanf("%s",record.name);   //从键盘输入
        printf("Please input score:\n");
        scanf("%f",&record.score);
        printf("Please input department:\n");
        scanf("%s",record.department);
        //写入文件
        fprintf(fp,"%s %3.2f %s\n", record.name, record.score ,record.
            department);
    }
    fclose(fp);  //关闭文件
    if((fp=fopen("d:\\infile.txt","r"))==NULL)   //以文本只读方式重新打开文件
    {
        printf("cannot open file");
        exit(0);
    }
    printf("output from file:\n");                    //从文件读入
    while (fscanf(fp,"%s %f %s\n",record.name,&record.score,record.
        department)!=EOF)
    {
        //显示到屏幕
        printf("name:%s score:%.2f department:%s\n",record.name,record.score,
            record.department);
```

```
        }
    fclose(fp);  //关闭文件
      return 0;
}
```

程序运行结果如下：

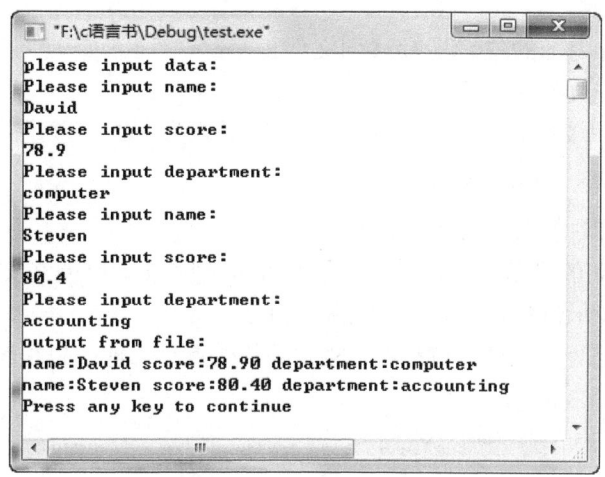

文件 infile 中的内容如图 11.7 所示。

程序分析：

（1）fprintf(fp,"%s %3.2f %s\n",record.name,record.score,record.department);语句的含义是将字符数组和 float 型变量按照格式输出到指定的文件中。

（2）同样适用 fscanf 函数可以从磁盘中读取 ASCII 字符，将磁盘文件上的字符按照数据类型分写读入到对应的结构体中，其形式为：

图 11.7 文件 infile 中的内容

```
fscanf(fp,"%s %f %s\n",record.name,&record.score,record.department);
```

（3）用 fprint 和 fscanf 函数对磁盘文件读写，使用方便，容易理解，但由于在输入时要将文件中的 ASCII 码转换为二进制形式再保存在内存变量中，在输出时又要将内存中的二进制形式转换成字符，要花费较多的时间。因此，在内存与磁盘频繁交换数据的情况下，最好不用 fprintf 和 fscanf 函数，而用上面介绍的数据块读写文件。

11.4 C 文件的随机读写

前面介绍的文件读写方式都是顺序读写的，即读写文件只能从头开始，顺序读写各个数据。其优点是易于理解，容易操作，但有时效率不高。例如，文件中有 1000 个数据，若需要查询最后一个数据，则必须先逐个读取前面的数据，使得指针的指向需要读取的数据，如果文件中存放数据量大时，则查询等待时间是不能容忍的。因此，在实际问题中常要求只快速地读写文件中某一指定的部分。为了解决这个问题可移动文件内部的位置指针到任何需要读写的位置，再进行读写访问，这种读写称为随机读写。显然这种方法比顺序访问效率高得多。

实现随机读写的关键是要按要求移动位置指针，这称为文件的定位。

11.4.1 文件定位

移动文件内部位置指针的函数主要有两个，即 rewind 函数和 fseek 函数。

rewind 函数前面已多次使用过，其调用形式为：

```
rewind(文件指针);
```

它的功能是把文件内部的位置指针移到文件首。

下面主要介绍 fseek 函数。

fseek 函数用来移动文件内部位置指针，其调用形式为：

```
fseek(文件指针,位移量,起始点);
```

其中，"文件指针"指向被移动的文件。

"位移量"表示移动的字节数，要求位移量是 long 型数据，以便在文件长度大于 64KB 时不会出错。当用常量表示位移量时，要求加后缀 L。

"起始点"表示从何处开始计算位移量，规定的起始点有三种：文件首、当前位置和文件尾。其表示方法如表 11.3 所示。

表 11.3 起始点的表示方法

起始点	表示符号	数字表示
文件首	SEEK_SET	0
当前位置	SEEK_CUR	1
文件末尾	SEEK_END	2

例如：

```
fseek(fp,100L,0);      //把位置指针移到离文件首 100 字节处
fseek(fp, 50L,1);      //将文件位置标记向前移到离当前位置 50 字节处
fseek(fp,-10L,2);      //将文件位置标记从文件末尾处向后退 10 字节
```

还要说明的是，fseek 函数一般用于二进制文件。在文本文件中由于要进行转换，故往往计算的位置会出现错误。

11.4.2 随机读写

有了 rewind 和 fseek 函数，就可以实现随机读写了。

【案例 11.8】 文件随机读写。

问题描述：在磁盘文件上存储 10 个学生的数据。要求将第 1,3,5,7,9 个学生数据输入计算机，并在屏幕上显示出来。

问题分析：按照二进制只读的方式打开指定的文件，将文件位置标记指向文件的开头，然后读取一个学生的信息，并显示在屏幕上。随后定位到文件的第 3,5,7,9 个学生的数据区开头，读取后显示。

程序描述：

```
#include <stdlib.h>
#include<stdio.h>
struct student_type        //学生数据类型
 { char name[10];
```

```
    int num;
    int age;
    char addr[15];
 }stud[10];

int main(void)
{
    int i;
    FILE *fp;
    if((fp=fopen("stu.dat","rb"))==NULL)            //以只读方式打开二进制文件
    { printf("can not open file\n");
       exit(0);
    }
    for(i=0;i<10;i+=2)
    { fseek(fp,i*sizeof(struct student_type),0);        //移动位置指针
       //读一个数据块到结构体变量
       fread(&stud[i], sizeof(struct student_type),1,fp);
       printf("%-10s %4d %4d %-15s\n",stud[i].name,stud[i].num,stud[i].
           age, stud[i].addr);                         //在屏幕输出
    }
    fclose(fp);
    return 0;
}
```

程序运行结果如下：

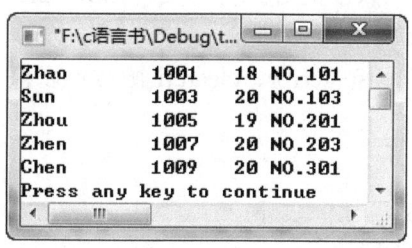

程序分析：利用 fopen 函数打开当前目录下的文件，也就是案例 11.6 中创建的 stu.da 文件。案例 11.6 的特点是采取了顺序读写方式，将 10 个学生数据顺序写入文件，然后在顺序读取输出。而本程序则是随机读取，这就需要用到 fseek 函数指定读写位置。

在使用 fseek 函数时，首先指定起始点为 0，即文件的开头作为参照点。位移量为结构体长度的整数倍。每循环一次位移量是结构体长度的 2 倍，计数 i 增值为 2，定位结束后读取数据并在屏幕上显示。

11.5 C 文件的检测函数

C 语言中常用的文件检测函数有以下几个。

11.5.1 文件结束检测函数

feof 函数调用格式：

```
feof(文件指针);
```
功能：判断文件是否处于文件结束位置，若文件结束，则返回值为 1，否则为 0。

11.5.2 读写文件出错检测函数

ferror 函数调用格式：
```
ferror(文件指针);
```
功能：检查文件在用各种输入输出函数进行读写时是否出错。若 ferror 返回值为 0 表示未出错，否则表示有错。

在调用各种输入输出函数时，如果出现错误，除了函数返回值有所反映外，还可以用 ferror 函数检查。应该注意的是对同一文件每一次调用输入输出函数，都会产生一个新的 ferror 函数值，因此应当在调用一个输入输出函数后立即检查 ferror 函数的值。否则信息会丢失。

11.5.3 文件出错标志和文件结束标志置 0 函数

clearerr 函数调用格式：
```
clearerr(文件指针);
```
功能：本函数用于清除出错标志和文件结束标志，使它们为 0 值。

如果调用一个输入输出函数时出现错误，ferror 函数值为一个非零值。应该立即调用 clearerr(fp)，使 ferror(fp) 的值变成 0，以便再进行下一次的检测。

【案例 11.9】 clearerr 函数使用。

问题描述：在当前目录下以只读的方式打开文件 infile.txt 并读取文件中的内容，然后将其存储到打开的文件 outfile.txt 中。

问题分析：在程序中应用 feof、ferror、clearerr 函数加以检测，以保证在读写文件时，如果出错则立即退出并报错。

程序描述：

```c
#include <stdio.h>
#include <stdlib.h>
int main(void)
{
    FILE *in, *out;
    char ch;
    if((in=fopen("infile.txt", "rb")) == NULL) {      //以只读的方式打开文件
        printf("Cannot open input file.\n");
        exit(1);
    }
    if((out=fopen("outfile.txt", "wb")) == NULL) {    //以只写的方式打开文件
        printf("Cannot open output file.\n");
        exit(1);
    }
    while(!feof(in)) {                                //判断是否处于文件结束位置
        ch = getc(in);
        if(ferror(in)) {                              //检查文件在进行读时是否出错
            printf("Read Error");
```

```
                    clearerr(in);    //将文件错误标志和文件结束标志置 0，以便进行下一次的检测
                    break;
                } else {
                    if(!feof(in))
                    putc(ch, out);
                    if(ferror(out)) {              //检查文件在进行写时是否出错
                        printf("Write Error");
                        clearerr(out);
                        break;
                    }
                }
            }
            fclose(in);
            fclose(out);
            return 0;
        }
```

程序分析：案例 11.9 给出了常用的三个文件检测函数 feof、ferror、clearerr 的使用方法，feof 函数用来检测将要进行读写的文件是否结束；ferror 函数一般用于如 putc、getc、fread、fwrite 函数后，检测输入输出是否出错；clearerr 函数则一般用在 ferror 函数后，用以使 ferror 函数的值变成 0，以便再进行下一次的检测，只要出现文件读写错误标志，它就一直保留，直到对同一文件调用 clearerr 函数或 rewind 函数，或任何其他一个输入输出函数。

本 章 小 结

对文件的操作在实际应用中很重要，许多有关事务管理的 C 程序都包含了文件的处理。通常将大批数据存放在磁盘上(如金山词霸等软件将各种词典以文件的形式存储在磁盘上，等查询时再将文件打开查找)。因此，在运行程序时，内存与磁盘之间频繁交换数据。这就涉及许多文件操作。本章只是介绍了一些最基本的概念，并通过实例来进一步理解和掌握文件操作的函数。

(1) C 系统把文件当作一个"流"，按字节进行处理。
(2) C 文件按编码方式分为二进制文件和 ASCII 文件。
(3) C 语言中，用文件指针标识文件，当一个文件被打开时，可取得该文件指针。
(4) 文件在读写之前必须打开，读写结束必须关闭。
(5) 文件可按只读、只写、读写、追加四种操作方式打开，同时还必须指定文件的类型是二进制文件还是文本文件。
(6) 文件可按字节、字符串、数据块为单位读写，文件也可按指定的格式进行读写。
(7) 文件内部的位置指针可指示当前的读写位置，移动该指针可以对文件实现随机读写。
(8) 利用文件的检测函数可以检查文件是否结束、读写是否出错。

习 题 11

一、选择题

1. 应用缓冲文件系统对文件进行读写操作，打开文件的函数名为(   )。

A．open B．fopen C．close D．fclose

2．当顺利执行了文件关闭操作时，fclose 函数的返回值是（　　）。
A．-1 B．TRUE C．0 D．1

3．若以"a+"方式打开一个已存在的文件，则以下叙述正确的是（　　）。
A．文件打开时，原有文件内容不被删除，位置指针移到文件末尾，可作添加和读操作
B．文件打开时，原有文件内容不被删除，位置指针移到文件开头，可作重写和读操作
C．文件打开时，原有文件内容被删除，只可作写操作
D．以上各种说法皆不正确

4．fseek 函数的正确调用形式是（　　）。
A．fseek(文件类型指针,起始点,位移量)
B．fseek(fp,位移量,起始点)
C．fseek(位移量,起始点,fp)
D．fseek(起始点,位移量,文件类型指针)

5．函数调用语句：fseek(fp,-20L,2);的含义是（　　）。
A．将文件位置指针移到距离文件头 20 字节处
B．将文件位置指针从当前位置向后移动 20 字节
C．将文件位置指针从文件末尾处退后 20 字节
D．将文件位置指针移到离当前位置 20 字节处

6．fgetc 函数的作用是从指定文件读入一个字符，该文件的打开方式必须是（　　）。
A．只写 B．追加
C．读或读写 D．答案 B 和 C 都正确

7．C 语言中的文件类型只有（　　）。
A．索引文件和文本文件两种 B．ASCII 文件和二进制文件两种
C．文本文件一种 D．二进制文件一种

8．下列关于 C 语言数据文件的叙述中正确的是（　　）。
A．文件由 ASCII 码字符序列组成，C 语言只能读写文本文件
B．文件由二进制数据序列组成，C 语言只能读写二进制文件
C．文件由记录序列组成，可按数据的存放形式分为二进制文件和文本文件
D．文件由数据流形式组成，可按数据的存放形式分为二进制文件和文本文件

9．以下叙述中错误的是（　　）。
A．二进制文件打开后可以先读文件的末尾，而顺序文件不可以
B．在程序结束时，应当用 fclose 函数关闭已打开的文件
C．在利用 fread 函数从二进制文件中读数据时，可以用数组名给数组中所有元素读入数据
D．不可以用 FILE 定义指向二进制文件的文件指针

10．若要打开 D 盘上 user 子目录下名为 abc.txt 的文本文件进行读、写操作，下面符合此要求的函数调用是（　　）。
A．fopen("D:\user\abc.txt","r") B．fopen("D:\\user\\abc.txt","r+")
C．fopen("D:\user\abc.txt","rb") D．fopen("D:\\user\\abc.txt","w")

二、填空题

1. 已有文本文件 test.txt，其中的内容为：Hello,everyone!。以下程序中，文件 test.txt 已正确为"读"而打开，由文件指针 fr 指向该文件，则程序的输出结果是_____。

```
#include <stdio.h>
int main(void)
{
    FILE *fr; char str[40];
    ……
    fgets(str,5,fr);
    printf("%s\n",str);
    fclose(fr);
    return 0;
}
```

2. 若 fp 已正确定义为一个文件指针，d1.dat 为二进制文件，请填空，以便为"读"而打开此文件：fp=fopen(_____);

3. 以下程序用来统计文件中字符个数。请填空。

```
#include "stdio.h"
int main(void)
{
    FILE *fp;   long num=0L;
    if((fp=fopen("fname.dat","r"))==NULL)
    { pirntf("Open error\n");  exit(0);}
      while(_____)
        { fgetc(fp);
          num++;
        }
    printf("num=%1d\n",num-1);
    fclose(fp);
    return 0;
}
```

4. 以下程序段打开文件后，先利用 fseek 函数将文件位置指针定位在文件末尾，然后调用 ftell 函数返回当前文件位置指针的具体位置，从而确定文件长度。请填空。

```
FILE  *myf;   long  f1;
myf= _____("test.t","rb");
fseek(myf,0,SEEK_END); f1=ftel(myf);
fclose(myf);
printf("%d\n",f1);
```

5. 以下程序中用户由键盘输入一个文件名，然后输入一串字符(用#结束输入)存放到此文件中形成文本文件，并将字符的个数写到文件尾部。请填空。

```
#include <stdio.h>
int main(void)
{
    FILE    *fp;
```

```
    char    ch, fname[32];   int  count=0;
    printf("Input the filename : ");
    scanf("%s", fname);
    if((fp=fopen( _____ , "w+"))==NULL)
        { printf("Can't open file: %s \n", fname);
          exit(0);
        }
    printf("Enter data: \n");
    while((ch=getchar())!="#"){  fputc(ch, fp);  count++; }
    fprintf(_____, "\n%d\n", count);
    fclose(fp);
    return 0;
}
```

6. 下面程序把从终端读入的 10 个整数以二进制方式写到一个名为 bi.dat 的新文件中。请填空。

```
#include<stdio,h>
#include<stdlib.h>
FILE  *fp;
int main(void)
{
    int i,j;
    if((fp=fopen("bi.dat","wb"))==NULL) exit(0);
    for(i=0; i<10; i++)
    {
        scanf("%d",&j);
        fwrite(&j,sizeof(int),1,_____);
    }
    fclose(fp);
    return 0;
}
```

三、编程题

1. 从键盘输入一个字符串，将其中的小写字母转换成大写字母后，在屏幕上显示并输出到一个磁盘文件 test 中保存，输入的字符串以"！"结束。

2. 有两个磁盘文件 A 和 B，各存放一行字母，现要求把这两个文件中的信息合并(按字母顺序排列)，输出到一个新的文件 C 中去。

3. 有 5 个学生，每个学生有 3 门课程的成绩，从键盘输入学生数据(包括学号，姓名，3 门课程成绩)，计算出平均成绩，将原有数据和计算出的平均分数存放在磁盘文件 stud 中。

4. 磁盘文件 employee 内存放职工的数据。每个职工的数据包括职工姓名、职工号、性别、年龄、住址、工资、健康状况、文化程度。现要求将职工名、工资的信息单独抽出来另建一个简明的职工工资文件。

5. 从键盘输入若干行字符(每行长度不等)，输入后把它们存储到磁盘文件中。再从该文件中读入这些数据，将其中小写字母转换成大写字母后显示在屏幕上。

第 12 章 指 针 进 阶

本章导读

通过前面的学习，我们对指针的知识及应用有了更近一步的了解。本章主要讨论 C 语言中指针语法的高级部分，包括指向函数的指针、指针数组、指向指针数据的指针、二维数组的地址与指向具有 m 个元素的一维数组的指针概念及关系，以及主函数的参数等内容。通过本章的学习和分析，对指针的用途有较全面的认识。

12.1 用矩形法求多个函数的定积分

【案例 12.1】 利用指向函数的指针求定积分。

问题描述：编写一个用矩形法求定积分的通用函数，用它分别求以下 3 个函数的定积分。

$$\int_a^b (1+x)dx \qquad \int_a^b (2x+3)dx \qquad \int_a^b (e^x+1)dx$$

问题分析：求函数 f(x) 在[a,b]的定积分就是求由 y=0,x=a,x=b,y=f(x) 所围成图形的面积，如图 12.1 所示。矩形法求定积分就是把积分区间划分为 n 个小矩形，每个小矩形的宽为 h，h=(b−a)/n，高为 f(x)，然后将 n 个小矩形的面积相加起来就是需要计算的结果。因此，用矩形法求函数 f(x) 在[a,b]区间的定积分 s 的公式可表示为：

$$s = f(a+h)*h + f(a+2*h)*h + \cdots + f(a+n*h)*h$$
$$= h*(f(a+h) + f(a+2*h) + \cdots + f(a+n*h))$$

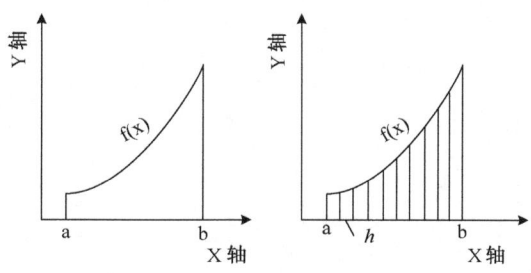

图 12.1 矩形法求定积分的原理

计算 s 的算法为：

```
for(i = 1;i <= n;i++)
{
    s += f(a + i * h )   //f(a+i*h)为函数调用，可根据要求定义 f 函数，a+i*h 为实参
}
s *= h;
```

如果把用矩形法求定积分的算法定义为一个通用函数，它与被积函数 f(x) 和积分区间有关，相应的形参包括函数指针和积分区间上下限，函数首部为：

```
double integral(double a,double b,int n ,double(*fx)(double))
```

其中，a,b 为积分上下限，n 为划分小矩形个数，fx 为函数指针。

那么调用 integral 函数时，把定义的函数名传递给 fx，就可以计算出该函数的定积分，这样使计算变得很灵活。

程序描述：

```
#include <stdio.h>
#include <math.h>                    //以下函数定义中用到了数学函数 exp(x)
double f1(double x)                  //定义 1+x 函数
{
    return (1+x);
}
double f2(double x)                  //定义 2*x+3 函数
{
    return (2*x + 3);
}

double f3(double x)                  //定义 e^x+1 函数
{
    return (exp(x) + 1);
}

//定义一个求积分的通用函数作为中间函数
double integral(double a,double b,int n ,double(*fx)(double))
{
    double h,sum=0;
    int i;
    h = (b-a)/n;
    for(i=1;i<=n;i++)
    {
        sum += (*fx)(a+ i*h);
    }
    return sum*h;
}

int main(void)
{
    double a,b,(*f)(double),result;
    int n=50;                                        //等分数
    a=0;b=1;                                         //积分上下限
    f=f1;                                            //建立指针与函数关系
    result = integral(a,b,n,f);
    printf("The integral of 1+x: %lf\n",result);
    f=f2;                                            //建立指针与函数关系
    result = integral(a,b,n,f);
    printf("The integral of 2x+3: %lf\n",result);
    f=f3;                                            //建立指针与函数关系
```

```
        result = integral(a,b,n,f);
        printf("The integral of exp(x+1): %lf\n",result);
        return 0;
    }
```

程序运行结果如下：

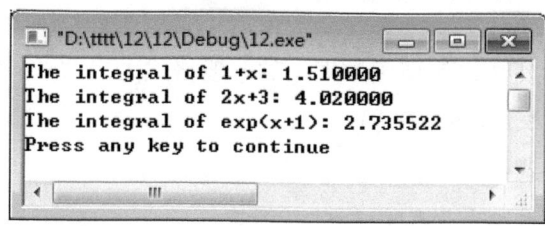

12.1.1 指向函数指针的概念

指针变量可指向整型、字符型、数组等类型，指针变量也可以指向函数。C 语言在编译时，编译系统为每个函数代码分配一段存储空间，每段存储空间都有一个入口地址，该入口地址就是函数的地址。如果一个指针变量指向这个入口地址，那么就称该指针变量是指向函数的指针变量或称为函数指针。函数指针有两个用途：调用函数和作为函数的参数。

12.1.2 指向函数的指针变量

指向函数的指针变量的一般格式是：

  数据类型（*指针变量名）(函数参数表列)；

例如：int（*p）(int,int)；

因为最左边()运算符的优先级最高，所以*运算符先与 p 结合，形成(*p)，表示 p 是一个指针变量；再与右边的()结合，表示 p 指向一个函数，所以 p 是指向函数的指针变量。当然，函数有返回值类型、参数个数及参数类型的说明。所以，以上变量声明的涵义是：p 是指向函数的指针变量，它指向的函数是返回类型为整型且有两个整型参数的函数。p 的类型用 int（*）(int,int) 表示。

例如：double（*f）(double)；

f 是指向函数的指针变量，它指向的函数类型为双精度浮点型且有一个双精度浮点型参数。f 的类型用 double（*）(double) 表示。

例如：typedef void(*fun)()； //定义新类型名 fun
    fun q;   //用新类型名定义变量 q

q 是指向函数的指针变量，该类函数是无返回类型且无参数。q 的类型用 void（*）() 表示。

对于指向函数指针变量来说，算术运算是无意义的。

12.1.3 指向函数指针的调用

在使用函数指针变量前要对其赋值。赋值的方式是将一个函数名赋给函数指针变量，但前提条件是该函数名必须是已定义或声明，且函数的返回值类型、参数个数及参数类型与函数指针变量定义一致。

例如，有指针定义 int（*p）(int,int)；

若函数 fun1 定义的首部为：int fun1(int,int);
则 p = fun1; 就是合法的赋值语句。
若函数 fun2 定义的首部为：int fun2(int);
则 p = fun2; 就是不合法的赋值语句。

在第 7 章学习了通过函数名调用函数的方法，有了函数指针变量，还能通过指向函数的指针变量来实现函数调用。

通过指向函数的指针变量来实现函数调用的一般格式为：

(*指向函数的指针变量)(参数列表);

VC6.0 也支持如下格式：

指向函数的指针变量(参数列表);

【案例 12.2】 用指向函数的指针变量来调用函数。

问题描述：略。

问题分析：自定义函数的调用可以使用函数名来进行调用，也可使用指向函数的指针变量来调用。

程序描述：

```
#include <math.h>
#include <stdio.h>
int f1(int x,int y)
{
    return (x+y);
}

int main(void)
{
    int (*fun)(int,int);                              //定义函数指针变量
    int a,b;
    a=3;
    b=4;
    fun = f1;                                         //为函数指针变量赋值
    printf("f1(%d,%d)=%d\n", a,b,f1(a,b));            //用函数名调用函数
    printf("(*fun)(%d,%d)=%d\n",a,b,(*fun)(a,b));     //用函数指针调用函数
    printf("fun(%d,%d)=%d\n", a,b,fun(a,b));          //用函数指针调用函数
    return 0;
}
```

程序运行结果如下：

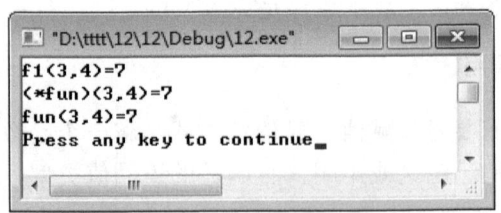

指向函数的指针也能作为函数参数，它把函数的入口地址传递给形式参数，这样就能够

在被调用的函数中使用实参函数，便于编制通用程序，提高函数调用的灵活性。案例 12.1 是用指向函数的指针作为形式参数实现多个相同类型函数调用。

12.2 查找关键字符号表

【案例 12.3】 查找指针数组元素所指向的字符串。

问题描述：设关键字的符号表由 6 个关键字 begin、end、if、else、for、while，及一个表的结束标志\0 组成。每当输入一个标识符，就去调用查表函数(函数名为 lookup)。若发现匹配，就返回该关键字在表中的位置(序号)；若扫描到表尾仍未匹配，则返回-1。

问题分析：为了查找关键字，首先要解决关键字符号表数据如何组织，然后再决定使用何种算法进行查找。在第 6 章学习了二维数组，可能大家首先想到的是用二维字符数组 char word[7][6]组织符号表，如图 12.2 所示。

但是，这样的组织方式有一个明显的缺点：浪费内存区域。因为每个字符串长度不同，所占的存储区域的大小不同，若定义为数组，则有的行是不需要这么多的内存区域的，这样就造成了内存区域的浪费。如果以图 12.3 的方式组织符号表，就可避免浪费内存区域的问题。

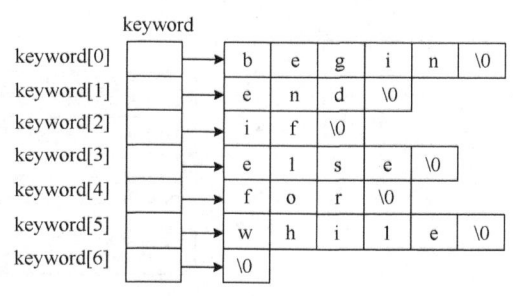

图 12.2　二维字符数组示意图　　　　图 12.3　指针数组示意图

keyword 是一个一维数组，数组中的每个元素是指向一个字符串首地址的指针变量，称 keyword 为指针数组。keyword 数组中的元素 keyword[0]指向字符串 begin, keyword[1]指向字符串 end……，通过 keyword 数组的元素可以引用所指向的字符串。要查找字符关键字，只需将输入的待查关键字字符串与 keyword 数组中每个元素所指字符串进行比较就可实现了。

程序描述：

```
#include <stdio.h>
#include <stdlib.h>              //在程序中使用了动态申请存储区函数 malloc()
#include <string.h>              //在程序中使用了字符串比较函数 strcmp()

int main(void)
{
    int locate;
    int lookup(char *[ ] , char *); //函数原型声明
    //定义并初始化指针数组,此处未定义数组大小,用 NULL 作为指针数组结束标志
    char *keyword[]={"begin","end","if","else","for","while",NULL};
    char *id;
    printf("Input a keyword!\n");
    id = (char *)malloc(20);       //申请动态存储空间可存放 19 字符
```

```
        scanf("%s",id);
        locate = lookup(keyword,id);        //调用 lookup 函数返回查找结果
        printf("locate=%d\n",locate);
        free(id);                           //释放申请的存储空间

    return 0;
}
int lookup(char *keyword[ ],char *str)
{
    int i;
    for(i = 0 ; keyword[i] ; i++)    //keyword[i]不等于 NULL,即数组未遍历完
    {
        if(!strcmp(keyword[i],str))  //找到关键字,返回下标位置
            return i;
    }
    return -1;                       //没有找到关键字
}
```

程序运行结果 1 如下：

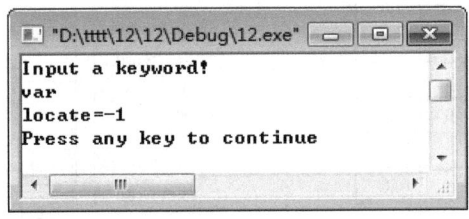

程序运行结果 2 如下：

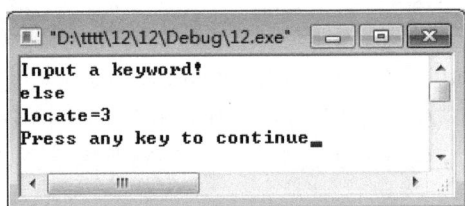

12.2.1 指针数组的定义

C 语言中，数组元素可以是任何类型。如果数组元素类型是整型，则该数组就为整型数组；如果数组元素类型为指针类型，则该数组为指针数组。

一维指针数组定义的一般格式为

  类型名 *数组名[数组长度];

例如：char *ch[5];

因为[ ]运算符的优先级高于*运算符，所以[ ]先与 ch 结合，形成 ch[5]，表示具有 5 个元素的数组。然后再与*结合，*表示 ch 数组的每个元素类型是指针类型。char *ch[5]表示 ch 数组的每个元素类型是字符指针类型。一个字符指针类型变量可以指向一个字符串，通过该指针变量就可以引用它所指向的字符串。

同理 int *p[5]表示 p 是一个整型指针数组，它的每个元素指向一个整型数。

指针数组比较适合用来指向若干个字符串，使字符串处理更加方便灵活。

方法：分别定义一些字符串，然后用指针数组中的元素分别指向各字符串。

【案例 12.4】 利用指针数组排序字符串。

问题描述：将若干个字符串按字母顺序升序输出。

问题分析：已知有若干个无序的字符串，可定义一个指针数组，用各字符串对它进行初始化，如图 12.4 所示。然后用冒泡法实现排序。

char *language[]={"Basic","Java","Pascal","C","Fortran","Python",NULL}

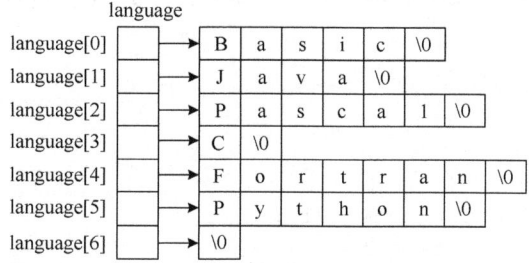

图 12.4 定义指针数组并用各字符串对它进行初始化

程序描述：

```c
#include<stdio.h>
#include <string.h>
int main (void)
{
    char *language[]={"Basic","Java","Pascal","C","Fortran","Python",NULL};
    int i,j,n=0;
    for(i=0; language[i];i++)      //统计字符串个数
    {
        n++;
    }
    for(i=1;i<n;i++)               //冒泡法排序
    {
        for(j=0;j<n-i;j++)
            if( strcmp(language[j],language[j+1])<0)
            {
                char *temp;
                temp = language[j];
                language[j] = language[j+1];
                language[j+1] = temp ;
            }
    }
    for(i=0;language[i];i++)
        puts(language[i]);
    return 0;
}
```

运行结果如下：

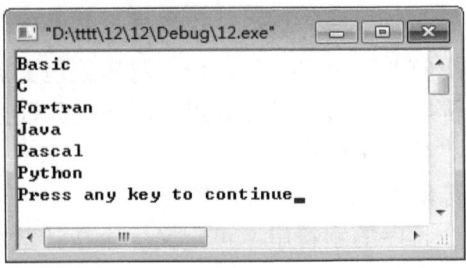

代码分析：用冒泡法排序字符串是比较前后相邻两个字符串，对于指针数组来说就是比较相邻两个元素所指字符串的比较。即比较 language[j] 与 language[j+1]所指字符串的大小。代码为：

```
if( strcmp( language[j] , language[j+1])>0)
{
    char *temp;
    temp = language[j];
    language[j] = language[j+1];
    language[j+1] = temp ;
}
```

若 j=2，则有 language[2] 与 language[3]相交换的情况如图 12.5 所示。字符串本身没有交换，只是 language[2] 与 language[3]交换了所指单元。

冒泡法排序完成后，指针数组的情况如图 12.6 所示。

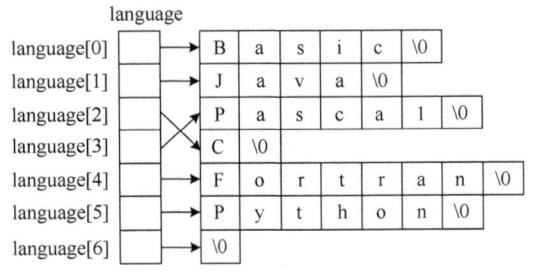

图 12.5　language[2] 与 language[3]交换了所指单元

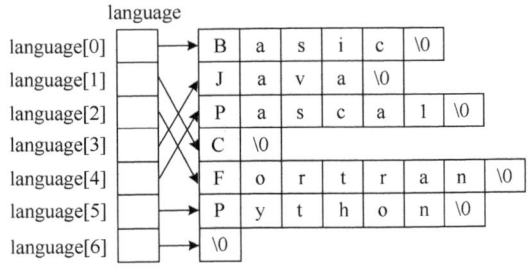

图 12.6　指针数组排序字符串

要输出字符串排序后的结果就是依次输出指针数组元素所指字符串。

12.2.2　指针数组与二维数组

指针变量可以指向一维数组中的元素，也可以指向多维数组中的元素。但在概念上和使用方法上，多维数组的指针比一维数组的指针要复杂。

1．二维数组元素的地址

设有如下定义：

```
int a[3][4]={{1,3,5,7}, {9,11,13,15},{17,19,21,23}};
```

a 是二维数组名。对于 a 可理解为：a 是一个有 3 个元素 a[0]、[1]、a[2]的数组名，数组中的每一个元素又是有 4 个元素的一维数组的名字。即 a[0]是第 0 行一维数组名，a[1]是第 1 行一维数组名，a[2]是第 2 行一维数组名(数组行列初值皆为 0)，用图 12.7 和图 12.8 来描述这种关系。

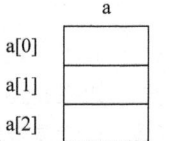

图 12.7　二维数组 a 的三个元素　　　　图 12.8　a[0],a[1],a[2]分别代表三个一维数组

C 语言规定：数组名代表数组的首地址。因此 a[0]、a[1]、a[2]分别表示二维数组 a 的第 0 行、第 1 行、第 2 行三个一维数组的首地址。

在第 8 章学习了数组元素的表示方法，对于数组 a 的第 0 个元素来说，既可表示为 a[0]，也可表示为*(a+0)，a[0]是下标引用法，*(a+0)为指针引用法，这两种表示方法是等价的。那么，a[0]+j 就等价于*(a+0)+j，a[i]+j 就等价于*(a+i)+j。对于数组 a[0]（由第 0 行的 4 个元素组成的一维数组）来说，a[0]为第 0 行 0 列元素的地址，那么 a[0]+j 为第 0 行第 j 列元素的地址（即&a[0][j]），*(a[0]+j)为第 0 行第 j 列元素（即 a[0][j]）。

我们再来看一看 a+i 是什么呢？

因为 a 是数组名，所以 a+0 应为 a 数组中第 0 个元素的地址即&a[0]，a+1 为 a 数组中第 1 个元素的地址即&a[1]…，a+i 为 a 数组中第 i 个元素的地址即&a[i]。

a+i 与 a[i] 都表示地址，它们的区别是什么呢？

从 a+i 到(a+i)+1，虽是做了加 1 的运算，但其值增加了一行元素(4 个元素)所占字节数，而从 a[i]到 a[i] + 1 也是做了加 1 的运算，但其值只是增加了一列(1 个元素)所占字节数。把 a+i 称为行地址，把 a[i]称为列地址。行地址和列地址在进行运算时，虽都是做加 1 的运算，但"1"所代表的含义不同。行地址与列地址的区别如图 12.9 所示。

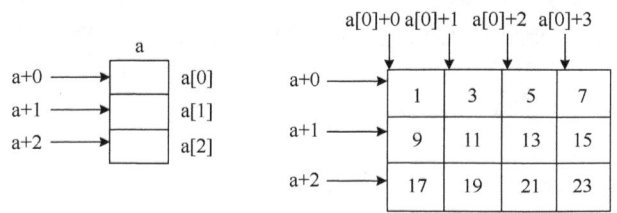

图 12.9　二维数组行地址和列地址含义

例：用地址法输出二维数组元素

```
#include<stdio.h>
int  main (void)
{
    int a[3][4]={{1,3,5,7}, {9,11,13,15},{17,19,21,23}};
    int i,j;
    for(i=0;i<3;i++)
    {
        for(j=0;j<4;j++)
            printf("%4d",*(a[i]+j));     //或者printf("%4d",*(*(a+i)+j));
        printf("\n");
    }
    return 0;
}
```

2. 指向由 m 个元素组成的一维数组的指针变量

通过对 a[3][4] 二维数组地址的分析我们知道,对于二维数组 a 来说,从 a+i 变化到 a+i+1,增加了"1",但这个"1"是表示一行元素(4 个整型数据)所占的字节数。如果把 a+i 的值赋给一个指针变量 p,那么 p+1 的值较 p 的值增加 4 个整型元素所占字节数。p 就是指向由 4 个元素组成的一维数组的指针变量。

声明指针变量 p 的格式是:

  int a[3][4],(*p)[4];

注意:p 所指向一维数组的大小与二维数组的列数要一致。

根据运算符的优先级别来看,"*"运算符与 p 先运算,表明 p 是一个指针变量,再与[4]运算,表明 p 指向具有 4 个元素的一维数组,int 表示一维数组是整型数组。p 的类型可表示为 int (*)[4]。如果 p 与数组 a 建立了关系,如 p=a,那么 p 也就是二维数组 a 的行指针,p 的含义与 a 的含义相似,不同之处:p 是变量,a 是常量。

例:用指向由 m 个元素组成的一维数组的指针变量输出二维数组元素。

```
#include<stdio.h>
int  main (void)
{
    int a[3][4]={{1,3,5,7}, {9,11,13,15},{17,19,21,23}};
    int (*p)[4];                    //p 所指向的一维数组大小与二维数组的列数一致
    int i, j;
    for( i = 0 ; i < 3; i++)        //p 的变取值范围为 a~a+2
    {
        for(j=0;j<4;j++)
           printf("%4d",*(*(p+i)+j));   //*(p+i)等价于 a[i],*(*(p+i)+j)等
                                        //  价于 a[i][j]
        printf("\n");
    }
    return 0;
}
```

指向由 m 个元素组成的一维数组的指针变量也可作为形式参数,接收来自实际参数为二维数组名的值。

【案例 12.5】 用指向由 m 个元素组成的一维数组的指针变量作为形式参数改写案例 12.4。

问题描述:略。

问题分析:略。

程序描述:

```
#include<stdio.h>
int  main (void)
{
    void output(int (*)[4],int ,int );
    int a[3][4]={{1,3,5,7}, {9,11,13,15},{17,19,21,23}};
    output(a,3,4);                      //实参 a 为二维数组名
    return 0;
}
```

```
void output(int (*p)[4],int m,int n)    //形参 p 为指向由 m 个元素组成的一维数
                                         //组的指针变量
{
    int i,j;
    for( i=0; i<m; i++)
    {
        for(j=0;j<n;j++)
        printf("%4d",*(*(p+i)+j));
        printf("\n");
    }
}
```

程序运行结果如下:

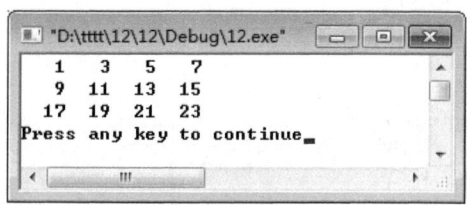

12.3 用指向指针数据的指针实现字符串的排序

【案例 12.6】 用指向指针数据的指针变量排序字符串。

问题描述：有 n 个字符串，用"指向指针数据的指针"的方法对这 n 个字符串按字母升序排列，并输出已排好序的字符串。

问题分析：n 个字符串的组织方式仍可采用指针数组，用各字符串对指针数组的元素进行初始化，然后将指针数组名赋给一个指针变量 p，p 就是指向指针数据的指针变量。这样，对指针数组的操作就可用 p 来实现。

程序描述：

```
#include<stdio.h>
#include <string.h>
void main ()
{
    int i,j,n=0;
    char*sport[]={"basketball","badminton","tabletennis","Yoga","tennis",
                "football","volleyball",NULL};
    char **p;
    p = sport;

    for(i=0; sport[i];i++)                    //统计字符串个数
        {
            n++;
        }
    for(i = 1; i < n ; i++)                   //冒泡法排序
```

```
            {
                for(j = 0; j < n - i; j++)
                    if( strcmp(p[j],p[j+1])>0)
                    {
                        char *temp;
                        temp = p[j];
                        p[j] = p[j+1];
                        p[j+1] = temp ;

                    }
            }
        for(i=0;sport[i];i++)
            puts(sport[i]);
    }
```

程序运行结果如下：

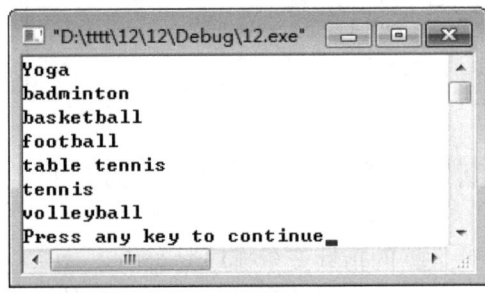

12.3.1 指向指针数据的指针变量

指针变量是指存放地址的变量。如果把指针变量的地址再赋给另一个变量，那么这个变量就是指向指针数据的指针变量，或者称为二级指针变量。如图 12.10 所示，x 是一个整型变量，x 对应内存单元的地址是 2000，变量 p 中存有变量 x 的地址，即 p=&x，q 存有变量 p 的地址，即 q=&p，那么称 q 为指向指针的指针变量。

在 12.2 节中学习了指针数组的知识，指针数组名就是一个二级地址，如果把指针数组名赋给指变量 ptr，那么 ptr 就是二级指针变量。图 12.11 所示为指针数组与指向指针的指针变量的关系。

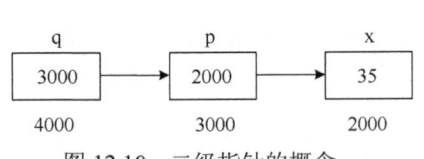

图 12.10　二级指针的概念　　　　图 12.11　指针数组与指向指针的指针变量

12.3.2 定义指向指针数据的指针变量

如何去定义一个指向指针的指针变量呢？下面是定义图 12.10 中的变量及变量赋值的语句：

```
        int x,*p,**q;
```

```
x = 35;
p = &x;      //p 是指向整数的指针变量
q = &p;      //q 是指向指针 p 的指针变量
```

q 的前面有两个*号。

根据运算符的结合性，*运算符的结合性是从右向左，因此 **q 相当于*(*p)，对于(*p)来说，p 显然是一个指针变量，而括号前的*则表明 p 指向的数据也是一个指针变量。那么 int **q 的含义是：q 是指向一个指针的指针变量。

对变量 x 的间接引用可以表示为 *p、**q。

图 12.11 中变量 ball 和 ptr 的定义为：

```
char *ball[]={"basketball","badminton","table tennis","tennis"};
char **ptr;
ptr = ball;
```

那么，*ptr 等价于 ball[0]，*(ptr+i)等价于 ball[i]。对字符串的引用就可以用 ptr 指针变量来引用。

例如，用 ptr 输出 ball 数组元素所指字符串的代码就可以表示为：

```
for(int i=0;i<4;i++)
    puts(*(ptr+i));
```

或者

```
for(int i=0;i<4;i++,ptr++)
    puts(*ptr);
```

12.3.3 指向指针数据的指针变量作为函数参数

通过上面的分析可以知道，指针数组名是一个二级指针，指向指针数据的指针变量是一个二级指针变量，指针数组名可以直接赋给指向指针数据的指针变量。因此，将指向指针数据的指针变量作为形式参数，实际参数就可使用二级指针或二级指针变量。

例：用指向指针数据的指针变量作为函数参数。

```
#include<stdio.h>
#include <string.h>
int main (void)
{
    int i,n=0;
    void sort(char **p,int n);
    char *sport[]={"basketball","badminton","table tennis",
    "Yoga", "tennis", "football","volleyball",NULL};
    for(i=0; sport[i];i++)                    //统计字符串个数
    {
        n++;
    }
    sort(sport,n);
    
    for(i=0;sport[i];i++)
```

```
        puts(sport[i]);
    return 0;
}

void sort(char **p,int n)              //p 为指向指针变量的地址的指针变量
{
    int i,j;
    for(i = 1; i < n ; i++)            //*p[i]不等于0,表示冒泡法比较的趟数未完
    {
        for(j = 0; j < n - i; j++)
            if( strcmp(p[j],p[j+1])>0)
            {
                char *temp;
                temp = p[j];
                p[j] = p[j+1];
                p[j+1] = temp ;

            }
    }
}
```

12.3.4 命令行参数

main()函数是 C 程序的入口地址,由操作系统进行调用。在前面所涉及的 main()函数都是没有参数的,也就是说操作系统调用 main()函数时没有传递参数。如果需要,操作系统调用 main()函数时也可以向 main 函数传递参数,main 函数的首部就有了形式参数,这些形参被称为命令行参数。main 函数的参数有固定的格式:

```
main(int argc,char *argv[])
```

其中,argc 是指参数的数目;argv 是*char 指针数组,也可以表示为**argv,指向命令行中的一行字符。

命令行参数在 DOS 命令行下输入。

例如,在 C 盘当前目录下有一个用 VC6.0 建立的名为 Mydisplay 的项目文件,项目文件中有一 C 语言源程序 display.c,源代码为:

```
#include <stdio.h>
int main(int argc,char **argv)
{
    int i=0;
    for(i=1;i<argc;i++)
        puts( argv[i]);
    return 0 ;
}
```

经过编译、连接后生成可执行程序 Mydisplay.exe,如果 Mydisplay.exe 文件也在当前目录,在 DOS 提示符 C:\>下执行 Mydisplay.exe 程序,执行命令方式及输出结果如图 12.12 所示。

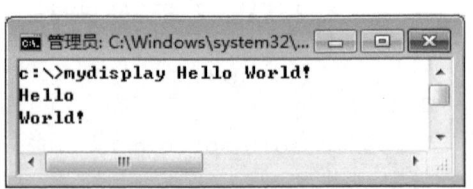

图 12.12 执行带命令行参数的程序

main 函数参数 argc 的值为 3，argv[0]指向 mydisplay，argv[1]指向 Hello，argv[2]指向 World!。

如果在 VC6.0 中调试、运行带命令行参数的程序，需对项目环境进行设置。设置方法是：选择 Project 菜单下的 settings 命令，打开 Project settings 对话框，选择 Debug 选项卡，在 Program argument 文本框中填入参数，如果有多个参数用空格分隔，然后就可以按设置的参数运行、调试程序。

12.4 指针综合应用

【案例 12.7】 指向由 m 个元素组成的一维数组的指针变量的应用。

问题描述：有若干个学生，每个学生有 4 门课程的成绩，从键盘输入学生序号（从 1 开始），要求显示相应学生的各门课程成绩。成绩查询部分用函数实现，函数原型：

```
double *find(double (*pointer)[4],int n);
```

问题分析：为了简单起见，假设学生人数有 4 个，定义一个浮点型二维数组 fScore[4][4]，用来存放学生的成绩。查询函数 find 是一个返回值为指向 double 型的指针，因此可以使该 find 函数返回值指向查寻到的学生所在行第 0 个元素的地址，这样就可以输出该行所有元素的值。

程序描述：

```c
#include<stdio.h>
double *find(double (*pointer)[4],int n)
{
    double *pLocate;
    pLocate = *(pointer+n-1);    //*(pointer+n-1)为第 n-i 行 0 列元素的地址
    return pLocate;
}
int main (void)
{
    int i,n;
    double *pLine;
    double fScore[][4]=
    {
        {85,90,76,93},
        {94,81,87,94},
        {98,56,45,67},
        {45,79,87,68}
    };                          //n 号学生成绩是存放在数组的 n-1 行
    printf("请输入学生的序号：");
    scanf("%d",&n);
    pLine = find(fScore,n);

    printf("\n 第%d 号学生的成绩是：\n",n);
    for(i =0; i<4;i++)
        printf("%7.1lf",*(pLine+i));    //*(pLine+i)为 pLine 所指行 i 列元素的值
    printf("\n\n");

    return 0;
}
```

程序运行结果如下:

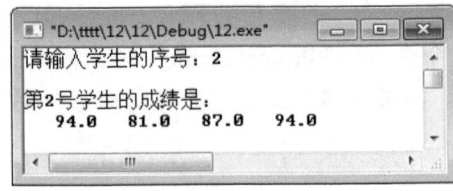

【案例 12.8】 指针数组及指向指针数据的指针变量应用。

问题描述：输入若干有关颜色的英文单词，以"#"作为输入结束标志，其中单词数小于20，每个单词字母数不限。要求对这些单词按字典顺序排序后输出。

问题分析：因为知道单词总数小于20，所以可以定义一个具有20个元素的指针数组color。希望与颜色相关的英文单词在程序运行时从键盘进行输入，采用动态申请内存单元的方法先初始化指针数组中的指针变量，然后通过scanf函数为指针变量所指的内存区域输入字符串，组织好数据以后就可调用排序函数进行字符串的排序。排序思想可参看案例12.6，只是在排序函数中将对应指针数组的形参改成了指向指针数据的指针变量p。

程序描述：

```c
#include<stdio.h>
#include <string.h>
#include <stdlib.h>
int  main (void)
{
    int i,n;
    void sort(char **p,int n);
    i = 0;
    char *color[20];
    printf("输入n个字符串，输入以#结束\n");
    printf("字符串间以空格或回车符分隔.\n");
    printf("请输入:\n");
    color[i] =(char*) malloc(sizeof(char));
    scanf("%s",color[i]);
    while(*color[i] != '#')            //*color[i]表示第i个字符串的第1个字符
    {
        color[++i] =(char*) malloc(sizeof(char));
        scanf("%s",color[i]);
    }
    n=i;
    sort(color,n);
    printf("\n排序输出结果:\n");
    printf("----------------------\n");
    for(i=0;i<n;i++)
        printf("%s  ",color[i]);
    printf("\n----------------------\n");
    return 0;
}
```

```
void sort(char **p,int n)          //p 为指向指针数据的指针变量
{
    int i,j;
    for(i=1; i<n; i++)              //*p[i]不等于0,表示冒泡法比较的趟数未完
    {
        for(j = 0; j < n - i; j++)
            if( strcmp(p[j],p[j+1])>0)
            {
                char *temp;
                temp = p[j];
                p[j] = p[j+1];
                p[j+1] = temp ;
            }
    }
}
```

程序运行结果如下:

本 章 小 结

C 语言中指针的应用非常广泛，灵活地使用指针能够提高程序的执行效率，并增加程序的灵活性。

指向函数的指针应用，使得在调用多个类型相同函数时处理起来非常灵活，在 Linux 内核的框架设计中很大程度上都依靠函数指针进行函数的处理；指针数组处理多个字符串可以节省内存单元；对于二维数组的处理可以转换为二级指针来实现，如指向由 m 个元素组成的一维数组的指针、指向指针数据的指针等，其目的是提高程序的处理效率。

正是由于 C 语言提供了功能繁多的各类指针，容易让初接触指针的读者产生错误，不易理解。我们通过表 12.1～表 12.4，对二维数组的地址、指针进行了梳理，旨在帮助读者更好地理解 C 语言的指针。

表 12.1　二维数组元素的地址小结定义 int a[3][4]

表示形式	含义
a	二维数组名，即 &a[0]，行地址
*a,a[0],&a[0][0]	a[0]数组名，第 0 行第 0 列元素地址，列地址
a+i	第 i 行首地址　即&a[i] 行地址
a[i],*(a+i),&a[i][0]	a[i]数组名，第 i 行第 0 列元素地址
a[i]+j,*(a+i)+j,&a[i][j]	第 i 行第 j 列元素地址
(a[i]+j),(*(a+i)+j),a[i][j]	第 i 行第 j 列元素值

表 12.2 常容易混淆的地址假设：int a[M][N], (*p)[N]=a;

表示形式	含义	类型
&a	二维数组的地址	int(*)[M][N]
p,a,&a	是数组元素 a[0]的首地址	int(*)[N]
*a,a[0]	一维数组第一个元素的地址（数组名）	int [N]
&a[0][0]	a[0][0]元素的地址	int *

表 12.3 函数调用实参与形参的对应

实参	形参
数组名 a	数组名 int x[][4]
数组名 a	指针变量 int (*q)[4]
指针变量 p1	数组名 int x[][4]
指针变量 p1	指针变量 int (*q)[4]
指针变量 p2	指针变量 int **q

指针的说明很多是由指针、数组、函数说明组合而成的。在解释组合说明符时，标识符右边的方括号和圆括号优先于标识符左边的"*"号，而方括号和圆括号以相同的优先级从左到右结合，也可以用圆括号改变约定的结合顺序。

表 12.4 各类变量的定义

变量定义	类型表示	含义
int i;	int	定义整型变量
int *p	int *	定义指向整型数据的指针变量
int a[5]	int [5]	定义具有 4 个整型元素的变量
int *p[4]	int *[4]	定义指针数组，它具有 4 个指向整型的元素
int (*p)[4]	int (*)[4]	定义一个指针变量，指向具有 4 个整型元素的数组
int f();	int ()	定义一个返回值为整型数的函数
int *p()	int *()	定义一个返回值为整型指针的函数
int (*p)()	int (*)()	定义一个指向整型函数的指针变量
int **p	int **	定义一个指向指针数据的指针变量
void *p	void *	定义一个指向 void 数据的指针变量
int a[5][4]	int (*)[4]	a 为指向包含有 5 个元素的一维数组，其中 a[0]~a[4]的类型为 int*

习 题 12

一、选择题

1. 有定义:char c,**p1,*p2=c;则下列表达式中正确合理的是（   ）。
   A．p1/=5   B．p1*=p2   C．p1=&p2   D．p1+=5
2. 若有以下的定义：int t[3][2];能正确表示 t 数组元素地址的表达式是（   ）。
   A．&t[3][2]   B．t[3]   C．&t[1]   D．t[2]
3. 以下程序段的输出结果是（   ）。
```
char *alp[]={"ABC","DEF","GHI"};
puts(alp[1]);
```

A. A　　　　　B. B　　　　　　C. D　　　　　　D. DEF

4. 设有说明 int (*ptr)[M];其中标识符 ptr 是(　　)。
   A. M 个指向整型变量的指针
   B. 指向 M 个整型变量的函数指针
   C. 一个指向具有 M 个整型元素的一维数组的指针
   D. 具有 M 个指针元素的一维指针数组,每个元素都只能指向整型量

5. int (*p)[6]; 的含义为(　　)。
   A. 具有 6 个元素的一维数组
   B. 定义了一个指向具有 6 个元素的一维数组的指针变量
   C. 指向整型指针变量
   D. 指向 6 个整数中的一个的地址

6. 若有 int a[2][2]={{1,2},{3,4}};　则*(a+1),*(*a+1)的含义分别为(　　)。
   A. 非法,2　　　B. &a[1][0],2　　　C. &a[0][1],3　　　D. a[0][0],4

7. 若有下列定义和语句,则对 a 数组元素的非法引用是(　　)。

   ```
   int a[2][3], (*pt)[3]; pt=a;
   ```

   A. pt[0][0]　　　B. *(pt+1)[2]　　　C. *(pt[1]+2)　　　D. *(a[0]+2)

8. 下列程序的运行结果是(　　)。

   ```
   int main(void)
   {
       int a[3][4]={{1,2,3,4},{3,4,5,6},{5,6,7,8}};
       int i;
       int (*p)[4]=a,*q=a[0];
       for(i=0;i<3;i++)
       {   if(i==0)
              (*p)[i+i/2]=*q+1;
           else
              p++,++q;
       }
       for(i=0;i<3;i++)
          printf("%d,",a[i][i]);
       printf("%d,%d\n",*(*p),*q);
       return 0;
   }
   ```

   A. 5,6,7,8,1　　　B. 2,4,7,5,3　　　C. 1,4,7,5,3　　　D. 1,2,3,4,5

9. 运行下列程序后,输出结果是(　　)。

   ```
   #include<stdio.h>
   #include <stdlib.h>
   void fut(int **s,int (*p)[4])
   {
       **s = *(*p+1);
   }
   ```

```
int main(void)
{
    int a[3][4]={{1,2,3,4},{3,4,5,6},{5,6,7,8}},*p;
    p = (int*)malloc(sizeof(int));
    fut(&p,a);
    printf("%d\n",*p);
    return 0;
}
```

A. 1　　　　　　　B. 4　　　　　　　C. 2　　　　　　　D. 3

10. 下列程序(　　)。

```
#include <stdio.h>
int main(void)
{
    int i;
    char *str[5];
    for(i=0;i<5;i++)
        scanf("%s",str[i]);
    return 0;
}
```

A. 能正确运行　　　B. 有编译错误　　C. 有连接错误　　D. 有运行错误

二、程序填空

1. 用指向指针的指针方法对 n 个字符串排序并输出。

```
#include <stdio.h>
#include "string.h"
#include <stdlib.h>
#define N 100
void sort(char ____①____,int n)
{
    int i,j;
    char *s;
    for(i=0;i<n-1;i++)
        for(j=i+1;j<n;j++)
            if(strcmp(*(p+i),*(p+j))>0)
            {
                s=p[i];
                ____②____;
                p[j]=s;
            }
}
int main(void)
{
    int i,n;
    char **p,*str[N],name[N][20];
    printf("n=");
    scanf("%d",&n);
```

```
        if(n<2  ③    n>N)
            exit(0);
        for(i=0;i<n;i++)
            str[i]=name[i];
        printf("input %d strings:\n",n);
        for(i=0;i<n;i++)
        {
            printf("name[%d]=",i);
            scanf("%s",   ④   );
        }
        printf("String arry:\n");
        for(i=0;i<n;i++)
        {
            p=str+i;
            printf("%s\n",*p);
        }
        p=str;
        sort(p,n);
        printf("String sort:\n");
        for(i=0;i<n;i++)
        {
            p=str+i;
            printf("%s\n",*p);
        }
        return 0;
    }
```

2. seek()函数：判断是否有不合格成绩；形参：1个，指向由3个int型元素组成的1维数组的行指针变量返回值：

(1)有不合格成绩，则返回指向本行首列的一个(列)指针；

(2)没有不合格成绩，返回值为指向下一行的一个(列)指针。

```
    #include <stdio.h>
    int  *seek( int  (*pnt_row)[3] )
    {
      int i=0, *pnt_col;
         ①    =*(pnt_row+1);
      for(; i<3; i++)
        if(*(*pnt_row+i)<60)
        {
          pnt_col=*pnt_row;
          break;     /*退出循环*/
        }
      return(   ②   );
    }

    int  main(void)
    {
```

```
    int grade[3][3]={{55,65,75},{65,75,85},{75,80,90}};
    int i,j,*pointer;
    for(i=0; i<3; i++)
    {
      pointer=seek( ___③___ );
      if(pointer==*(grade+i))
      {
        printf("No.%d grade list: ", i+1);
        for(j=0; j<3; j++)
          printf("%d ",*( ___④___ ));
        printf("\n");
      }
    }
    return 0;
}
```

三、编程题

1．使用函数指针变量计算圆的面积、圆的周长、球的面积、球的体积。

2．把数字月份转换成英文月份。设计一个指针数组，数组中的元素分别指向表示月份的英文字符串，通过键盘输入数字月份，从屏幕上打印出相应的英文月份字符串。

3．定义一个指针数组 piArr 和一个整型数组 iArr，piArr 的每个元素指向 iArr 的相应元素，数组 iArr 的各元素赋值随机数。按照从小到大的顺序输出 iArr 中各元素，要求排序时改变指针数组的内容，但是数组 iArr 中的内容不能改变。定义 swap 函数交换数据单元 iArr，要求参数使用指针传递(提示：用二级指针)。

4．定义一个浮点型二维数组 dScore[][4]，数组的每一行代表一个学生 4 门课程的成绩，从键盘输入学生序号(从 1 开始)，要求显示相应学生的各门课程成绩。成绩查询部分用函数实现，函数原型：double *find(double (*pointer)[4],int n);。

5．定义 3 个 2×2 的整型数组，再定义一个长度为 3 的指针数组，其每个元素都是一个指针，指向长度为 2 的一维整型数组。试用这个指针输出前述三个整型数组的值。

第13章 位 运 算

本章导读

前面介绍的各种运算都是以字节作为最基本的单位进行运算。但在很多系统程序中常要求在位(bit)一级进行运算或处理。C语言提供了位运算的功能,这使得C语言也能像汇编语言一样用来编写系统程序。指针运算和位运算构成了C语言的重要特色,与其他高级语言相比,它显然具有很大的优越性。

在互联网络中,计算机都是通过IP地址进行通信的,计算机中的每一个IP地址都用一个32位的unsigned long型变量保存,一个32位的IP地址可以分解成4字节,每一个字节代表IP地址的段,它分别记录这台计算机的网络ID和主机ID。如果要从一个正确的IP地址 202.103.96.68 中分离出它的网络ID和主机ID。需要用子网掩码 mask 和 IP 进行相关的位运算即可求出该计算机的网络ID和主机ID。因此读者应当学习和掌握本章的内容。

13.1 位运算符

C语言提供了下列六种位运算符:

&	按位与
|	按位或
^	按位异或
~	取反
<<	左移
>>	右移

13.1.1 按位与运算

按位与运算符"&"是双目运算符。其功能是参与运算的两数各对应的二进位相与。只有对应的两个二进位均为1时,结果位才为1,否则为0。也即

$$0\&0=0,\ 0\&1=0,\ 1\&0=0,\ 1\&1=1$$

例如:9&5可写算式如下:

```
    00001001        (9的二进制补码)
 (&)00000101        (5的二进制补码)
    00000001        (1的二进制补码)
```

可见 9&5=1。

C也提供了一个复合的位与赋值运算符:&=。下面两条语句产生相同的最终结果:

```
val &= 0377;
val = val & 0377;
```

按位与的用途如下。

1. 清零

若想对一个存储单元清零，即使其全部二进制位为 0，只要找一个二进制数，其中各个位符合以下条件：原来的数中为 1 的位，新数中相应位为 0。然后使二者进行&运算，即可达到清零目的。

例如：原有数为 00101011，另找一个数，设它为 10010100，这样在原数为 1 的位置上，该数的相应位值均为 0。将这两个数进行&运算：

$$\begin{array}{r} 00101011 \\ (\&)\ 10010100 \\ \hline 00000000 \end{array}$$

2. 取一个数中某些指定位

如有一个整数 a(2 字节)，想要取其中的低字节，只需将 a 与 8 个 1 按位与即可。

例如：

a	00101100	10101100
b	00000000	11111111
c	00000000	10101100

3. 保留一位的方法：与一个数进行&运算，此数在该位取 1

例如：有一数 01010100，想把其中从左边开始的 3、4、5、7、8 位保留下来，运算如下：

$$\begin{array}{r} 01010100\,(84) \\ \&\ \ \ 00111011\,(59) \\ \hline 00010000\,(16) \end{array}$$

【案例 13.1】 按位与运算。

问题描述：将两个负数进行与运算并输出运算的结果

问题分析：如果参加&运算的是负数(如-9&-5)，则要以补码形式表示为二进制数，然后再按位进行"与"运算。

程序描述：

```
#include <stdio.h>
int main(void)
{
    int a=-9,b=-5,c;
    c=a&b;
    printf("a=%d\nb=%d\nc=%d\n",a,b,c);
    return 0;
}
```

程序运行结果如下：

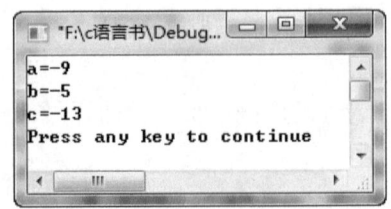

13.1.2 按位或运算

按位或运算符"|"是双目运算符。其功能是参与运算的两数各对应的二进位相或。只要对应的两个二进位有一个为1时,结果位就为1。也即

0|0=0, 0|1=1, 1|0=1, 1|1=1

例如:9|5 可写算式如下:
```
    00001001
(|) 00000101
    00001101        (十进制为 13)可见 9|5=13
```
C 提供了一个复合的位或与赋值运算符:|=。下面两条语句产生相同的最终结果:

```
val |= 0377;
val = val | 0377;
```

按位或运算常用来对一个数据的某些位定值为1。例如:如果想使一个数 a 的低 4 位改为 1,只需将 a 与 017 进行按位或运算即可。

例如:a 是一个整数(16 位),

有表达式:a | 0377

则低 8 位全置为 1,高 8 位保留原样。

【案例 13.2】 按位或运算。

问题描述:将两个负数进行或运算并输出运算的结果。

问题分析:如果参加|运算的是负数(如-9|-5),则要以补码形式表示为二进制数,然后再按位进行"或"运算。

程序描述:

```c
#include <stdio.h>
int main(void)
{
    int a=-9,b=-5,c;
    c=a|b;
    printf("a=%d\nb=%d\nc=%d\n",a,b,c);
    return 0;
}
```

程序运行结果如下:

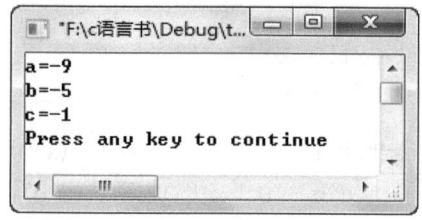

13.1.3 按位异或运算

按位异或运算符"^"是双目运算符。其功能是参与运算的两数各对应的二进位相异或,

当两对应的二进位相异时,结果为 1。也即

$$0\wedge 0=0,\ 0\wedge 1=1,\ 1\wedge 0=1,\ 1\wedge 1=0$$

例如:9^5 可写成算式如下:

```
    00001001
(^) 00000101
    00001100        (十进制为 12)
```

C 提供了一个复合的位异或与赋值运算符:^=。下面两条语句产生相同的最终结果:

```
val ^= 0377;
val = val ^ 0377;
```

例如:设有数 01111010,想使其低 4 位翻转,即 1 变为 0,0 变为 1。可以将它与 00001111 进行^运算,即

```
    01111010
^   00001111
    01110101
```

运算结果的低 4 位正好是原数低 4 位的翻转。可见,要使哪几位翻转就将与其进行^运算的该几位置为 1 即可。与 0 相^,保留原值。

例如:012^00=012

```
    00001010
^   00000000
    00001010
```

因为原数中的 1 与 0 进行^运算得 1,0^0 得 0,故保留原数。

不用临时变量交换两个值。

例如:a=3,b=4。想将 a 和 b 的值互换,可以用以下赋值语句实现:

```
a = a^b;
b = b^a;
a = a^b;
      a = 011
(^) b = 100
      a = 111 (a^b 的结果,a 已变成 7)
(^) b = 100
      b = 011 (b^a 的结果,b 已变成 3)
(^) a = 111
      a = 100 (a^b 的结果,a 已变成 4)
```

即等效于以下两步:

执行前两个赋值语句:a = a^b;和 b = b^a;相当于 b=b^ (a^b)。

再执行第 3 条赋值语句: a = a^b。由于 a 的值等于(a^b),b 的值等于(b^a^b),因此相当于 a=a^b^b^a^b,即 a 的值等于 a^a^b^b^b,等于 b。a 得到 b 原来的值。

【案例 13.3】 按位异或运算。

问题描述:将两个负数进行异或运算并输出运算的结果。

问题分析：如果参加^运算的是负数（如–9^–5），则要以补码形式表示为二进制数，然后再按位进行"异或"运算。

程序描述：

```
#include <stdio.h>
int main(void)
{
    int a=-9;
    a^=-5;
    printf("a=%d\n",a);
    return 0;
}
```

程序运行结果如下：

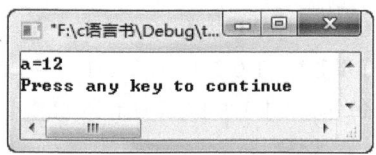

13.1.4 求反运算

"～"是一个单目（一元）运算符，用来对一个二进制数按位取反，即将 0 变 1，将 1 变 0。例如，～025 是对八进制数 25（即二进制数 00010101）按位求反。

$$
\begin{array}{r}
0000000000010101 \\
(\sim) \quad \overline{} \\
1111111111101010 \text{（八进制数 177752）}
\end{array}
$$

13.1.5 左移运算

左移运算符"<<"是双目运算符。其功能把"<<"左边的运算数的各二进位全部左移若干位，由"<<"右边的数指定移动的位数，高位丢弃，低位补 0。

按位左移表达式的形式：

　　m<<n;

作用：将 m 的二进制位全部左移 n 位，右边空出的位补零。高位左移后溢出，舍弃不起作用。

若有：short int m=65;

即　　m=(65)$_{10}$=(0000 0000 0100 0001)$_2$

则　　m<<2= <u>00</u> 00 0000 0100 0001 <u>00</u>

　　　　　　　↘丢弃　　　　　　↘补入

于是　m<<2=(0000 0001 0000 0100)$_2$=260

例如：

```
char a;
a<<4
```

指把 a 的各二进位向左移动 4 位。a=00000011（十进制 3），左移 4 位后为 00110000（十进制 48)。高位左移后溢出，舍弃。左移一位相当于该数乘以 2，左移 2 位相当于该数乘以 $2^2=4$。但此结论只适用于该数左移时被溢出舍弃的高位中不包含 1 的情况。

例如：假设以一个字节存一个整数，若定义

```
char a=64;
```

其二进制形式为 01000000，当左移一位时则为 10000000，而左移 2 位时，溢出的高位中包含 1，其二进制形式变为 00000000。

而对于有符号的整型数，符号位必须保留。

若有：short n=-65;

即　n=(-65)$_{10}$=(1000 0000 0100 0001)$_2$

实际计算时，是对其补码进行运算的：

$$\underline{1}111\ \ 1111\ \ 1011\ \ 1110\ \ \to -65\ 的反码$$
$$+\ \ 0000\ \ 0000\ \ 0000\ \ 0001$$
$$\underline{1}111\ \ 1111\ \ 1011\ \ 1111\ \ \to -65\ 的补码$$

(n)$_补$<<1=($\underline{1}$11　1111　1011　1111$\underline{0}$)$_{补码}$

　　　　↘保留　　　　　　　　↘补入

因此

n<< 1 = (1111 1111 0111 1110)$_{补码}$
　　　 = (1000 0000 1000 0010)$_2$
　　　 =-130

13.1.6　右移运算

右移运算符 ">>" 是双目运算符。其功能是把 ">>" 左边运算数的各二进位全部右移若干位，">>" 右边的数指定移动的位数。

按位右移表达式的形式：

```
m>>n;
```

作用：将 m 的二进制位全部右移 n 位。左边空出的位，分两种情况处理：

(1) m 为正数，则 m 右移 n 位后，左边补 n 个零。

(2) n 为负数，则 m 右移 n 位后，左边补 n 个符号位。

在 C 语言中，按位右移后左边补零的情况称为"逻辑右移"，左边补 1 的情况称为"算术右移"，亦即，对于整型变量 m：若 m>0，则 m>>n 为逻辑右移；若 m<0，则 m>>n 为算术右移。

正数情况：unsigned short int m=65;

即 m=(65)$_{10}$=(0000 0000 0100 0001)$_2$

则 m>>2= $\underline{00}$ 0000 0000 0100 00$\underline{01}$

　　　　↘补入　　　　　　↘丢弃

于是 m>>2=($\underline{0000}$ 0000 0001 0000)$_2$=16，因此对于正数而言右移一位相当于除以 2，右移 n 位相当于除以 2^n。

负数情况：n=(-65)$_{10}$=(1000 0000 0100 0001)$_2$

在计算机中，-65 的补码为：1111 1111 1011 1111

(n)补$>>2=\underline{11}$ 1111 1111 1011 11$\underline{11}$
　　　　↘补入　　　　　　↘丢弃

即：$n>>2=$(1111 1111 1110 1111)$_补$
　　　　$=$(1000 0000 0001 0001)$_2$
　　　　$=-17$

13.1.7　不同长度的数据进行位运算

如果两个数据长度不同(例如 long 型和 int 型)，进行位运算时(如 a & b，而 a 为 long 型，b 为 int 型)，系统会将二者按右端对齐。如果 b 为正数，则左侧 16 位补满 0；若 b 为负数，左端应补满 1；如果 b 为无符号整数型，则左侧添满 0。

13.2　位运算应用与举例

下面通过案例介绍位运算的应用。

【案例 13.4】 位运算应用。

问题描述：编写程序，取一个整型数 a 的二进制从右端开始的 4～7 位。

问题分析：

(1) 先使 a 右移 4 位，即 a>>(7-4+1)　⇒a>>4。
(2) 设置一个低 4 位全为 1，其余全为 0 的数 b，即 ~(~0<<4)。
(3) 将两者进行&运算。

程序描述：

```c
#include <stdio.h>
int main(void )
{
    unsigned a, b, c, d ;
    scanf("%o", &a);
    b = a>>4;            //b=a>>(m-n+1)
    c = ~(~0<<4);        //c=~(~0<<n)
    d = b&c;
    printf("%o,%d\n%o,%d\n", a,a,d,d );
    return 0;
}
```

程序运行结果如下：

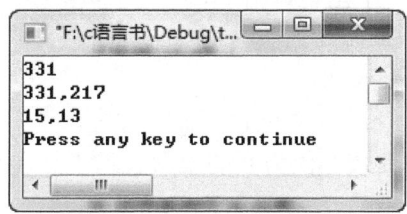

程序分析：输入 a 的值为八进制数 331，其二进制形式为 11011001，经运算最后得到的 d 为 00001101，即八进制数 15，十进制数 13。

【案例 13.5】 位运算应用。

问题描述：编写程序，将 a 进行右循环位移，如图 13.1 所示。图中表示将 a 右循环移 n 位，将 a 中原来左边(16−n)位右移 n 位，原来右端 n 位移到最左边 n 位。

问题分析：

(1)将 a 的右端 n 位先放到 b 中的高 n 位，即

b = a << (16 − n)

(2)将 a 右移 n 位，其左端高位补 n 个 0，保留

c = a >> n ;

(3)将 c 与 b 进行按位或运算。

c = c | b

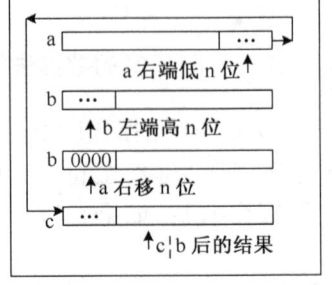

图 13.1 循环右移的示意图

程序描述：

```
#include <stdio.h>
int main(void )
{
    unsigned a,b,c;
    int n;
    scanf("a=%o,n=%d",&a,&n);
    b = a<<(16-n);
    c = a>>n;
    c = c|b;
    printf("%o\n%o\n",a,c);
    return 0;
}
```

程序的运行结果如下：

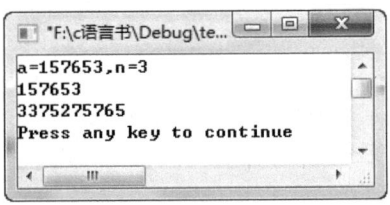

程序分析：运行开始时输入八进制数 157653，即二进制数 1101111110101011，循环右移 3 位后得二进制数 0111101111110101，即八进制数 75765。

【案例 13.6】 位运算应用。

问题描述：从键盘上输入一个正整数给 int 变量 num，输出右 8～11 位所构成的数(从低位 0 号开始编号)。

问题分析：

(1)先使 num 右移 8 位。将 8～11 位移至低 4 位上。

(2)构造一个低四位为 1，其余各位为 0 的整数。

(3)将两者进行 & 运算。

程序描述：

```
#include <stdio.h>
```

```
int main(void)
{
    short num,mask;
    printf("please input a integer number\n");
    scanf("%d",&num);
    num>>=8;
    mask=~(~0<<4);    //间接构造一个低四位为1,其余各位为0的整数
    printf("result=0x%x\n",num & mask);
    return 0;
}
```

程序的运行结果如下：

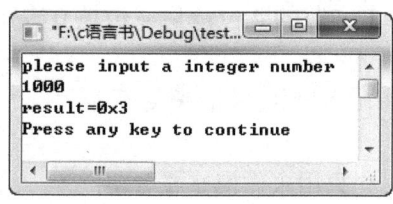

13.3 位域

有些信息在存储时，并不需要占用一个完整的字节，而只需占几个或一个二进制位。例如，在存放一个开关量时，只有 0 和 1 两种状态，用一位二进制位即可。为了节省存储空间，并使处理简便，C 语言又提供了一种数据结构，称为"位域"或"位段"。

所谓"位域"是把一个字节中的二进制位划分为几个不同的区域，并说明每个区域的位数。每个域有一个域名，允许在程序中按域名进行操作。这样就可以把几个不同的对象用一个字节的二进制位域来表示。

位域定义与结构定义相仿，其形式为：

  struct 位域结构名
    { 位域列表 };

其中，位域列表的形式为：

  类型说明符 位域名：位域长度

位域变量的说明与结构变量说明的方式相同。可采用先定义后说明，同时定义说明或者直接说明这三种方式。

例如：

```
struct bs
{
    int a:8;
    int b:2;
    int c:6;
}data;
```

其中，data 为 bs 变量，共占 2 字节。其中位域 a 占 8 位，位域 b 占 2 位，位域 c 占 6 位。

说明：

一个位域必须存储在同一个字节中，不能跨两个字节。如一个字节所剩空间不够存放另一位域时，应从下一单元起存放该位域，也可以有意使某位域从下一单元开始。

例如：

```
struct bs
    {
        unsigned a:4
        unsigned  :0         //空域
        unsigned b:4         //从下一单元开始存放
        unsigned c:4
    }
```

在这个位域定义中，a 占第 1 字节的 4 位，后 4 位填 0 表示不使用，b 从第 2 字节开始，占用 4 位，c 占用 4 位。

(1) 由于位域不允许跨 2 字节，因此位域的长度不能大于一个字节的长度，也就是说不能超过 8 位二进位。

(2) 位域可以无位域名，这时它只用来作填充或调整位置，无名的位域是不能使用的。例如：

```
struct k
{
    int a:1
    int  :2            //该 2 位不能使用
    int b:3
    int c:2
};
```

从以上分析可以看出，位域在本质上就是一种结构类型，不过其成员是按二进位分配的。位域的使用和结构成员的使用相同，其一般形式为：

位域变量名·位域名

位域允许用各种格式输出。

【案例 13.7】 位域的使用。

问题描述：略

问题分析：略

程序描述：

```
#include <stdio.h>
void main(void)
{
    struct bs
    {
      unsigned a:1;
      unsigned b:3;
      unsigned c:4;
    } bit,*pbit;
    bit.a=1;
    bit.b=7;
    bit.c=15;
    printf("%d,%d,%d\n",bit.a,bit.b,bit.c);
```

```
        pbit=&bit;
        pbit->a=0;
        pbit->b&=3;
        pbit->c|=1;
        printf("%d,%d,%d\n",pbit->a,pbit->b,pbit->c);
    }
```

程序运行结果如下：

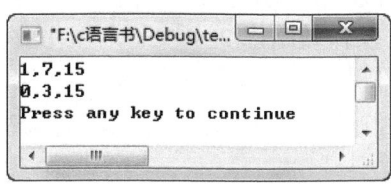

程序分析：程序中定义了位域结构 bs，三个位域为 a、b、c。说明 bs 类型的变量 bit 和指向 bs 类型的指针变量 pbit。这表示位域也是可以使用指针的。程序的 9、10、11 三行分别给三个位域赋值(注意，赋值不能超过该位域的允许范围)。程序第 12 行以整型量格式输出三个域的内容。第 13 行把位域变量 bit 的地址送给指针变量 pbit。第 14 行用指针方式给位域 a 重新赋值，赋为 0。第 15 行使用了复合的位运算符 "&="，该行相当于：

```
        pbit->b=pbit->b&3
```

位域 b 中原有值为 7，与 3 作按位与运算的结果为 3(111&011=011，十进制值为 3)。同样，程序第 16 行中使用了复合位运算符 "|="，相当于：

```
        pbit->c=pbit->c|1
```

其结果为 15。程序第 17 行用指针方式输出这三个域的值。

本 章 小 结

位运算是 C 语言的一种特殊运算功能，它是以二进制位为单位进行运算的。位运算符只有逻辑运算和移位运算两类。位运算符可以与赋值符一起组成复合赋值符。如&=、|=、^=、>>=、<<=等。

利用位运算可以完成汇编语言的某些功能，如置位、位清零、移位等。还可进行数据的压缩存储和并行运算。

位域在本质上也是结构类型，不过它的成员按二进制位分配内存。其定义、说明及使用的方式都与结构相同。

位域提供了一种手段，使得可在高级语言中实现数据的压缩，节省了存储空间，同时也提高了程序的效率。

习 题 13

一、选择题

1. 表达式 0x13^0x17 的值是(   )。
   A. 0x04   B. 0x13   C. 0xE8   D. 0x17

2. 设有以下语句：

   char x=3,y=6,z;
   z=x^y<<2;

则 z 的二进制值是（　　）。

   A．00010100　　　B．00011011　　　C．00011100　　　D．00011000

3. 在位运算中，操作数左移一位，其结果相当于（　　）。

   A．操作数乘以 2　B．操作数除以 2　　C．操作数除以 4　　D．操作数乘以 4

4. 以下程序的输出结果是（　　）。

   ```
   int main(void)
   {
       char x=040;
       printf("%o\n",x<<1);
       return 0;
   }
   ```

   A．100　　　　　B．80　　　　　　C．64　　　　　　D．32

5. 下面程序段的输出为（　　）。

   ```
   #include "stdio.h"
   int main(void)
   {
       printf("%d\n",12<<2);
       return 0;
   }
   ```

   A．0　　　　　　B．47　　　　　　C．48　　　　　　D．24

6. 下面程序段的输出为（　　）。

   ```
   #include "stdio.h"
   int main(void)
   {
       int a=8,b;
       b=a|1;
       b>>=1;
       printf("%d,%d\n",a,B. ;
       return 0;
   }
   ```

   A．4,4　　　　　B．4,0　　　　　C．8,4　　　　　D．8,0

7. 若有运算符<<,sizeof,<<,^&=，则它们按优先级由高到低的正确排列次序是（　　）。

   A．sizeof,&=,<<,^　B．sizeof,<<,^,&=　　C．^,<<,sizeof,&=　　D．<<,^,&=sizeof

8. 若有以下程序段，则执行以下语句后 x,y 的值是分别是（　　）。

   int x=1,y=2; x=x^y; y=y^x; x=x^y;

   A．x=1,b=2　　　B．x=2,y=2　　　C．x=2,y=1　　　D．x=1.y=1

9. 请读程序，输出结果是（　　）。

```
int x=20; printf(("%d\n",~x);
```
   A. 02　　　　B. –20　　　　C. –21　　　　D. –11

10. 以下程序的运行结果是（　　）。
```
char x=56; x=x&056; printf("%d,%o\n",x,x);
```
   A. 56,70　　　B. 0,0　　　　C. 40,50　　　D. 62,76

二、填空题

1. 设二进制数 A 是 00101101，若想通过异或运算 A^B 使 A 的高 4 位取反，低 4 位不变，则二进制数 B 应是_____。

2. 有定义 char a,b;，若想通过&运算符保留 a 的第 3 位和第 6 位的值，则 b 的二进数应是_____。

3. 设 int a, b=10;，执行 a=b<<2+1; 后 a 的值是_____。

4. 以下程序的输出结果是_____。
```
int m=20,n=025;
if(m^n)
    printf("mmm\n") ;
else
    printf("nnn\n");
```

5. 若有 int a=1;int b=2; 则 a | b 的值为_____。

6. 以下程序的输出结果是_____。
```
int a=-1;
a=a|0377;
printf("%d,%o\n",a,a);
```

7. 设 x 是一个整数(16bit)。若要通过 x|y 使 x 低度 8 位置 1，高 8 位不变，则 y 的二进制数是_____。

8. 以下程序的运行结果是_____。
```
unsigned a=16;
printf("%d,%d,%d\n",a>>2,a=a>>2,a)；
```

9. 以下程序的运行结果是_____。
```
int main(void)
{
    unsigned a=0112,x,y,z;
    x=a>>3; printf("x=%o,",x);
    y=~(~0<<4); printf("y=%o,",y);
    z=x&y; printf("z=%o\n",z);
    return 0;
}
```

10. 以下程序的运行结果是_____。
```
int main(void)
```

```
    {
        char a=0x95,b,c;
        b=(a&0xf)<<4;
        c=(a&0xf0)>>4;
        a=b|c;
        printf("%x\n",a);
        return 0;
    }
```

三、算法设计

1. 编写一个函数 getbits，从一个 16 位的单元中取出某几位（即该几位保留原值，其余位为 0）。函数调用形式为：getbits(value,n1,n2) 其中 value 为该 16 位单元中的数据值，n1 为欲取出的起始位，n2 为欲取出的结束位。

2. 取出给定的 16 位的二进制数的奇数位，构成新的数据并输出。

3. 编一函数用来实现左右循环移位。函数名为 move，调用方法为：move(value,n) 其中 value 为要循环位移的数，n 为位移的位数。

4. 设计一个函数，使给出一个数的原码能得到该数的补码。

附 录

附录 A 常用字符与 ASCII 代码对照表

ASCII 值	控制字符	ASCII 值	字符	ASCII 值	字符	ASCII 值	字符	ASCII 值	字符	ASCII 值	字符	ASCII 值	字符	ASCII 值	字符
000	NUL	032	(space)	064	@	096	`	128	Ç	160	á	192	└	224	α
001	SOH	033	!	065	A	097	a	129	ü	161	í	193	┴	225	β
002	STX	034	"	066	B	098	b	130	é	162	ó	194	┬	226	Γ
003	ETX	035	#	067	C	099	c	131	â	163	ú	195	├	227	π
004	EOT	036	$	068	D	100	d	132	ä	164	ñ	196	─	228	Σ
005	END	037	%	069	E	101	e	133	à	165	Ñ	197	┼	229	σ
006	ACK	038	&	070	F	102	f	134	å	166	ª	198	╞	230	μ
007	BEL	039	'	071	G	103	g	135	ç	167	º	199	╟	231	τ
008	BS	040	(	072	H	104	h	136	ê	168	¿	200	╚	232	Φ
009	HT	041	)	073	I	105	i	137	ë	169	⌐	201	╔	233	θ
010	LF	042	*	074	J	106	j	138	è	170	¬	202	╩	234	Ω
011	VT	043	+	075	K	107	k	139	ï	171	½	203	╦	235	δ
012	FF	044	,	076	L	108	l	140	î	172	¼	204	╠	236	∞
013	CR	045	-	077	M	109	m	141	ì	173	¡	205	═	237	ø
014	SO	046	.	078	N	110	n	142	Ä	174	«	206	╬	238	ε
015	SI	047	/	079	O	111	o	143	Å	175	»	207	╧	239	∩
016	DLE	048	0	080	P	112	p	144	É	176	░	208	╨	240	≡
017	DC1	049	1	081	Q	113	q	145	æ	177	▒	209	╤	241	±
018	DC2	050	2	082	R	114	r	146	Æ	178	▓	210	╥	242	≥
019	DC3	051	3	083	S	115	s	147	ô	179	│	211	╙	243	≤
020	DC4	052	4	084	T	116	t	148	ö	180	┤	212	╘	244	⌠
021	NAK	053	5	085	U	117	u	149	ò	181	╡	213	╒	245	⌡
022	SYN	054	6	086	V	118	v	150	û	182	╢	214	╓	246	÷
023	ETB	055	7	087	W	119	w	151	ù	183	╖	215	╫	247	≈
024	CAN	056	8	088	X	120	x	152	ÿ	184	╕	216	╪	248	°
025	EM	057	9	089	Y	121	y	153	Ö	185	╣	217	┘	249	·
026	SUB	058	:	090	Z	122	z	154	Ü	186	║	218	┌	250	·
027	ESC	059	;	091	[	123	{	155	¢	187	╗	219	█	251	√
028	FS	060	<	092	\	124	|	156	£	188	╝	220	▄	252	ⁿ
029	GS	061	=	093	]	125	}	157	¥	189	╜	221	▌	253	²
030	RS	062	>	094	^	126	~	158	₧	190	╛	222	▐	254	■
031	US	063	?	095	_	127	⌂	159	ƒ	191	┐	223	▀	255	Blank 'FF'

注：128~255 是 IBM-PC（长城 0520）上专用的，表中 000~127 是标准的。

附录 B 关键字及其用途

关 键 字	说 明	用 途
char	一个字节长的字符值	数据类型
short	短整数	
int	整数	
unsigned	无符号类型，最高位不作符号位	
long	长整数	
float	单精度实数	
double	双精度实数	
struct	用于定义结构体的关键字	
union	用于定义共用体的关键字	
void	空类型，用它定义的对象不具有任何值	
enum	定义枚举类型的关键字	
signed	有符号类型，最高位作符号位	
const	表明这个量在程序执行过程中不可变	
volatile	表明这个量在程序执行过程中可被隐含地改变	
typedef	用于定义同义数据类型	存储类别
auto	自动变量	
register	寄存器类型	
static	静态变量	
extern	外部变量声明	
break	退出最内层的循环或 switch 语句	流程控制
case	switch 语句中的情况选择	
continue	跳到下一轮循环	
default	switch 语句中其余情况标号	
do	在 do…while 循环中的循环起始标记	
else	if 语句中的另一种选择	
for	带有初值、测试和增量的一种循环	
goto	转移到标号指定的地方	
if	语句的条件执行	
return	返回到调用函数	
switch	从所有列出的动作中作出选择	
while	在 while 和 do…while 循环中语句的条件执行	
sizeof	计算表达式和类型的字节数	运算符

附录 C 运算符的优先级和结合性

优先级	运算符	运算符功能	运算类型	结合方向
最高 1	::	域运算符		自左至右
	()	圆括号、函数参数表		
	[ ]	数组元素下标		
	—>	指向结构体成员		
	.	结构体成员		
2	!	逻辑非	单目运算	自右至左
	~	按位取反		
	++、--	自增1、自减1		
	+	求正		
	-	求负		
	*	间接运算符		
	&	求地址运算符		
	(类型名)	强制类型转换		
	sizeof	求所占字节数		
3	*、/、%	乘、除、整数求余	双目运算符	自左至右
4	+、-	加、减	双目运算符	自左至右
5	<<、>>	左移、右移	移位运算	自左至右
6	<、<=	小于、小于或等于	关系运算	自左至右
	>、>=	大于、大于或等于		
7	==、!=	等于、不等于	关系运算	自左至右
8	&	按位与	位运算	自左至右
9	^	按位异或	位运算	自左至右
10	|	按位或	位运算	自左至右
11	&&	逻辑与	逻辑运算	自左至右
12	||	逻辑或	逻辑运算	自左至右
13	?:	条件运算	三目运算	自右至左
14	=、+=、—=、*= /=、%=、&=、^= |=、<<=、>>=	赋值、运算且赋值	双目运算	自右至左
最低 15	,	逗号运算	顺序运算	自左至右

附录 D C 常用库函数

C 库函数的种类和数目很多，本附录仅列出了最基本的一些函数，读者如有需要，请查阅有关手册。

1. 数学函数

调用数学函数时，要求在源文件中包含头文件 math.h，即使用以下命令行：

```
#include <math.h>或 include "math.h"
```

函数名	函数原型说明	功能	返回值	说明
abs	int abs (int x);	求整数 x 的绝对值	计算结果	
acos	double acos (double x);	计算 $\cos^{-1}(x)$ 的值	计算结果	x 在 $-1 \sim 1$ 范围内
asin	double asin (double x);	计算 $\sin^{-1}(x)$ 的值	计算结果	x 在 $-1 \sim 1$ 范围内
atan	double atan (double x);	计算 $\tan^{-1}(x)$ 的值	计算结果	
atan2	double atan2 (double x);	计算 $\tan^{-1}(x/y)$ 的值	计算结果	
cos	double cos (double x);	计算 $\cos(x)$ 的值	计算结果	x 的单位为弧度
cosh	double cosh (double x);	计算双曲余弦函数 $\cosh(x)$ 的值	计算结果	
exp	double exp (double x);	计算 e^x 的值	计算结果	
fabs	double fabs(double x);	求 x 的绝对值	计算结果	
floor	double floor (double x);	求不大于 x 最大整数	该整数的双精度数	
fmod	double fmod(double x,double y);	求整除 x/y 的余数	余数的双精度数	
frexp	double frexp (double val,int*eptr);	把双精度数 val 分解尾数 x 和以 2 为底的指数 n，即 val=x*2^n,n 存放在 eptr 所指向的变量中	返回尾数 x $0.5 \leq x<1$	
log	double log (double x);	求 $\log_e x$（即 $\ln x$）的值	计算结果	
log10	double log10 (double x);	求 $\log_{10}x$ 的值	计算结果	
modf	double modf (double val,double *iptr);	把双精度数 val 分解成整数部分和小数部分，整数部分存放在 iptr 所指的单元	val 的小数部分	
pow	double pow(double x,double y);	计算 x^y 的值	计算结果	
rand	int rand(void);	产生 $-90 \sim 32767$ 间的随机整数	随机整数	
sin	double sin (double x);	计算 $\sin(x)$ 的值	计算结果	x 的单位为弧度
sinh	double sinh (double x);	计算双曲正弦函数 $\sinh(x)$ 的值	计算结果	
sqrt	double sqrt (double x);	计算 x 的平方根	计算结果	$x \geq 0$
tan	double tan (double x);	计算 $\tan(x)$ 的值	计算结果	x 的单位为弧度
tanh	double tanh (double x)	计算双曲正切函数 $\tanh(x)$ 的值	计算结果	

2. 字符函数和字符串函数

调用字符函数时，要求在源文件中包含头文件 ctype.h；调用字符串函数时，要求在源文件中包含头文件 string.h。

函数名	函数原型说明	功能	返回值	包含文件
isalnum	int isalnum(int ch);	检查 ch 是否为字母或数字	是，返回 1；否则返回 0	ctype.h
isalpha	int isalpha(int ch);	检查 ch 是否为字母	是，返回 1；否则返回 0	ctype.h

续表

函数名	函数原型说明	功能	返回值	包含文件
iscntrl	int iscntrl(int ch);	检查 ch 是否为控制字符	是，返回 1；否则返回 0	ctype.h
isdigit	int isdigit(int ch);	检查 ch 是否为数字	是，返回 1；否则返回 0	ctype.h
isgraph	int isgraph(int ch);	检查 ch 是否为(ASCII 码值在 ox21 到 ox7e)的可打印字符(即不包含空格字符)	是，返回 1；否则返回 0	ctype.h
islower	int islower(int ch);	检查 ch 是否为小写字母	是，返回 1；否则返回 0	ctype.h
isprint	int isprint(int ch);	检查 ch 是否为字母或数字	是，返回 1；否则返回 0	ctype.h
ispunct	int ispunct(int ch);	检查 ch 是否为标点字符(包括空格)，即除字母、数字和空格以外的所有可打印字符	是，返回 1；否则返回 0	ctype.h
isspace	int isspace(int ch);	检查 ch 是否为空格、制表或换行字符	是，返回 1；否则返回 0	ctype.h
isupper	int isupper(int ch);	检查 ch 是否为大写字母	是，返回 1；否则返回 0	ctype.h
isxdigit	int isxdigit(int ch);	检查 ch 是否为 16 进制数字	是，返回 1；否则返回 0	ctype.h
strcat	char *strcat(char *s1,char *s2);	把字符串 s2 接到 s1 后面	s1 所指地址	string.h
strchr	char *strchr(char *s,int ch);	在 s 把指字符串中，找出第一次出现字符 ch 的位置	返回找到的字符的地址，找不到返回 NULL	string.h
strcmp	char *strcmp(char *s1,char *s2);	对 s1 和 s2 所指字符串进行比较	s1<s2,返回负数，s1=s2,返回 0，s1>s2，返回正数。	string.h
strcpy	char *strcpy(char *s1,char *s2);	把 s2 指向的串复制到 s1 指向的空间	s1 所指地址	string.h
strlen	unsigned strlen(char *s);	求字符串 s 的长度	返回串中字符(不计最后的 '\0') 个数	string.h
strstr	char *strstr(char *s1,char *s2);	在 s1 所指字符串中，找到字符串 s2 第一次出现的位置	返回找到的字符串的地址，找不到返回 NULL	string.h
tolower	int tolower(int ch);	把 ch 中的字母转换成小写字母	返回对应的小写字母	ctype.h
toupper	int toupper(int ch);	把 ch 中的字母转换成大写字母	返回对应的大写字母	

3. 输入输出函数

调用输入输出函数时，要求在源文件中包含头文件 stdio.h。

函数名	函数原型说明	功能	返回值	说明
clearerr	void clearer(FILE * fp);	清除与文件指针 fp 有关的所有出错信息	无	
close	int close(int fp);	关闭文件	关闭成功返回 0,不成功返回-1	非 ANSI 标准函数
creat	int creat (char * filename,int mode);	以 mode 所指定的方式建立文件	成功则返回正数，否则返回-1	非 ANSI 标准函数
eof	Inteof (int fd);	检查文件是否结束	遇文件结束，返回 1；否则返回 0	非 ANSI 标准函数
fclose	int fclose(FILE * fp);	关闭 fp 所指的文件，释放文件缓冲区	出错返回非 0，否则返回 0	
feof	int feof(FILE * fp);	检查文件是否结束	遇文件结束返回非 0，否则返回 0	
fgetc	int fgetc(FILE * fp);	从 fp 所指的文件中取得下一个字符	出错返回 EOF，否则返回所读字符	
fgets	char * fgets(char * buf, int n, file * fp);	从 fp 所指的文件中读取一个长度为 n-1 的字符串，将其存入 buf 所指存储区	返回 buf 所指地址，若遇文件结束或出错返回 NULL	

续表

函数名	函数原型说明	功能	返回值	说明
fopen	FILE * fopen(char * filename, char * mode);	以 mode 指定的方式打开名为 filename 的文件	成功，返回文件指针（文件信息区的起始地址），否则返回 NULL	
fprintf	int fprintf(FILE * fp,char * format, args,…);	把 arg,…的值以 format 指定的格式输出到 fp 所指定的文件中	实际输出的字符数	
fputc	int fputc(char ch,FILE * fp);	把 ch 中字符输出到 fp 所指文件	成功返回该字符，否则返回 EOF	
fputs	int fputs(char * str,FILE * fp);	把 str 所指字符串输出到 fp 所指文件	成功返回非 0，否则返回 0	
fread	int fread(char * pt,unsigned size, unsigned n,FILE * fp);	从 fg 所指文件中读取长度为 size 的 n 个数据项存到 pt 所指文件中	读取的数据项个数	
fscanf	int fscanf(FILE * fp,char * format, args,…);	从 fg 所指定的文件中按 format 指定的格式把输入数据存入到 args,…所指的内存中	已输入的数据个数，遇文件的结束或出错返回 0	
fseek	int fseek(FILE * fp,long offer,int base);	移动 fp 所指文件的位置指针	成功返回当前位置，否则返回-1	
ftell	int ftell(FILE * fp);	求出 fp 所指文件当前的读写位置	读写位置	
fwrite	int fwrite(char * pt,unsigned size,unsigned n,FILE * fp);	把 pt 所指向的 n * size 个字节输出到 fp 所指文件中	输出的数据项个数	
getc	int getc(FILE * fp);	从 fp 所指文件中读取一个字符	返回所读字符，若出错或文件结束返回 EOF	
getchar	int getchar(void);	从标准输入设备读取下一个字符	返回所读字符，若出错或文件结束返回-1	
getw	int getw(FILE * fp);	从 fp 所指向的文件读取下一个字(整数)	输入的整数。如文件结束或出错，返回-1	非 ANSI 标准函数
open	Int open(char * filename,int mode);	以 mode 指出的方式打开已存在的名为 filename 的文件	返回文件号(正数)。如打开失败，返回-1	非 ANSI 标准函数
printf	int printf(char * format,args,…);	按 format 指向的格式字符串所规定的格式，将输出表列 args 的值输出到标准输出设备	输出字符个数。若出错，返回负值	format 可以是一个字符串，或字符数组的起始地址
putc	int putc(int ch,FILE * fp);	同 fputc	同 fputc	
putcahr	int putcahr(char ch);	把 ch 输出到标准输出设备	返回输出的字符，若出错，返回 EOF	
puts	int puts(char * str);	把 str 所指字符串输出到标准设备，将'\0'转换成回车换行符	返回换行符，若出错，返回 EOF	
putw	int putw(int w,FILE * fp);	将一个整数 w(即一个字)写到 fp 指向的文件中	返回输出的整数；若出错，返回 EOF	非 ANSI 标准函数
read	int read(int fp,char * buf,unsigned count);	从文件号 fp 所指示的文件中读 count 个字节到由 buf 指示的缓冲区中	返回真正读入的字节个数。如遇文件结束返回 0，出错返回-1	非 ANSI 标准函数
rename	int rename(char * oldname,char * newname);	把 oldname 所指文件名改为 newname 所指文件名	成功返回 0，出错返回-1	
rewind	void rewind(FILE * fg);	将 fp 指示的文件位置指针置于文件开头，并清除文件结束标志和错误标志	无	
scanf	int scanf(char * format,args,…);	从标准输入设备按 format 指定的格式把输入数据存入到 args,…所指的内存中	读入并赋给 args 的数据个数。遇文件结束返回 EOF，出错返回 0	args 为指针
write	int write(int fd, char * buf, unsigned count);	从 buf 指示的缓冲区输出 count 个字符到 fd 所标识的文件中	返回实际输出的字节数。如出错返回-1	非 ANSI 标准函数

4. 动态分配函数和随机函数

调用动态分配函数和随机函数时,要求在源文件中包含头文件 stdlib.h。

函数名	函数原型说明	功能	返回值
calloc	void * calloc (unsigned n,unsigned size);	分配 n 个数据项的内存空间,每个数据项的大小为 size 个字节	分配内存单元的起始地址;如不成功,返回 0
free	void free (void p);	释放 p 所指的内存区	无
malloc	void * malloc (unsigned size);	分配 size 字节的存储空间	分配内存空间的地址;如不成功返回 0
realloc	void * realloc (void * p,unsigned size);	把 p 所指内存区的大小改为 size 个字节	新分配内存空间的地址;如不成功返回 0
rand	int rand (void);	产生 0~32767 随机数	返回一个随机整数

附录 E VC6.0 常见编译错误信息

Ambiguous operators need parentheses：说明不明确的运算需要用括号括起
Ambiguous symbol 'xxx'：说明有不明确的符号
Argument list syntax error：说明参数表有语法错误
Array bounds missing：说明丢失数组界限符
Array size toolarge：说明数组尺寸太大
Bad character in paramenters：说明参数中有不适当的字符
Bad file name format in include directive：说明包含命令中文件名格式不正确
Bad ifdef directive syntax：说明编译预处理 ifdef 有语法错
Bad undef directive syntax：说明编译预处理 undef 有语法错
Bit field too large：说明位字段太长
Call of non-function：说明调用未定义的函数
Call to function with no prototype：调用函数时没有函数的说明
Cannot modify a const object：不允许修改常量对象
Case outside of switch：说明漏掉了 case 语句
Case syntax error：说明 Case 语法错误
Compound statement missing{：说明分程序漏掉"{"
Conflicting type modifiers：有不明确的类型说明符
Constant expression required：要求常量表达式
Constant out of range in comparison：说明在比较中常量超出范围
Conversion may lose significant digits：说明转换时会丢失意义的数字
Could not find file 'xxx'：说明找不到 XXX 文件
Declaration missing：说明缺少"；"
Declaration syntax error：说明中出现语法错误
Default outside of switch：说明 Default 出现在 switch 语句之外
Define directive needs an identifier：定义编译预处理需要标识符
Division by zero：用零作除数
Do statement must have while：说明 Do…while 语句中缺少 while 部分
Enum syntax error：说明枚举类型语法错误
Enumeration constant syntax error：说明枚举常数语法错误
Error directive :xxx：错误的编译预处理命令
Error writing output file：写输出文件错误
Expression syntax error：说明表达式语法错误
Extra parameter in call：说明调用时出现多余错误
File name too long：说明文件名太长
Function call missing）：说明函数调用缺少右括号
Fuction definition out of place：说明函数定义位置错误
Fuction should return a value：函数必需返回一个值

Goto statement missing label：说明 Goto 语句没有标号
Hexadecimal or octal constant too large：说明 16 进制或 8 进制常数太大
Illegal character 'x'：非法字符 x
Illegal initialization：非法的初始化
Illegal octal digit：非法的 8 进制数字
Illegal pointer subtraction：非法的指针相减
Illegal structure operation：非法的结构体操作
Illegal use of floating point：非法的浮点运算
Illegal use of pointer：指针使用非法
Improper use of a typedefsymbol：说明类型定义符号使用不恰当
In-line assembly not allowed：不允许使用行间汇编
Incompatible storage class：说明存储类别不相容
Incompatible type conversion：说明不相容的类型转换
Incorrect number format：说明错误的数据格式
Incorrect use of default：说明 Default 使用不当
Invalid indirection：无效的间接运算
Invalid pointer addition：指针相加无效
Irreducible expression tree：无法执行的表达式运算
Lvalue required：需要逻辑值 0 或非 0 值
Macro argument syntax error：宏参数语法错误
Macro expansion too long：宏扩展后太长
Mismatched number of parameters in definition：说明定义中参数个数不匹配
Misplaced break：说明此处不应出现 break 语句
Misplaced continue：说明此处不应出现 continue 语句
Misplaced decimal point：说明此处不应出现小数点
Misplaced else：说明此处不应出现 else
Misplaced else directive 此处不应出现编译预处理 else
Misplaced endif directive 此处不应出现编译预处理 endif
Must take address of memory location 必须存储定位的地址
No declaration for function 'xxx'：没有函数 xxx 的说明
No stack：缺少堆栈
No type information：没有类型信息
Non-portable pointer assignment：对不可移动的指针(地址常数)赋值
Non-portable pointer comparison：对不可移动的指针(地址常数)比较
Non-portable pointer conversion：对不可移动的指针(地址常数)转换
Not a valid expression format type：不合法的表达式格式
Not an allowed type：不允许使用的类型
Numeric constant too large：说明数值常量太大
Out of memory：说明内存不够用
Parameter 'xxx' is never used：说明参数 xxx 没有用到

Pointer required on left side of ->：说明符号->的左边必须是指针
Possible use of 'xxx' before definition：在定义之前就使用了 xxx(警告)
Possibly incorrect assignment：赋值可能不正确
Redeclaration of 'xxx'：重复定义了 xxx
Redefinition of 'xxx' is not identical：说明 xxx 的两次定义不一致
Register allocation failure：说明寄存器定址失败
Repeat count needs an lvalue：重复计数需要逻辑值
Size of structure or array not known：结构体或数组大小不确定
Statement missing ;：说明语句后缺少";"
Structure or union syntax error X：说明结构体或联合体语法错误
Structure size too large：说明结构体尺寸太大
Sub scripting missing]：说明下标缺少右方括号
Superfluous & with function or array：说明函数或数组中有多余的"&"
Suspicious pointer conversion：说明有可疑的指针转换
Symbol limit exceeded：说明符号超限
Too few parameters in call：说明函数调用时的实参少于函数的参数不
Too many default cases：说明 Default 太多(switch 语句中一个)
Too many error or warning messages：错误或警告信息太多
Too many type in declaration：描述类型太多
Too much auto memory in function：说明函数用到的局部存储太多
Too much global data defined in file：说明文件中全局数据太多
Two consecutive dots：说明有两个连续的句点
Type mismatch in parameter xxx 数：说明 xxx 类型不匹配
Type mismatch in redeclaration of 'xxx'：说明重定义的类型不匹配
Unable to create output file 'xxx'：说明无法建立输出文件 xxx
Unable to open include file 'xxx'：说明无法打开被包含的文件 xxx
Unable to open input file 'xxx'：说明无法打开输入文件 xxx
Undefined label 'xxx'：说明没有定义标号 xxx
Undefined structure 'xxx'：说明没有定义结构 xxx
Undefined symbol 'xxx'：说明没有定义符号 xxx
Unexpected end of file in comment started on line xxx：说明从 xxx 行开始的注解尚未结束，文件不能结束
Unexpected end of file in conditional started on line xxx：说明从 xxx 开始的条件语句尚未结束，文件不能结束
Unknown assemble instruction：说明未知的汇编结构
Unknown option：说明未知的操作
Unknown preprocessor directive: 'xxx'：说明不认识的预处理命令 xxx
Unreachable code：说明无路可达的代码
Unterminated string or character constant：说明字符串缺少引号
User break：说明用户强行中断了程序

Void functions may not return a value：说明 void 类型的函数不应有返回值
Wrong number of arguments "说明调用函数的参数数目错误
'xxx' not an argument：说明 xxx 不是参数
'xxx' not part of structure：说明 xxx 不是结构体的一部分
xxx statement missing（：说明 xxx 语句缺少左括号
xxx statement missing）：说明 xxx 语句缺少右括号
xxx statement missing ;：说明 xxx 缺少分号
xxx' declared but never used：说明了 xxx 但没有使用
xxx' is assigned a value which is never used：说明给 xxx 赋了值但未用过

参 考 文 献

陈志泊. 2012. C 语言程序设计. 北京: 清华大学出版社.
耿祥义，张跃平. 2010. C 语言程序设计实用教程. 北京: 清华大学出版社.
龚杰民. 1988. C 语言程序设计及其应用. 西安: 西安电子科技大学出版社.
何钦铭. 2012. C 语言程序设计. 2 版. 北京: 高等教育出版社.
何钦铭. 2012. C 语言程序设计经典实验案例集. 北京: 高等教育出版社.
教育部考试中心. 2003. 全国计算机等级考试二级教程——C 语言程序设计. 北京: 高等教育出版社.
李丽娟. 2006. C 语言程序设计教程. 北京: 人民邮电出版社.
李玲，桂玮珍，刘莲英. 2005. C 语言程序设计教程. 北京: 人民邮电出版社.
梁立. 2008. C 语言程序设计实例教程. 北京: 清华大学出版社.
卢素魁. 2004. 全国计算机等级考试二级教程 C 语言程序设计. 北京: 铁道出版社.
全国计算机等级考试命题研究中心，未来教育教学与研究中心. 2013. 全国计算机等级考试历年真题与标准题库二级 C. 北京: 人民邮电出版社.
谭浩强. 2005. C 程序设计. 3 版. 北京: 清华大学出版社.
谭浩强. 2005. C 程序设计题解与上机指导. 3 版. 北京: 清华大学出版社
谭浩强. 2010. C 程序设计. 4 版. 北京: 清华大学出版社.
谭浩强，张基温. 2006. C 程序设计教程. 3 版. 北京: 高等教育出版社.
吴国风. 2012. C 程序设计教程. 4 版. 合肥: 合肥工业大学出版社.
战德臣等. 2013. 大学计算机——计算思维导论. 北京: 电子工业出版社.
百度百科: http://baike.baidu.com
维基百科: http://zh.wikipedia.org